농담의 기저에 흐르는

위트의 원리

적연 유재호 지음

도서출판 예랑

농담의 기저에 흐르는
위트의 원리

지은이_ 적연 유재호

초판 1쇄 인쇄_ 2021.12.20
발행처_ 도서출판 예랑
발행인_ 김창호
등록번호_ 제 11-390호 1994년 7월 22일

주소_ 경기도 의왕시 왕곡로 55, 103-1102(인스빌1단지)
전화_ 010-2211-4111
팩스_ 031-696-6366

https://cafe.naver.com/frameofwit

ISBN 978-89-88137-18-5 03690
정가_ 16,000원   ⓒ 적연 유재호 2021

농담의 기저에 흐르는

위트의 원리

차례

위트의 원리

웃는다는 것은
관점을 변화시키며,
삶을 여유롭게 하며,
관계를 좀 더 빨리 친숙하게 하는 역할을 하기도 한다.

하버드대를 졸업한 사람들을 30여 년간 관찰한 결과 농담을 잘하는 사람들이 대부분 사회적으로 성공했다고 한다.

실화를 바탕으로 한 영화 패치 아담스Patch Adams에서

그는 정신과 병원에 스스로 들어가서 환자들과 함께 웃는 과정에서 자신과 환자들의 변화를 관찰하게 된다. 그 후 의학도의 길을 걸으면서 의대 병원의 환자들을 웃게 하는데 몰두한다. 그 결과 환자들의 불평이 줄어들고 약 투여량이 줄어들었다고 한다.

이와같이 인간의 삶에 근본적인 영향을 줄 수 있는 웃음에 관한 연구는 아리스토텔레스, 플라톤, 데카르트, 칸트, 쇼펜하우어, 앙리 베르그송, 프로이트 등에 의해 다양하게 이루어져 왔다. 그리고 최근 영미학자들 중에서 이전 연구를 바탕으로 기대와 현실의 불일치, 타인의 어리석음에 대한 웃음과 갇혀 있던 에너지를 방출하므로 해방감에서 오는 웃음을 연구하는 학자가 있는가 하면 호흡과의 관계, 고통의 한계치와 관계를 연구하는 학자도 있다.

그런데, 이러한 개념적인 측면을 이해함으로써 웃음의 심리적, 육체적 환경은 이해할 수는 있지만, 우리가 현실에서 웃기려 하는 데는 기술적 도움을 받을 수 없다는 것이 저자의 관점이다.

이 책은 이제까지와는 다른 기술적인 측면에서 위트를 다루려고 한다.

여기 인용된 자료들은 동서 고대철학자들로부터 현재까지, 그리고 聖 holy에서 性 sexual까지 위트가 될 수 있는 자료들을 모으고 엄선해서 원리적 또는 구조적으로 같은 부류로 분류했다. 이러한 분류작업은 어떤 원리가 숨어 있는지를 간파하도록 하기 위함이다. 원리를 추출할 수 있다는 것은 원리를 응용할 수 있도록 해 준다. 바로 Wit다.

글 대부분이 인용될 수밖에 없다는 것이 책이라는 가치 기준과 거리가 멀어 보이지만 인류의 웃는 구조 또는 기술을 추출하기 위한 최선의 방법일 것이다. 그리고 자료의 수가 많아질수록 독특한 원리가 보이기 시작했다.

동서 고대철학자들과 각 종교의 성자들은 같은 원리의 대화나 시를 남겼다. 또한, 한 국가나 기업을 이끌어간 리더들의 농담에서는 또 다른 원리가 보인다. 그 원리들은 그들이 세상을 어떻게 보고 있는가를 반영하고 있으며 또한 그 원리에서 웃는다.

그리고 이 책에서 추출된 원리의 눈으로 주변 사람들을 관찰해보면 개개인이 웃는 프레임의 독특함을 발견하게 될 것이다.

오랫동안 자료를 모아온 까닭에 귀로 들은 것은 출처를 정확히 표기하지 못한 점이 있습니다. 이 점에 대해서는 양해를 부탁드립니다.

1.
왜곡

우리가 사용하는 언어에서
왜곡과 일반화,
그리고 누락을
무의식적으로 사용하는 경향이 있다.
하지만 웃기 위해서는
3가지를 의식적으로 사용해야 한다.

1. 비슷한 발음을 가진 다른 뜻의 단어로 왜곡

◎ 일본 M총리의 대외관계 보좌를 맡은 사람이 정상회담을 앞두고, 미국 클린턴 대통령을 만나면 간단한 인사말 정도는 영어로 해야 하지 않겠느냐며, 세 마디의 간단한 인사말을 미리 교육시켰다. 먼저 "How are you?" 하면, 상대방이 "I'm fine thank you, and you?" 할 텐데, 그러면 "Me too"라고 하면 된다는 것이었다.

회담에서, M총리가 클린턴에게 영어로 인사말을 건넸다. 그런데, 첫 번째 단어가 생각이 나지 않았다. 그래서 튀어나온 말이 "Who are you?" 이 말을 들은 클린턴, 물음이 재미도 있고 해서, 약간 돌려 대답했다. "I'm Hillary's husband." 그러자 이번엔 M총리가 너무도 당당하게 대답했다. "Me too." …. 한겨레21/2000.08.23 제323호 웃기는 세계

How를 Who로 왜곡했다. 비슷한 발음이다. 이 왜곡이 뒤의 문장에 영향을 주어 M총리의 'me to'는 전혀 다른 결과를 낳게 되었다.

◎ 중학교 때 한문 시간이었다. 당시 한문 선생님은 칠판에 한자를 20자가량 쓴 다음 글자 아래 한글로 뜻과 음을 적었다. 그리고 학생들에게 암기하도록 일정 시간을 주었고 그런 후, 한글만 모두 지워버리고 한자만 남겨놓는다. 그리고는 50여 명의 학생 중에서 무작위로 선택하면 학생은 자리에서 일어났고, 선생님이 한자를 지시봉으로 가리키면 학생은 한글로 뜻과 음을 말하게 했다. 한때, 나의 바로 앞자리 친구가 그날 선택되었는데,

洞, 明, 象, ……

"마을 동, 밝을 명" 하고는 세 번째 한자가 기억이 나지 않는지 머뭇거렸다. 나는 자그마한 목소리로 "꾀꼬리 상"하고 말하니, 그 친구가 겨우 생각났다는 듯이 엄청 큰 소리로

"꾀꼬리 상!"하며 외치자, 선생님과 함께 50명가량 되는 학생이 폭소가 일어났다.

'코끼리 상'을 '꾀꼬리 상'으로 왜곡했다.

◎ 오래전 라디오방송

국회 중에 김씨 성의 의원과 박씨 성의 의원이 열띤 논쟁을 벌이다가 휴식시간에 박씨 성 의원이 "김가 저자슥이…."했단다. 김씨 의원이 옆에 있는 줄 모르고 한 말일 것이다. 옆에서 김씨 성의 의원이 "너는 박가고 나는 김가인데 내가 왜 네 자슥이고?"했다나… _{대한민국방송}

'자식이(자슥이)'는 일반적으로 그렇게 편하지 않은 관계의 어떤 사람을 일컬을 때 사용한다. 비슷한 발음인 것을 응용해서 아버지와 자식의 관계로 보고 반론을 제기했다.

2. 단어 뜻은 그대로지만 톤으로 왜곡

◎ 절과 교회가 담장 하나를 둔 가까운 거리에 있었다.

절에서는 찬송가 소리 듣기 싫다고, 교회에서는 염불 소리 듣기 싫다고 서로를 비난했다.

그런데 어느 날, 스님의 염불 소리가 바뀌었다.

"관셈보살, 관셈보살 … "을 '할렐루야' 억양으로 _{출처 불명}

단어의 뜻은 그대로지만 억양의 왜곡이다. 이는 절과 교회가 상반되어 대립한다는 관념으로 인해서 웃게 된다. 그리고 교회와 절에 대해서 조금은 알고 있어야 웃는다.

천성적으로 흉내 내기를 잘하는 사람이 따로 있는듯하다. 하지만 위의 경우는 꼭 그럴 필요가 없는 경우다.

3. 위치와 방향 또는 시간을 왜곡한다.

◎ 한 할머니가 의사를 찾아와 하소연했다.

"여기를 누르면 너무 아파요. 여기도, 또 여기도…."

의사 왈,

"아하, 간단하군요. 손가락에 문제가 있는 것 같습니다." 한겨레21 1999년

11월 25일 제284호 웃기는 세계

손가락은 아픈 곳을 가리키기 위한 것인데, 손가락이 아프게 한다
고 의사는 보았다.

◎ 금발 미녀와 일등석

캐나다 몬트리올로 향하는 비행기가 있었다. 이코노미 클래스에 앉
아 있던 한 금발 미녀가 갑자기 자리에서 벌떡 일어나 앞에 있는 일
등석 칸으로 가더니 빈자리를 찾아 앉았다.

그 모습을 지켜본 승무원이 그녀에게 다가가 표를 보여 달라고 했
다. 표를 확인한 승무원은 그녀에게 제자리로 돌아가 달라고 말했다.
그러자 금발 미녀가 대답했다.

"나는 금발 미인이에요. 나는 몬트리올로 가는 중이고, 그냥 여기
앉아 있을 거예요!"

난감해진 승무원은 조종석으로 가서 기장과 부기장에게 곤란한 상
황을 보고했다. 이번에는 부기장이 나서서 그녀에게 이코노미 클래스
항공권을 샀기 때문에 이코노미 클래스로 돌아가야 한다고 설명하느
라 진땀을 뺐다.

금발 미녀가 대답했다.

"나는 금발 미인이에요. 그리고 몬트리올로 가는 중이에요. 그러니
까 이곳에 그냥 앉아 있겠다고요!"

부기장은 기장에게 그녀가 말을 듣지 않는다고 보고했다. 그러자
기장이

"할 수 없군, 내가 나서야지."

기장이 금발 미녀에게 가더니, 그녀의 귀에 대고 뭐라고 귓속말을
했다. 그러자 금발 미녀는 잠시도 머뭇거리지 않고 자리를 박차고 일
어나더니 이코노미 클래스의 자기 자리로 순순히 돌아갔다. 승무원과

부기장은 어안이 벙벙해져서 기장에게 어떻게 그녀를 설득했는지 물었다.

기장이 대답했다.

"별거 아냐. 그저 일등석은 몬트리올로 가지 않는다고 했을 뿐이거든." 롤프 브레드니히/이동준 옮김/위트상식사전31

미녀 아가씨가 위치를 왜곡하자 기장은 방향을 왜곡했다.

◎ 모스크바 한겨울, 바깥 온도가 영하 30도까지 내려가고 있었다. 강추위에 사방으로 불어닥치는 겨울바람을 피하느라 외투를 움푹 뒤집어쓰고 행인들은 지나간다. 그 행인 중에서 한 꼬마가 경찰에게 다가와 물었다.

"아저씨, 지금 몇 시예요."

이빨을 박박 갈면서 떨고 있던 교통경찰이 하는 말.

"애야, 여름에… 여름에 오렴." 한겨레21 2000년 05월 25일 제309호 웃기는 세계

◎ 바보가 강을 따라 걷다가 강 건너에 있는 또 다른 바보를 보았다.

첫 번째 바보가 두 번째 바보에게 소리쳤다.

"어떻게 반대편으로 간 거야?"

두 번째 바보가 대답했다.

"넌 이미 '반대편'에 있잖아!" 리처드 와이즈먼/한창호 옮김/괴짜 심리학 194

'반대편'을 첫 번째 바보가 사용한 단어를 그대로 사용했지만, 이 상황에서 의미하는 바는 같지 않다. 위치 또는 방향의 동시 왜곡이다. 하나의 단어가 2가지를 의미하는 경우이기도 하다.

◎ 필자가 사는 집의 지붕에 문제가 있어서 사다리로 올라가는 중이었다. 담 너머엔 교회 다니는 할머니가 지나가고 있었다. 나는 사다

리에서 올라가다가 멈추고 할머니에게

"안녕하세요" 하니 할머니가 돌아보는 순간 사다리에서 내려오는 척하는 제스처를 취한다.

할머니가

'안 보이더구먼, 어디 갔다 왔냐?'고 묻는다.

나는 손가락으로 하늘을 가리키며

"저 위에서 내려오는 중입니다."

할머니의 "어디 갔다 왔냐?"라는 질문은 이전에도 가끔 했기 때문에 저자는 먼저 모든 과정을 어떻게 시작하고 어떻게 대답을 해야 할지를 이미 구상하고 있었다.

◉ 옛날 시골집들이 지어지면서 물 빠지는 도랑이 집 뒤의 처마 밑으로 만들어진다. 비가 올 때만 물이 빠진다. 윗집에서 모인 빗물도 그 도랑으로 흐르기도 한다. 그런데 평소에 사용한 오수가 그 도랑으로 흐르면 윗집과 문제가 발생할 수 있다. 악취도 문제거니와 그 도랑에 물이 늘 있으면 습기로 인해서 집을 지탱하고 있는 지반과 나무 기둥이 약해질 수 있기 때문이다.

나는 그 도랑 가까이에 장작불로 물을 데우는 목욕탕을 지었다. 장작불을 지피는 까닭에 굴뚝을 세웠다.

앞집의 교회 다니는 할머니가 오수가 어디로 나가는지 신경을 곤두세우고 와서

"목욕탕에서 사용한 오수는 어디로 나가냐?"고 나에게 경직된 어조로 물었다.

이에 나는 굴뚝을 가리키며

"저쪽으로 나갑니다." 하니

할머니는 굴뚝을 아래에서 위로 보더니

"저쪽으로 어떻게 나가나?"고 더욱 경직된 톤으로 다시 나에게 반

문했다.

나는 "구름이 되어 하늘나라로 올라갑니다."

물론 할머니는 내가 평소에 농담을 잘하는 줄 알고 웃으며 돌아갔다.

◎ 한 사람이 고속도로를 달리고 있다.

교통방송에서는 다급한 목소리가 계속 튀어나왔다.

"한 정신 나간 사람이 고속도로를 반대 방향으로 달리고 있으니 신속히 피하시오!"

하지만 그 사람 왈,

"체, 하나가 아니라 100명은 족히 되겠다." 한겨레21 1999년 11월 25일 제284호 웃기는 세계

주행 차들이 100대가 지나갔음에도 불구하고 자신이 역주행하고 있다는 것을 눈치채지 못하고 상대가 역주행하고 있다고 판단하고 '체, 하나가 아니라 100명은 족히 되겠다.' 라고 중얼거린 것을 보고 웃게 된다. 왜곡이고 어떤 측면에서는 역설로 볼 수도 있다.

원래 이 글의 처음 "한 정신 나간 녀석이 고속도로를 역주행하고 있었다"였다. 하지만 필자가 다양하게 사용해본 결과 '정신 나간' 을 제거하고 이야기를 했을 때 그들은 더 많이 웃었다. 이야기 끝에 가서 빠진 상황을 스스로가 채워 넣으면서 더욱 효과적인 위트가 될 수 있었다.

가끔은 '운전자가 뭘 잘못했다는 거야?' 는 반문하는 경우도 들을 수 있었다. 조금 더 생각하도록 시간을 주어야 한다.

◎ 마님의 정조대

십자군 원정에 참여할 것을 결심한 용감한 기사가 있었다. 원정 준

비를 하며 집사에게 열쇠 하나를 건네주고 뒷일을 부탁했다.

"이건 마님의 정조대 열쇠다. 내가 만약 10년이 넘도록 돌아오지 못하면 이 열쇠를 사용하도록 해라."

사뭇 비장한 당부를 하고 드디어 길을 떠났다. 전신무장한 채로 말을 달리던 그는 문득 마지막으로 자신의 성을 보고 싶었다. 말을 멈추고 뒤를 돌아보니 집사가 급히 말을 타고 오면서 하는 말.

"신이여, 감사합니다. 따라잡을 수 있어서. 성주님! 이 열쇠는 맞지 않아요." 한겨레21 2000년 04월 06일 제302호 웃기는 세계

기사가 예상한 10년의 세월을 너무 빨리 당겼다.

◎ 금발아가씨가 친구와 공원에 놀러 갔다. 친구가 말했다.

"저기 죽은 새 좀 봐! 너무 불쌍하지 않니?"

금발아가씨는 하늘을 쳐다보며 말했다.

"어디? 어디?" 한겨레21 2000년 03월 30일 제301호 웃기는 세계

새는 무조건 하늘에 있다는 관념으로 만들어진 농담이다.

"하늘을 쳐다보며 어디? 어디"는 방향 왜곡이다.

◎ 어느 스위스 백만장자 노인이 친구에게 말했다.

"내 나이가 이제 60인데 20대 외국 처녀와 사랑에 빠졌다네. 그런데 결혼하자고 해도 영이 처녀가 동의하지 않아. 요즘 여자들은 내 재산이 탐나지도 않나 봐."

친구의 충고.

"그 처녀에게 지금 나이가 80이라고 말해봐. 그럼 반응이 전

혀 다를걸." _{한겨레21 1998년 11월 26일 제234호 웃기는 세계/깍쟁이 스위스인}

4. 한 가지에서 두 가지 이상의 의미를 동시에 가질 때

◎ 사형 집행장의 3국인

독일 스파이 혐의로 영국인, 아일랜드인, 오스트레일리아인이 미군에 의해 체포돼 사형집행을 기다리고 있었다. 공포에 떠는 두 사람에게 영국인이 자신 있게 말했다.

"미국인들은 자연재해에 큰 두려움을 갖고 있으니 그것을 이용해 탈출하자!"

드디어 사형집행일이 됐다. 첫 집행대상인 영국인이 사형대로 끌려 나오며

"지진이다! 지진!"이라고 크게 소리치자 미군 병사들이 혼비백산했다. 이 틈을 타서 영국 죄수는 유유히 탈출했다.

이를 본 아일랜드인도 사형대에서

"태풍이다! 태풍!" 하고 외쳤다. 아니나 다를까 미군 병사들은 다시 혼란에 빠지고 그 역시 탈출에 성공했다.

마지막으로 사형대에 오른 오스트레일리아 죄수도 확신에 찬 목소리로 병사들을 향해

"불이야! (Fire!) 불! (Fire!)"이라고 크게 소리쳤다. 곧 총성이 요란하게 울려 퍼졌다. _{한겨레21 1999년 05월 27일 제259호 /웃기는 세계}

fire는 '불'이라는 뜻도 되지만 "발사"라는 뜻으로도 쓰인다. fire는 영어에서나 가능하다. 특정 단어가 두 가지 의미를 동시에 가질 때다.

◎ 양심의 가책을 설명하는 선생님

선생님이 학생들에게 '양심의 가책'이라는 개념에 관해 설명하고 있었다.

선생님: "여러분! 항상 나를 불안하게 하고, 어디든지 쫓아다니며 괴롭히고, 밤이면 잠 못 이루게 하는 게 뭘까요?"

학생들: "그야 당연히 사모님이죠!" 한겨레21 1998년 12월 31일 제239호/웃기는 세계

선생님이 말한 '나'는 학생들 각자 자신을 지칭하는 단어였지만, 학생들은 선생님 자신을 지칭하는 단어로 인식했다. '나'라는 단어의 지칭 왜곡으로 인한 엉뚱한 반응이다.

◎ 어느 한 부유한 농장 주인이 전 재산을 부인에게 남겨놓고 세상을 떠났다. 아름다운 부인은 농장은 무슨 일이 있어도 유지할 생각이었지만, 농장 일에 대해서는 아는 것이 아무것도 없었다. 결국, 그녀는 농장 일을 도와줄 사람을 찾기 위해 신문에 광고를 내기로 했다. 두 명의 남자가 지원을 해왔다. 한 명은 동성애자였고, 다른 한 명은 술꾼이었다.

지원자는 더는 나타나지 않았고, 그녀는 심사숙고 끝에 술꾼보다는 동성애자를 데리고 있는 편이 더 안전하겠다고 결론을 내렸다. 얼마 안 가 그녀는 자신의 선택이 옳았음을 믿게 되었다. 남자는 열심히 일했고, 초과근무도 마다하지 않았으며, 농장 일에 대해서도 해박했다. 몇 주 만에 농장은 번창하기 시작했다.

어느 주말, 과부가 일꾼에게 말했다.

"당신은 정말 나무랄 데가 없는 일꾼이에요. 당신 덕분에 농장도 이제 활기가 넘치게 되었어요. 오늘 저녁에 시내에 나가 기분 전환이라도 하고 오는 게 어떻겠어요?"

남자는 여주인의 말대로 저녁에 시내로 나갔다. 남자는 새벽 1시가 되어도, 2시가 되어도 돌아오지 않았다. 3시가 다 되어 마침내 돌아온 남자는, 과부가 손에 와인잔을 들고 벽난로 곁에 앉아서 자기를 기다리고 있는 것을 발견했다. 그녀는 아주 조심스럽게 그를 자기 쪽으로 불렀다. 그리고 말했다.

"내 블라우스 단추를 풀어요!"

남자는 손을 부들부들 떨면서 여주인이 시키는 대로 했다.

"이제 내 치마의 지퍼를 내려요!"

그는 여주인에게서 시선을 거두지 못한 채 치마의 지퍼를 서서히 내렸다.

"이제 내 브래지어를 풀어요!"

그는 바닥에 브래지어를 떨어뜨리면서 다시 손을 부들부들 떨었다.

"내 팬티를 내려요!"

난로의 불빛이 어른거리는 가운데 그녀의 팬티가 바닥에 떨어졌다.

"한 번만 더 내 옷을 입고 시내를 돌아다니다가는 해고예요!"

알몸이 된 남자를 쳐다보며 여주인이 말했다. 롤프 브레드너히/이동준옮김/위트상식 사전63

"내 치마를, 내 브래지어를, 내 팬티를 … 에서 옷의 실제 주인과 옷을 입은 사람의 혼돈으로 인한 왜곡이다. 이 왜곡으로 인해서 여자 자신의 옷을 상대에게 벗기도록 하는 상상을 하게 된다. 그리고 남자가 어느 방향의 동성애자였다는 것이 구체적으로 밝혀진다.

◎ 한 아랍인이 중간 닭을 사기 위해 시장에 갔다. 타피엘레 닭 장수에게.

"여기 중닭 두 마리만 주세요."

타피엘레 닭장수가 대답을 했다.

"중닭은 없고, 싸움닭밖에 없는데요…."

(아랍어로 '중간'이라는 단어는 가끔 '평화'라는 뜻으로 쓰이기도 한다.) 한겨레21 2000년 04월 27일 제305호 웃기는 세계

단어 특성상 의미의 이중성으로 인한 왜곡이다. 이 경우는 닭장수가 '중간'을 '평화'만으로 해석했기 때문일 것이다. 마지막

에 괄호 안의 내용은 문화적 배경을 설명하고 있다. 하나의 단어가 어떤 배경(문화) 위에 있느냐에 따라 다른 의미가 될 수 있다.

◎ 올테니아는 루마니아 남서부에 있는 곳으로 독특한 방언과 지방색으로 웃음거리가 되고 있다.
'왜 올테니아 사람은 구급차를 따라 달려갈까?'
'십자가에 입을 맞추기 위해…' <small>한겨레21 2000년 05월 11일 제307호 웃기는 세계</small>
십자가이지만 용도가 다르다.

◎ 워렌버핏
"두꺼비에게 키스해서 왕자로 변하게 할 수도 있겠지만, 두꺼비가 왕자처럼 보이게 리모델링하는 것도 한 방법이다." <small>민현기.박재준.이상구/성공한 리더는 유머로 말한다/80</small>

◎ 한 남자가 그림 퍼즐을 30분 만에 맞추고 뿌듯해했다. 퍼즐 상자에 5~6년이라고 적혀 있었기 때문이다. (여기서 5~6세용 퍼즐이라는 뜻-옮긴 이) <small>리처드 와이즈먼/한창호 옮김/괴짜 심리학 193</small>
5~6년이라는 숫자로 인해서 퍼즐을 맞추는데 걸리는 시간으로 보고 뿌듯해 할 수 있다. 하지만 그 숫자가 나이를 의미한다면 상황은 전혀 달라진다.

◎ 엄마가 새로운 털 코트를 입어보고 있는 것을 본 보보치카가 말했다.
"엄마, 이 털 코트 때문에 불쌍한 짐승이 고통을 겪었다는 것을 알아?"
엄마는 보보치카를 뚫어지게 바라보더니 엄한 목소리로 대답했다.

"너 어떻게 아빠를 그렇게 부를 수가 있니?" 한겨레21 1998.07.23.제217호 웃기는 세계

불쌍한 짐승의 의미는 두 가지이다. 보보치카는 코트의 털을 가진 동물을, 엄마는 돈을 벌려고 애쓰는 남편을 의미한다.

◎ 어느 스위스 보석상이 다 죽게 되자 신부가 찾아와 기도하면서 손에 은 십자가를 쥐여주었다. 그러자 보석상이 마지막 숨을 넘기기 직전에 남긴 말.

"이 은 십자가는 100프랑 이상 줄 수 없소." 한겨레21 1998년 11월 26일 제234호 웃기는 세계

은 십자가에 대한 신부의 의미는 종교적이지만, 보석상의 의미는 자신의 직업 의미다.

◎ "예. 나가겠어요. 아주머니가 그렇게 추하다, 게으르다, 어떻다, 트집만 잡으시는데 어떻게 있겠어요. 그렇지만요, 나가는 마당에 최후로 말씀드릴 것이 있어요."

"그래라. 네가 무슨 말을 하려는지는 모르지만 내 들을 테니까 해봐라."

"첫째, 아주머니는 저보고 못생겼다고 하지만요. 제가 아주머니보다 더 예쁜데요. 딴 사람 아닌 아저씨가 그러셨어요. 그리고 아주머니는 저를 추하다고 하시지만 제가 훨씬 깨끗하고 맵시가 좋다고 역시 아저씨가 말씀했어요. 또 있어요. 침실 매너도 아줌마보다 제가 훨씬 좋대요."

"그 말도 아저씨가 하시던?"

"아네요. 이 말은 자가용 운전사 아저씨가 그러셨어요." 2001/태울출판사/유머 공화국의 웃음보 터진 대통령 113

아가씨가 하고 싶은 말은 두 가지 방향으로 향하고 있다.

아주머니가 "그 말도 아저씨가 하시던?"에 해당하는 대답이 먼저의 내용과는 다른 방향으로 향하고 있다. 왜곡이다.

또한, 자랑한다는 것이 초과하여서 엉뚱한 방향으로 나아갔다.

◎ 두 남자가 대화를 나눴다.

"어젯밤에 우리 집에 도둑이 들었어."

"그래? 뭐 비싼 물건이라도 도둑맞지 않았니?"

"훔쳐 가기는커녕 우리 마누라한테 흠씬 얻어맞고 도망갔지. 마누라가 잠결에 내가 밤늦게 기어들어 오는 줄 알고 한대 올려붙였거든…." _{한겨레21 2000년 07월 26일 제319호 웃기는 세계}

마누라가 잠결에 그릇된 앎 즉, 왜곡이다.

이 왜곡으로 인해서 도둑이 맞은 것도 있지만 맞고 사는 남편으로 알려지게 된다. 마누라에게 맞고 사는 남편이 도둑이 대신해서 맞았다고 자랑이다.

◎ 어떤 객 스님이 산중 절에 들러 하룻밤을 자게 되었다. 겨울이라 방이 너무 차가웠다. 그래서 법당의 나무부처를 살짝 가져다가 부엌 아궁이에 불을 지피고는 따뜻하게 잤다.

다음 날, 이 사실을 주지 스님이 알고 방방 떴다.

이 일을 두고 어떤 스님이 말하길

객 스님은 나무로만 보았고 주지는 부처로만 보았다. _{불교 어록}

불교를 믿는 사람들이라면 익히 알고 있는 내용이다. 어떤 측면에서 볼 것인가는 자신이 처한 상황에 따라 달라진다. 나무부처를 나무와 부처로 분리해서 보는 것은 다양성이다. 그리고 대립의 정도가 첨예할수록 웃음의 정도는 커질 수 있다.

◎ 필자가 승려로서 승복을 입고 어느 식당에 들어갔다. 식당에 들어가면서 내부를 둘러보니 한 테이블에서는 주문된 음식을 앞에 두고 할머니와 손자들이 기도하고 있었다. 나는 식당에 들어가면서 메뉴를 선택했고, 기도하는 가족 옆 테이블에 의도적으로 가서 앉았다. 조금 후, 그들은 기도가 끝나고 식사를 시작하고 있었다. 잠시 후, 나의 주문된 식사가 나왔다. 나는 가슴에 십자가를 그리며 기도를 시작했다. 기도하면서 곁눈으로 옆 테이블의 상황을 살짝 보니, 할머니 얼굴엔 화가 난 것이 역력했고, 손자들은 손가락으로 나를 가리키며 신기하다는 듯이 웃고 있었다.

한 가지 행동이지만 상반된 현상이 나타난다. 손주들이 신기해하는 것에 할머니는 왜 화가 날까? 이해가 같기도 하고 다르기도 하기 때문일 것이다.

◎ 장모의 장례식이 끝나고 너무 기분이 좋아 참을 수 없었던 사위가 집으로 돌아오는 길에 혼자 빠져나가 술집에 가서 곤드레만드레 되도록 술을 퍼마셨다. 집에 가느라 공사 중인 건물 옆을 지나는데 벽돌이 위에서 떨어져 자칫하면 머리에 부딪힐 뻔했다.

"벌써 장모님이 하늘에 도착하셨구먼." _{한겨레21 2000년 07월 26일 제319호 웃기는}

_{세계}

술에 취해서 걷다가 벽돌을 맞을 뻔한 일에 "벌써 장모님이……"라고 해석을 붙인 건 여전히 사위의 행동에 참견하는 장모다. 하지만 다른 한편으로는 우연의 일치일 뿐이다. 우연을 특정 문화의 관점 또는 특정 믿음을 가진 사람의 시각으로 합리화하면서 웃음이 일어난다.

◎ 친절의 참된 의미

옛날 아프가니스탄의 한 병사가 승려와 함께 여행을 떠났다.

승려는 온화한 성품에 모든 생명체를 사랑하는 마음이 깊은 사람이었다. 그는 작은 곤충 한 마리도 다치지 않게 하려고 늘 조심해서 길을 걸었다. 그러면서 속으로 '다야… 다야…'라고 되뇌었다. '다야'는 친절이라는 뜻이다.

오직 거친 힘과 완력으로만 세상을 살아온 병사가 승려에게 물었다. 승려는 '다야'란 '친절'이라고 가르쳐 주었다.

"아!" 하고 병사가 탄성을 질렀다.

"저도 그것이 무엇인지 알겠습니다. 저의 생애에 꼭 한 번 남에게 친절을 베풀어 본 적이 있습니다. 전쟁터에서 있는 일인데, 한 병사가 큰 부상을 입고 고통스럽게 절규하고 있었습니다. 그는 회생할 가망이 없었지만 가엾게도 죽지도 못하고 있었지요. 그 사람이 몹시 불쌍해 보였습니다. 그래서 저는 그의 고통을 덜어 주려고 칼을 뽑아 그 사람의 목을 쳐주었습니다." 1993/박광수/70일간의 우화 여행 134

극단적으로 다른 상황에서 살아온 사람에게 '자비'이란 단어가 어떻게 비추어지는가를 말하고 있다. 상황에 따라서, 문화에 따라서 같게도, 다르게도 해석될 수 있다.

◎ 신 러시아인의 아내가 남편에게 말한다.

"우리 운전사를 당장 해고하세요. 오늘만 해도 날 세 번이나 죽일 뻔했어요."

"무슨 소리야. 그 친구 괜찮은 청년이라고. 한 번 더 기회를 주어보자고." 한겨레21 1999년 07월 01일 제264호 웃기는 세계

"죽일 뻔했다"라는 남편에게는 운전이고 아내의 주장은 다른 뜻이다.

◎ 일본에 짱구가 있다면 오스트레일리아에는 '리틀 조니'가 있다.

못 말리는 개구쟁이에다가 성에 눈을 떠가는 사춘기 소년.

엄마가 리틀 조니에게 아기가 만들어지는 것에 관해 설명하고 있다.

"리틀 조니, 아기는 새들이 물고 와 엄마들 몸속으로 넣어준단다."

"엄마, 피부 색깔이 하얀 아기는 어떤 새가 물어다 줘요?"

"하얀 갈매기란다."

"검은 피부의 아기는요?"

"검은 까마귀란다."

"그럼, 아기를 물어다 주지 않는 새는 뭐예요?"

잠시 생각하던 엄마.

"글쎄, 그건 아마 swallow(제비, ?)일 거야." _{한겨레21 1999년 11월 11일 제282호 웃}
기는 세계

swallow를 두 가지 의미로 사용하기 때문에 가능한 wit이다. 이 경우는 영어에서나 가능할 것이다. 내용의 구조상 아기를 물어다 주는 새, 물어다 주지 않는 새로 대립적으로 구성했다.

◎ 우연히 리틀 조니가 수음하는 것을 알게 된 엄마. 리틀 조니에게 사려 깊은 충고가 필요하다고 결심한다.

"리틀 조니, 착한 아이는 결혼할 때까진 '그것'을 아끼고 저축해야 한단다"

몇 주 뒤 엄마는 어떻게 돼 가냐고 아들에게 묻는다.

리틀 조니의 자랑스러운 대답.

"지금까진 잘되고 있어요. 거의 한 단지나 모았는걸요." _{한겨레21 1999년}
11월 11일 제282호 웃기는 세계

'아끼고 저축'에 대한 엄마의 이해와 리틀조니 이해가 다르다.

◎ 형편없는 벤츠

신 러시아인(졸부가 된 러시아인들을 일컫는 말)이 자동차를 사기 위해 자동차 살롱에 들렀다. 살롱 쪽은 1년간 품질을 보장한다고 했다. 신 러시아인은 자동차 대금을 현금으로 지급하고 메르세데스 벤츠 600을 몰고 나갔다. 그런데 20분 뒤에 돌아와서는 "변속기가 망가졌다"는 것이다. 살롱 쪽은 다른 차를 주었다. 하지만 30분 있다가 다시 돌아오더니 또 변속기가 망가졌다고 한다. 살롱 주인은 할 수 없이 다른 차를 내줬다. 그런데 다시 30분이 지나자 신 러시아인이 또 왔다. 마찬가지 이유였다. 살롱 주인은 이렇게 제안을 했다.

"새 차를 드리지요. 하지만 이번에는 하루 동안 우리 기술자와 함께 타고 다니는 겁니다."

"좋아요."

그래서 세 번째로 차를 바꾼 신 러시아인은 기술자를 옆에 태우고 차를 몰고 나갔다. 그는 속력을 점점 내기 시작했다. 1단, 2단, 3단, 4단, 5단. 신 러시아인은 기어를 'R'의 위치에 놓으면서 소리를 지른다.

"로켓 속도로!" 한겨레21 1998년 12월 17일 제237호 웃기는 세계

기어의 구조에서 볼 때 Reverse와 Rocket 중 어느 쪽으로도 해석할 수 있다.

◎ 어떤 사람의 마누라가 얼굴은 볼 것 없는데, 음식 맛을 내는 재주는 일품이라고 떠들었다.

옆에서 필자가

"입을 위해서 눈은 포기하셨군요."

하나의 몸에서 두 가지로 분리해서 반응한다.

◎ 아내: "이제야 알았어. 당신은 오로지 내가 아버지로부터 많은 유산을 상속받았기 때문에 나랑 결혼한 거죠?"

남편: "절대 아니야. 나는 누가 당신에게 유산을 남겼냐에 대해서는 전혀 관심 없었어…." _{한겨레21 1999년 04월 29일 제255호 웃기는 세계}

아내는 자신과 아버지의 유산 관계를 이야기하고 있고 남편은 아내와 유산에 관해서만 이야기하고자 한다.

◎ 교수가 텔레비전 프로에 나와 뭔가를 열심히 설명했는데 사람들이 이해를 못 한다면 그건 교수 책임이다. 하지만 수업시간에 학생들이 교수 얘기를 전혀 이해하지 못한다면 그건 전적으로 학생 책임. _{한겨레21 1999년 11월 25일 제284호 웃기는 세계}

듣는 사람이 누구냐에 따라 이해의 정도가 다른데, 그 정도에 따라 책임의 방향은 달라진다. 만약 어느 정도는 이해하고 나머지는 이해 못 한다면 누구의 책임인가?

◎ 메뉴판

수술을 마치고 늦게 귀가하던 의사가 너무 배가 고파 레스토랑에 들어갔다.

"음… 뭘 먹을까? 너무 시장하다."

그때 웨이터가 메뉴판을 들고 다가오는데 폼이 영 어정쩡한 것이 엉덩이 쪽이 불편해 보였다. 의사가 웨이터를 보며 말했다.

"혹시 치질 있습니까?

웨이터 왈….

"메뉴판에 있는 것만 시키세요." _{김병일/재미가 세상을 바꾼다 266}

'혹시 치질 있습니까?'에서 의미의 이중성이다. 치질이라는 육체적 병과 레스토랑의 메뉴, 이 둘을 동시에 떠올려야 한다. 레스토랑이라는 상황에서 치질을 메뉴의 한 종류로 생각하는 것이 가능하기 때문이다. 이는 의사도, 웨이터도 동시에 그렇게 생각할 수 있다. 만약 의사가 육체적 질병만을 생각했고 웨이터는 둘 다 생각했다면 웨이터는 위트의 프로다. 또는 웨이터가 치질을 왜곡해서 들었을 수도 있다. 예를 들어서 '치실'로 왜곡해서 인지했다면 왜곡1에 해당한다.

◎ 셜록 홈스와 왓슨이 야영을 하고 있었다. 그들은 텐트 안에서 잠이 들었다. 한밤중에 홈스가 왓슨을 깨웠다.

"왓슨, 뭐가 보이지?"

왓슨이 대답했다. "수백만 개의 별이 보이는군."

홈스가 말했다. "그래서 뭘 추리할 수 있지?"

왓슨이 말했다. "글쎄, 수백만 개의 은하계가 있고, 수십억 개의 행성이 있다면 그중 몇 개는 우리 지구와 비슷하지 않을까? 그럼 그 행성들에도 생명체가 있을지 모르지."

홈스가 잠시 조용히 있다가 말했다.

"왓슨, 이 멍청아. 누군가 우리 텐트를 훔쳐 갔잖아!" 리처드 와이즈먼/한창호 옮김/괴짜 심리학 200

텐트 안에서 처음 왓슨은 저 멀리 것을 상황파악을 하려고 하는 반면 홈스는 가까운 것을 상황파악 하고 있다. 대비현상으로 문맥을 만들었다. 웹사이트로 농담의 인기 정도를 조사한 결과 방문자 10만에서 46%의 지지를 얻는 내용이라고 한다.

◎ 레이건 사전에, 공산주의자란 마르크스와 레닌을 읽는 사람이다. 비공산주의자란 마르크스와 레닌을 "이해하는 사람이다. 밥 돌/위대한 대통령의 위트 94

읽는 것과 이해를 분리해서 말하고 있다. 읽었지만 이해 못한 사람과 읽고 이해한 사람으로 분리될 수 있다.

◎ 하나님이 카르도수 대통령에게 세상의 종말이 왔다는 전갈을

보냈다. 대통령은 국민 성명을 통해 발표했다.

"좋은 소식과 나쁜 소식이 있습니다. 나쁜 소식은 세상이 끝난다는 것이고 좋은 소식은 더 이상 브라질 경제가 악화하지 않으리라는 것입니다." 한겨레21 1999년 05월 20일 제258호 웃기는 세계

하나의 전갈이 '좋은'과 '나쁜'으로 둘로 분리되었다. 둘로 분리되어 있지만, 한쪽만을 취하고 다른 쪽을 버릴 수도 없다.

◎ 산부인과에서

산부인과 대기실에서 첫 아이 출산을 초조하게 기다리던 남자에게 의사가 다가와 말했다.

"좋은 소식과 나쁜 소식이 있습니다."

"나쁜 소식부터 말해주십시오."

"하도 난산이어서 부인의 자궁과 나팔관과 생식기관을 다 들어내야 했습니다."

"좋은 소식은 뭡니까?"

"방송사에서 취재하러 온답니다." 한겨레21 1998년 08월 27일 제222호 지구촌

하나의 사건으로 둘로 만들고 그중 하나는 엉뚱하게 만든다.

◎ 한 남자가 정기검진을 받으러 병원에 갔다. 몇 주 후 의사가 그에게 좋은 소식도 있고 나쁜 소식도 있다고 알려주었다. 남자가 물었다.

"나쁜 소식이 뭐죠?"

의사가 말했다.

"유감스럽게도 당신은 아주 희귀한 불치병에 걸린 것 같습니다."

남자가 말했다.

"오 맙소사, 이런 끔찍한 일이. 그럼 좋은 소식은 뭐죠?"

의사가 말했다.

"그게 말이죠. 그 병에 당신 이름을 붙이려고 하거든요." _{리처드 와이즈먼/}

_{한창호 옮김/괴짜 심리학 204}

바로 앞의 '산부인과에서'의 구조와 같다.

◎ 가정주부와 회계사, 그리고 변호사에게 물었다.

"2+2는 얼마죠?"

가정주부: "4요!"

회계사: "제 생각엔 3 아니면 4가 될 것 같군요. 세금 관계가 있으니까, 정확한 숫자를 이끌어내기 위해 우선 계산서를 가져다 놓고 세금까지 다시 한번 산출해본 뒤 답을 드리죠."

변호사: (일단 커튼을 치고 불을 어둡게 한 뒤 한껏 목소리를 낮추어서)

"얼마가 됐으면 좋겠소? 원하는 숫자를 말해보시오." _{한겨레21 1999년 09월}

_{09일 제274호 웃기는 세계}

하나뿐인 답, 계산 후, 고객과 협의에 따른 답……. 이 세 가지는 각각 다른 답으로 안내한다.

◎ 세 명의 취객이 철로를 걷고 있었다. A가 말했다.

"야, 이 집 계단은 정말 길다."

그러자 B가 말했다.

"이 계단은 난간(철로)도 아주 찬걸!"

그러자 C가 말했다.

"이런 바보들 같으니! 엘리베이터 오는 소리가 안 들리냐?" _{한겨레21}

_{2000년 06월 01일 제310호 웃기는 세계}

다양하게 왜곡된 해석으로 인해서 철로를 계단으로, 난간으로, 엘리베이터로 인식하고 있다.

◎ 여자가 남자 약사에게

"당신도 비아그라를 파시나요?"(Do you have that Viagra drug?: 비아 그라를 먹느냐는 뜻으로도 해석된다-옮긴 이)

약사 "예."

여자 "보여주세요."

약사 "먼저 두 알 먹고요." 리처드 와이즈먼/한창호 옮김/괴짜 심리학 218

◎ 괄호에 채울 수 있는 글자를 입력해 보자.

초등학교 시험문제

올림픽 경기에는 ( ),( ),( ),( )의 종목이 있다.

개미를 셋으로 나누면 ( ),( ),( ) naver 블로그

괄호 안을 어떻게 채우느냐에 따라 웃기지도 않는 답이 나올 수도, 웃기는 답이 나올 수도 있다.

◎ 추상화는 그림을 그린 당사자가 아니고는 뭐가 뭔지 도무지 알 수 없는 것들이 너무도 많다. 그렇다고 해서 아래위를 거꾸로 걸어 놓고 찬사를 보낸다면 작가로서는 황당한 일이 아닐 수 없다.

그런데 이런 진기한 사건이 1961년 10월 뉴욕 근대미술관에서 일어났다.

일종의 수난을 겪은 작품은 포비슴 (야수 주의)의 거장 앙리 마티스의 배였는데 이 작품은 거꾸로 매달린 채 47일간이나 전시되었다.

전시되는 동안 고명한 화가와 미술평론가, 화상을 포함한 11만6천 명의 애호가들이 감탄사를 연발하며 감상했다는 것이다. 임유진/세계인의 해학 Y 담/265

감탄하는 것은 뭔가 분명하게 알고 있는 데서 나타난다. 아니면 남을 따라서 나타나기도 한다. 감탄이라는 비언어는 이처럼 불분명하고 이중적이다. 그리고 좀 더 본질에서 보면 추상화에

아래위가 정해진 것이 무슨 의미인가?

◎ 남편이 죽자 아내가 지역신문사에 전화를 걸었다.
"'버니 사망'이라는 부고를 내고 싶은데요."
신문사 직원이 잠시 침묵하다가 말했다.
"똑같은 가격으로 다섯 단어까지 실을 수 있는데요"
여자가 말했다.
"아, 그래요. 그럼 '버니 사망. 도요타 자동차 판매함.'이라고 해 주세
요. 리처드 와이즈먼/한창호/피짜 심리학 225

처음 내용은 단순했으나 추가되면서 2가지가 되었다. 사람에
따라서 이 중에서 한 가지만을 인식할 수도 있다. 두 가지 모두
인식할 수도 있다.

**5. 두 가지 상황이 하나의 단어나 하나의 상황으로 만들어질 때, 또
는 용도가 다른 두 가지 단어로 하나의 상황을 표현하려 할 때**
◎ 존 오레일리라는 남자가 한 클럽에서 친구들과 함께 술을 마시
고 있었다. 저녁 내내 술을 마시면서 모두 거나해졌을 무렵, 건배할 때
마다 각자 무엇인가 한마디씩 하자는 분위기가 되었다. 마침내 자기
차례가 되자 존 오레일리는 호기롭게 외쳤다.
"앞으로의 여생을 아내의 가랑이 사이에서 보낼 수 있기를!"
그 말로 존 오레일리는 그날 밤 가장 멋진 건배의 말을 한 사람에
게 돌아가는 일등상을 받았다. 존 오레일리는 곧장 집으로 가서 아내
메리에게 자랑을 늘어놓았다.
"여보, 내가 오늘 저녁 아주 멋진 건배의 말로 일등상을 받았지 뭐
요!"
메리가 물었다.
"대체 무슨 말을 하셨기에?"

"'앞으로의 여생을 교회에서 당신 옆자리에 앉아 보낼 수 있기를 바라면서!' 라고 말했지."

존 오레일리가 말했다.

"아니, 그런 말도 할 줄 알아요?!"

메리가 기쁨에 겨워 말했다.

다음날 존과 함께 술을 마신 친구 가운데 한 사람과 우연히 마주친 메리. 그는 메리에게 장난스러운 미소를 흘리면서 말했다.

"존이 엊저녁 부인 이야기를 해서 일등상을 탄 거 아시죠?"

메리가 대답했다.

"알다마다요. 남편의 얘기를 듣고 꿈인가 생시인가 했다니까요. 아시겠지만 그이가 그 안까지 들어간 적은 딱 두 번밖에 없거든요. 그나마 한번은 그 안에서 잠이 들어버리질 않나. 그리고 두 번째는 귀를 잡아끌어서야 들어갈 수 있었어요. 롤프 브레드니히/이동준 옮김/위트상식사전119

한가지 상황에서 상이한 두 가지 이야기로 만들어졌다. 클럽에서 만난 남자들에게는 '마누라 가랑이 사이로', 마누라 앞에서는 '교회 안'이다. 그런데 클럽 남자와 마누라가 만났을 때 '그 안'은 전혀 다른 이야기가 된다. 하지만 마누라는 하나의 이야기로 엮어내고 있다.

◎ 나를 데려다줄 수 있소?

사냥이 취미인 사람이 가이드를 고용해 온종일 걸려 험한 산길을 오른 끝에 드디어 정상에 도착했다. 그는 밤이 어두워 모닥불을 켜놓고 둘러앉아 이야기를 나누다가 가이드에게 물었다.

"자네는 내가 만나본 가이드 중 가장 성실하고 충실한 친구인 것 같네. 한 가지 묻겠는데 내가 만약 갑자기 사고를 당하든지 심장발작이라도 일으키는 일이 생긴다면 나를 산 밑 마을까지 데려다줄 수 있겠나? 나는 몸무게가 90kg이나 나가는데 말일세."

"걱정 없습니다. 지난해에는 저 혼자서 200kg 나가는 산돼지를 운반해 산에서 내려간 적도 있는데요."

"200kg이라고? 혼자서? 그게 어떻게 가능하지?"

"한 열 번에 나눠서 하는 거지요." _{한겨레21 1998년 10월 15일 제228호 웃기는 세계}

"데려다준다"와 "운반"의 차이점이다. 데려다주는 건 사람에게, 운반은 물건에 대해서 적용되는 용어다. 그리고 물건은 여러 번 나눠서 옮기는 것이 가능하다. 하지만 가이드가 이 두 단어를 혼용하는 것이 웃기는 역할을 하고 있다.

◎ 두 사나이가 기차에서 대화하고 있었다.

사내 1: 어디 사시유?

사내 2: 뭄바이에 사는데요.

사내 1: 어? 나도 뭄바이 사는데, 어느 동네에 사슈?

사내 2: ○○ 동네에 사는데요. 그러는 당신은요?

사내 1: 아니 이럴 수가. 나도 그 동네에 사는데, 도대체 그 동네 어디에 사시오?

사내 2: ○○ 아파트에 살아요. 혹시 아세요?

사내 1: 세상에 이런 인연이 있나, 나도 그 아파트에 사는데. 그럼 몇 호에?

사내 2: ○○ 호요. 당신은요?

사내 1: 어, 나도 ○○ 호에 사는데….

두 사람의 대화를 옆에서 듣고 있던 다른 승객이 기가 막혀 말했다. "이것 보쇼. 아니 같은 도시, 같은 동네, 같은 아파트, 같은 집에 살면서 서로 모르는 사이란 말이오!?" 그러자 둘 중 나이 많은 사내가 답했다. "아, 내가 내 아들이랑 기차에서 시간 보내기 하는데 당신이 무슨 상관이야!" _{한겨레21 1999년 09월 09일 제274호 웃기는 세계}

◎ 호랑이도 실업자였네!

이탈리아에서도 실업은 심각한 사회문제다.

대학에서 경제학을 전공하고 막 졸업한 젊은이가 일자리를 찾고 있었다. 훌륭한 논문과 높은 점수에도, 2년이 다 가도록 그의 능력과 적성에 맞는 일을 찾기가 어려웠다. 결국, 그는 신문의 구직광고에서 발견하는 아무 일이나 하기로 결정했다. "급구! 유능한 젊은이 필요함." 이 젊은이는 즉시 쓰인 주소로 달려갔다.

서커스장이었다. 그가 할 일은 원숭이 복장을 하고 사자, 호랑이 등 맹수가 있는 철창 건물 위의 동아줄을 걸어가는 것이었다. 잠깐 생각한 끝에 상황이 다급한지라 하기로 결정을 했다. 일주일에 걸쳐 연습하며 요령을 익힌 그에게 드디어 실전의 날이 다가왔다.

관중은 숨을 죽이고 있었다. 동아줄 밑에선 맹수들이 으르렁거렸다. 약간 긴장이 됐지만, 드디어 한 발을 내디디고… 또 두 발을 내딛는 순간 갑자기 밑에서 호랑이가 뛰어오르려고 하는 것이 아닌가. 그만 당황한 젊은이는 균형을 잃고 철창 안으로 떨어지고 말았다. 관중은 소리를 지르고 이 젊은이는 사색이 돼 철창 밖으로 나가려고 하는데 호랑이가 다가와서 하는 말

"걱정하지 마, 우리도 막 졸업한 사람들이야." 한겨레21 1998년 10월 01일 제227호 웃기는 세계

왜곡이 처음부터 내재되어 있었던 것은 다른 맹수에 관한 내용이다. 다른 맹수들 역시 실업자였다. 맹수들과 원숭이라는 대립 관계로 상황이 구성되어 있다.

◎ 노신사와 외투

링컨이 청년 시절 급하게 시내에 나갈 일이 생겼는데, 그에게는 말과 마차가 없었다. 마침 그때 시내를 향해 마차를 타고 가던 노신사를 만나게 되었다.

"어르신, 죄송합니다만 저의 외투를 시내까지 갖다 주실 수 있겠습니까?"

"외투를 갖다 주는 거야 어렵지 않지만 어떻게 시내에서 자네를 만나 외투를 전해 줄 수 있겠소?"

"그거야 염려하실 것 없습니다. 제가 항상 그 외투 안에 있을 테니까요."

이 말을 들은 노신사는 한바탕 웃더니 링컨을 시내까지 데려다주었다고 한다. naver 블로그

외투와 외투의 입은 사람을 분리해서 문장을 구성한다. 그리고 마지막엔 하나로 상황으로 문맥을 형성한다.

6. 특수한 상황을 왜곡하되 널리 알려진 내용으로 한다.

◎ 한 기독교인이 임종을 앞두고 있었다. 신부님이 임종하기 위해 찾아왔다. 그리고 늘 하던 데로 그에게

"성부를 믿습니까?" 하니 그 사람은 아무 대답도 하지 않았다.

다시 신부님이

"성자를 믿습니까?"라고 물어도 아무런 대답이 없었다.

마지막으로

"성령을 믿습니까?"라고 물으니

그는 자기 가족 쪽으로 돌아보며 하는 말이.

"이 양반이 날 보고 무슨 수수께끼를 내고 있네." 1993/박광수/70일간의 우화 여행 173

"믿는가"를 "수수께끼"로 왜곡했다. 내용을 분명하게 파악하지 못해서 일어나는 왜곡이다. 또는 내용을 분명하게 파악하지 못한 것처럼 하면서 엉뚱하게 반응을 할 때 웃길 수도 있다.

◎ 아버지와 아들

어느 날 오후 예수가 천국의 문 앞으로 베드로를 만나러 갔다.

"반갑습니다, 예수님."

베드로가 예수를 반기며 말했다.

"제가 잠시 자리를 비워야 하겠는데, 천국의 문을 좀 지켜주시겠습니까? 금방 돌아오겠습니다."

예수가 고개를 끄덕이자 베드로는 어디론가 황급히 사라졌다. 곧이어 한 늙은 남자가 천국의 문 앞으로 오더니, 안으로 들어가고 싶어 했다.

"안으로 들어가고 싶단 말이지요?"

예수가 말했다.

"좋습니다. 그럼 우선 당신이 살아온 인생 이야기를 해보십시오."

노인은 위를 쳐다보며 이렇게 말했다.

"내가 어떻게 살았고 어떻게 죽었는지는 더 이상 기억이 나지 않소. 하지만 내 이름이 요셉이고, 목수였으며, 전 세계적으로 아주 유명해진 아들이 하나 있다는 것은 압니다."

예수가 그를 쳐다보면서 물었다.

"아버지세요?"

노인이 되물었다.

"피노키오냐?" _{롤프 브레드니히/이동준옮김/위트상식사전196}

예수가 "아버지세요?" 하니 노인이 "피노키오냐?"라고 되질문을 했다. 예수의 아버지가 만든 작품 중에 피노키오가 예수의 아버지에겐 더 유명한가 보다.

◎ 루스벨트의 센스 있는 유머

영부인의 혐의

잡지 『굿 하우스키핑(Good Housekeeping)』은 엘리너 루스벨트를 "우리들의 날아다니는 영부인"이라고 호칭했다.

엘리너 여사가 어느 날 볼티모어의 한 교도소를 방문키로 했다. 그 날 아침, 엘리너 여사는 남편을 방해하지 않기 위해 조심해서 백악관을 떠났다.

루스벨트 대통령은 부인이 왜 안 보이는지 비서에게 물었다.

"교도소에 계십니다, 대통령님."

대통령이 다시 물었다.

"놀랄 일은 아니군요. 그런데 혐의가 뭐죠?" 밥돌/김병찬옮김/위대한 대통령위트

108

특수한 상황을 가장 일반적으로 접근할 수 있는 용어를 선택했다.

◎ 영국의 지방지에 실린 골 때리는 실화

리버풀 안과 전문 병원에 두 사람이 전화를 걸어 급성 안질환이 생겼다고 앰뷸런스를 요청했다. 최근 있었던 개기일식 실황중계를 텔레비전으로 보고 나서 눈에 이상이 생겼다는 것. 한겨레21 1999년 10월 14일 제278호 웃기는 세계

텔레비전에서 일식 때 눈으로 직접 보면 안질환이 생길 수 있다고 방송을 했는가 보다. 더군다나 실황중계로 인해서 문제를 일으켰다는가 보다.

◎ 두 소년이 나치의 강제수용소에 관해 이야기하고 있었다.

"난 수용소에 대한 농담을 좋아하지 않아. 우리 할아버지가 거기서 돌아가셨거든."

"가스실에서 돌아가셨구나."

"아니, 감시탑에서 떨어지셨어." 한겨레21 1999년 03월 04일 제247호 웃기는 세계

할아버지가 나치 강제수용소에서 돌아가셨다는 사항은 유대인일 것이라고 일반적으로 추측을 하게 된다. 하지만 독일인이

었다. 추측의 왜곡이다. 일반적으로 알고 있는 상황과는 대비 효과로 문맥을 구성했다.

◎ 영국의 수상 처칠이 처음 하원의원 후보로 출마했을 때 처칠의 상대 후보가 인신공격을 가했다.

"처칠은 늦잠꾸러기라고 합니다. 저렇게 게으른 사람을 의회에 보내서야 되겠습니까?"

처칠이 응수한다.

"당신도 예쁜 마누라를 데리고 살아봐!"

이 유머는 그가 나중에 총리가 되고도 사용됐는데 국회에 늦은 처칠이 이렇게 변명했다는 것이다.

"그래서 앞으로는 국회가 있는 전날에는 각방을 쓸 생각입니다."

조관일/끝내주는 유머 이기는 유머 214

늦잠의 이유가 예쁜 마누라 탓이라고 한다. 왜곡이다. 이 왜곡을 나중에 다시 한번 사용한다.

"당신도 예쁜 마누라를 데리고 산다면 아침에 결코 일찍 일어날 수 없을 것이오"라고 문맥 전체를 말하는 것 보다가 끝부분을 누락해서 스스로 생각하도록 하는 것이 더욱 효과적이다. 그리고 첫 번째 변명과 두 번째 변명은 의미상으로는 동등하지만, 문장을 다르게 구성했다.

◎ 사법 대표위원인 레온 아무리이느가 이러한 얘기를 했다. 사보와 (Savoie)에서 어느 소년이 고깃간을 찾아와 고기를 산후 고깃값을 낼 돈이 없다고 하며, 이 바이올린을 저당으로 잡아주신다면 후에 곧 돈을 만들어 오겠다고 했다. 바이올린은 굉장히 오래된 것이었으나 그 고깃값은 되려니 생각하고 고깃간 주인은 승낙했다.

한두 시간이 지나자 옷차림이 미끈한 신사가 고기 파이를 사러 와서 바이올린을 보았다.

"이것은 스트라뒤봐류스의 작품이 아닌가! 바이올린도 파는 물건입니까?"

"아니요, 저의 것이 아닙니다."

고깃간 주인은 조금 전의 그 소년 얘기를 했다. 그러자 신사가 말했다.

"그 소년이 올 때까지 여기서 기다리고 있을 수는 없으니 그 소년에게 이 바이올린을 사둘 수 없을는지요? 이만 프랑까지는 낼 용의가 있습니다."

그리고 그 신사는 아쉽다는 듯이 나갔다.

얼마 후 소년이 와 고깃간 주인이 말했다.

"나에게 이 바이올린을 팔지 않겠니?"

"안 됩니다. 아버지의 유물인 소중한 바이올린인걸요."

이렇게 되자 고깃간 주인은 더욱 욕심이 나서 오백 프랑, 천 프랑, 이천 프랑 하다가 마침내 삼천 프랑에 사고 말았다. 그리고는 이만 프랑으로 신사에게 팔려고 기다렸다. 그러나 그 신사는 끝끝내 나타나지 않았다. 어린아이의 꾐에 빠져 고기도 공짜로 주고 삼천 프랑만 날린 셈이었다. 임유진/세계인의 해학 Y 담/256

바이올린을 알고 있는 아이와 신사 그리고 바이올린에 대해서 무지한 고깃간 주인, 앎과 무지의 작용이다.

신사가 "스트라뒤봐류스의 작품이 아닌가?" 할 때 고깃간 주인이 바이올린에 대해서 아무것도 모르다가 갑자기 바이올린에 대해서 전문적인 지식이 생겼다고 스스로를 왜곡했을 것이다.

7. 단어나 내용을 다른 것으로 치환, 또는 암호화한다.

◎ 신혼부부가 사랑을 나누자는 말을 하기가 쑥스러워서 암호를 만들기로 했다. 암호는 컴퓨터로 편지를 쓰자는 것. 어느 날 저녁에 돌

아온 신랑이 먼저 말했다.

"우리 컴퓨터로 편지 쓰기 해볼까."

신부가 대답했다.

"자기 나 오늘 너무 피곤해. 다음에 하자고."

잠시 뒤 생각이 바뀐 신부가

"자기, 우리 컴퓨터로 편지 쓰기 하자"고 말했다.

신랑이 말했다.

"이젠 안 돼. 손으로 벌써 편지를 써버렸어." _{한겨레21 2000년 07월 26일 제319호}
웃기는 세계

'사랑 나누기'을 '컴퓨터로 편지 쓰는 것'으로 왜곡 표현했다. 마지막은 앞의 왜곡을 이용한 왜곡이다.

◎ 죄수 세 사람이 나란히 감방에 갇혀 있었다. 함께 오래 있다 보니 시간 때우기로 하던 농담도 밑천이 바닥나서 서로 외울 정도가 되었다. 그래서 서로 다 아는 농담 전체를 할 것이 아니라 농담 번호만 이야기하기로 약속했다. 어느 일요일 저녁,

죄수1 "이봐, 내가 재미있는 이야기 하나 하지. 23번."

죄수2와 3 (웃으며) "와 그거 정말 재미있네."

죄수2 "내가 더 웃기는 얘길 해 주지. 57번."

죄수1과 3 (더 많이 웃으며) "그래 그게 더 웃긴다."

죄수3 "아냐, 최고로 웃기는 얘기는 이거라고. 45번."

죄수1과 2 (웃지 않는다.)

죄수3 "왜? 왜 그러는 거야?"

죄수1 "그 재미있는 얘길 그렇게 썰렁하게 하냐? 이 멍청아!" _{한겨레21}
_{2000년 03월 23일 제300호 웃기는 세계}

◎ 한 여름, 옷은 얇아진다.

얇은 옷을 입은 본인은 잘 모를 수도 있지만, 빛이 투과되면 속살이 훤히 들여다보인다.

한 스님이 시원한 모시옷을 입고 있었다. 더워서인지 속옷은 입지 않고……

가까이서 보니 본인만 봐야 하는 것도 보인다.

그것을 보던 옆의 스님이 가까이 가서 하는 말이

"아따, 신심 난다!" 출처불명

"신심 난다"는 '부처를 믿는 마음이 더욱 우러러난다'는 뜻이다. '신앙심이 우러러 난다'와 같은 의미다. 본인만이 보아야 할 것을 다른 사람에게도 보이도록 하고 있으니 직접 말하지 않고 특정 집단이 쓰는 용어로 표현한다.

◎ 잘 알고 있던 스님들과 함께 뼈 감자탕집에 들어갔다. 문 입구의 한 테이블에서 노인 4분이 뼈 감자탕 식사 중이었다. 나는 그 모습을 보며 "와~ 맛있겠다!"고 하니 노인 4분의 얼굴에 웃음이 가득해졌다. '스님이 고기를 맛있겠다'고 하니 웃을 만도 했다.

같이 온 일행 스님과 나는 그 옆 테이블에 앉았다. 잠시 후, 식당 직원이 다가오는 것을 보고, 나는 그녀에게

"여기 저승탕 주세요"라고 말하면서 옆의 식사 중인 노인 네 분을 보았다. 웃던 노인들의 얼굴이 약속이나 한 듯이 동시에 굳어져 버리는 것이 아닌가!

뼈 감자탕을 저승탕으로 왜곡했다. 뼈와 죽음 즉 저승과의 관계, 그리고 먼저 웃겨놓은 노인들과도 관계를 고려해서 선택한 단어였다.

◎ 일요일 아침, 안개가 잔뜩 끼어 있었다.

차를 운전하여 읍내로 나가는 도중, 교회 다니는 친구의 모친이 시내버스를 기다리고 있는 것이 보였다. 나는 차를 세우며 "타세요"라고 했다.

친구의 모친이 타고 난 후, 다시 차를 운전하면서

"교회 가시는가 봐요?" 하니

"그런데, 아침 일찍 어딜 가냐?"고 하신다.

나는

"새벽에 주일 기도를 하는데, 길 잃은 양 한 마리가 보이기에 급히 차를 몰고 나왔습니다."

안개 속에서 서 있는 친구의 모친을 길 잃은 양으로 왜곡했고 승려인 저자가 주일 기도를 한다고 왜곡했다.

◎ 개구리 3마리가 연못가에서 이야기를 나누고 있었다.

A 개구리: 개골!

B 개구리: 개골 개골!

C 개구리: 개골 개골 개골!

A 개구리가 권총을 꺼내 C 개구리를 쏴 죽여버렸다.

B 개구리가 물었다. "왜 죽였어?"

A 개구리 왈: 쟤는 너무 많이 알고 있어!

한겨레21 2000년 06월 15일 제312호 웃기는 세계

A 개구리가 "개골 4번"으로 말하고 B 개구리는 "아니야! 그보다 더 많이" 하면 어떨까?

◎ 불교의 경전 중에 금강경이라는 경전이 있다. 일체 모든 것이 비었다는 내용의 경전이다. 소리 내어서 읽으면 10여 분, 눈으로 읽으면 몇 분이면 한번 읽는다.

어떤 주지 스님이 매일 금강경을 30번 읽는다고 했다.

그래서 9년 정도 읽었는데 금강경을 십만 독을 했다고 자랑이다.

나는

"그냥 금강경 1독", "2독"……."10만독 하면 될걸!"

◎ 사람들이 정치인을 획일적으로 분류하는 것에 불쾌감을 드러냈다. 부시는 말했다.

"라벨은 깡통에 붙이는 것입니다." 밥 돌/위대한 대통령의 위트259

획일적 분류란 어떤 의원을 보수주의자 또는, 진보주의자로 분류하는 것을 말하는데, 시끄러운 것과 내용이 다를 수 있다는 의미로도 해석이 된다.

라벨은 보수주의자 또는 진보주의라는 딱지로, 깡통은 특정 의원으로 대치되었다고 볼 수 있다. 시끄러운 것은 깡통이니 어떤 라벨이라도 허용할 것이다. 또한, 라벨과는 상관없이 내용이 다를 수 있는 것이 깡통이기도 하다.

8. 처음 대화와는 전혀 다른 상황이 삽입되지만, 다시 원위치로 돌아간다.

◎ 나이 지긋한 부부가 다른 부부의 집에 초대받았다.

저녁 식사를 마친 뒤 아내들은 설거지하러 가고 남편들은 대화를 나누기 시작했다.

"지난밤, 새로 생긴 식당에 가보았어. 정말 대단하더군. 그 식당에 꼭 한번 가보게"

두 번째 노인이 말했다.

"식당 이름이 뭔데?"

첫 번째 노인이 한참 생각하다가 말했다.

"좋아하는 사람에게 주는 꽃 있잖아! 이름이 뭐더라? 붉은색에 가시가 있는 꽃"

"장미(rose) 말인가?"

"그래", 첫 번째 노인이 이렇게 말 한 후 부엌 쪽으로 소리쳤다.

"로즈, 지난밤에 우리가 갔던 식당 이름이 뭐더라?" 리처드 와이즈먼/한창호 옮김/괴짜 심리학 205

식당 이름을 물었는데, 전혀 관련이 없는 꽃 이름을 알고 싶어한다. 엉뚱하다고 생각했는데, 아내의 이름을 알고자 함에 있었다. 그리고 아내의 이름을 알아낸 다음 식당 이름을 알아야 했다.

◎ 남편 라베크가 집을 비운 사이에 아내 샤니가 평소 잘 알고 있던 젊은이를 끌어들여 톡톡히 재미를 보고 있었다. 그때 술 취한 남편이 들이닥쳐 젊은이는 신발을 챙길 겨를도 없이 창 너머로 달아났다.

그러자 라베크가 신발을 주워들고 소리쳤다.

"이게 누구 거지?"

단단히 각오한 샤니가 모른다고 딱 잡아뗐다.

"좋아. 내일이면 밝혀지겠지."

라베크는 그길로 곯아떨어져 잠들고 말았다.

그래서 샤니가 약삭빠르게 남편의 신발과 젊은이의 신발을 바꾸어 놓았다. 이튿날 아침 남편이 머리맡에 놓인 신발을 살펴보고는 말했다.

"어젯밤에는 내가 술이 너무 취해 심한 소리를 한 것 같구려. 창을 넘어간 것도…… 그것도 나였겠구려." 임유진/세계인의 해학 Y 담/41

아내가 '모른다' 라고 왜곡하고, 신발을 바꾸는 왜곡까지 한다. 남편은 그 왜곡을 술에 취해서라고 인정해준다. 하지만 '창을 넘어간 것도 나였겠구려' 하고 비논리적인 왜곡을 한다.

왜곡으로 어떤 변형을 가하지만 왜곡으로 변하지 않는 상황으로 만든다.

◎ 미스터 페라리

한 처녀가 엄마에게 두 달 전부터 월경을 하지 않는다고 고백했다. 불안해진 엄마는 당장 약국으로 달려가 임신 진단 시약을 사 왔다. 검사 결과 임신이 맞았다. 엄마는 미친 듯이 날뛰며 딸에게 욕설을 퍼붓고 고함을 질러댔다.

"어떤 놈이 너한테 이런 짓을 한 거야! 당장 사실대로 말 못 해?!"

딸은 수화기를 들더니 전화를 걸었다. 그로부터 30분 뒤, 페라리 한 대가 그녀의 집 앞에 멈춰 섰다. 최고급 양복을 입은 고상한 중년 남자가 은빛 머리칼을 휘날리며 차에서 내려 집안으로 들어섰다. 그는 처녀의 아버지, 어머니 그리고 처녀와 함께 거실에 앉았다.

"안녕하십니까? 따님이 문제가 생겼다고 말하더군요. 저는 개인적인 이유도 있고, 또 가족 문제도 있고 해서 댁의 따님과는 결혼할 수가 없습니다. 하지만 그 밖의 문제는 어떤 것이든 제가 다 책임지겠습니다. 만일 태어날 아이가 여자아이라면 점포 세 개와 집 두 채 그리고 해변의 빌라를 유산으로 물려주고, 아이 앞으로 은행 계좌를 개설해서 100만 달러를 예치해 두겠습니다. 만일 사내아이라면 공장 두 개를 물려주고 100만 달러를 넣은 은행 계좌를 개설해 주겠습니다. 만일 쌍둥이라면 각각 공장 한 개와 함께 50만 달러씩을 받게 될 것입니다. 그리고 따님이 혹시 유산할 경우에는…."

신사의 얘기만 묵묵히 듣고 있던 아버지가 순간 신사의 어깨에 지그시 손을 얹더니 말했다.

"만일 그렇게 되면 내 아이와 다시 한번 잠을 자시오." 롤프 브레드니히/이동준 옮김/위트상식사전65

◎ 마을의 친구의 어머니는 나에게 가끔 "장가 안 가나?"라고 지나가는 소리로 말씀하신다.

대답으로 나는 "할머니 한 분을 모셔오려고 하는데요."라고 하니

친구의 어머니는 약간 경직된 얼굴로

"다 늙은 할망구는 해서 뭘 하게?"하고 반문을 한다.

나는 "할머니가 오면 그 딸이 따라올 것 아니에요?"

"장가 안 가나?"에 대응한 "할머니 한 분……."은 전혀 관련이 없는 엉뚱한 왜곡에 해당한다. 하지만 대화의 끝은 친구의 어머니가 듣고자 하는 대답을 한 셈이 된다.

이러한 위트는 상대가 어떻게 나올지 예상하고 시작해야 한다.

◎ 레이건은 미하일 고르바초프가 전해준 이야기를 즐겨말했다.

모스크바의 식료품 가게 밖에 끝이 안 보이도록 줄이 늘어서 있었다. 그 줄은 달팽이가 기어가듯, 느릿느릿 앞으로 나아갔다. 하루가 다 지나갔다. 이른 아침부터 줄을 섰던 사람들도 가게 입구에 조금도 더 다가 선 것 같지 않아 보였다. 마침내 한 모스크바 시민이 폭발했다.

그는 "이게 다 고르바초프 잘못이다. 가서 고르바초프를 죽이겠어."라고 외쳤다. 그리고 그는 서둘러 떠났다.

24시간이 지난 후, 그가 의기소침한 기색으로 돌아왔다. "그래서, 고르바초프를 죽였습니까?" 누군가가 물었다. "아니요." 그가 대답했다. "그 줄은 두 배나 더 길더라고요." 밥 돌/위대한 대통령의 위트 92

식료품을 사겠다고 줄을 서서 기다리다가 기다리는 상황을

만든 정책에 화가 나서 정책을 세운 사람을 죽이러 갔는데 그쪽 줄이 더 길다.

9. 상황이 반대로 뒤집히도록 한다.

◎ 간디가 영국에서 대학을 다니던 시절 얘기다.

간디의 교수는 피터스는 간디에게 다음과 같은 질문을 던진다.

피터스 교수: "길을 걷고 있다가 두 개의 자루를 발견했다. 한 자루에는 황금이 가득 들어 있고, 다른 자루에는 지혜가 가득 들어 있다. 둘 중 하나만 선택한다면, 어떤 쪽을 택하겠는가?"

간디 : "그야 당연히 황금 자루죠."

피터스 교수 : "나라면 지혜를 택했을 거네."

간디 : "뭐, 각자 자신이 부족한 것을 선택하는 것 아니겠어요?" naver

블로그

피터스 교수가 간디의 코를 납작하게 하려고 시작했다. 그런데 교수 자신의 코가 납작하게 되었다. 상대를 납작하게 하는 기술이 우리의 삶에 그렇게 필요한가? 라는 생각을 해본다.

"교수님은 무엇을 선택하시겠어요? 나는 그 나머지를 선택하겠습니다."는 어떨까?

◎ 자신에게 고개를 절대 숙이지 않는 식민지 출신의 학생을 아니꼽게 여기던 피터스라는 교수는

간디의 시험지는 만점에 가까웠으나 간디의 답안지에

"idiot(멍청이)"라 적은 후 그에게 돌려준다.

채점지를 받은 간디가 교수에게 말했다.

"교수님, 제 시험지에 점수는 안 적혀 있고, 교수님 서명만 있네요"

naver 블로그

◎ 2차 세계대전 당시 전 세계의 결속을 모으는 연설을 하러 방송국에 가야 했던 처칠.

택시를 잡았다.

"BBC 방송국으로 갑시다."

운전수는 뒤통수를 긁적이며 대꾸했다

"죄송합니다. 손님. 오늘 저는 그렇게 멀리까지 갈 수 없습니다. 한 시간 후에 방송되는 윈스턴 처칠 경의 연설을 들어야 하거든요."

이 말에 기분이 좋아진 처칠이 1파운드짜리 지폐를 꺼내 운전수에게 건네주었다.

그러자 운전수는 처칠을 향해 한쪽 눈을 찡긋하며 말했다.

"타십시오. 손님. 처칠이고 뭐고 우선 돈부터 벌고 봐야겠습니다."

daum 블로그

기분 좋아서 준 1파운드로 인해서 오히려 한순간 뒤집히는 경우다. 처칠이"나 역시 처칠 연설을 들으러 가는 중이네"하면 어떨까?

◎ 아버지가 아들을 불렀다.

"옆집에 가서 망치 좀 빌려오렴."

잠시 뒤 아들이 빈손으로 돌아왔다.

"망치를 안 빌려주던?"

"네."

"인정머리 없는 사람 같으니! 안 되겠다. 그럼 우리 것 쓰자!" 한겨레21

2000년 08월 29일 제324호 웃기는 세계

◎ 하늘나라 줄서기

지구상의 모든 사람이 죽어서 하늘나라에 갔다.

하느님이 말하길 "모든 여자는 심판관을 따라가고 남자들은 두 줄로 서라"고 명령했다. 그런데 두 줄에 기준이 있었다. 한 줄은 여자를 꽉 잡고 산 사람들이 서는 것이고, 다른 한 줄은 여자한테 꽉 잡혀 산 남자들이 서는 것이었다.

얼마 뒤 여자한테 잡혀 산 남자들의 줄은 100마일이 넘었고 다른 줄은 한 명밖에 없었다.

하느님이 100마일이 넘는 줄을 보고 노해서 말씀하셨다.

"너희는 내 모습대로 창조됐는데 어찌 너희 갈비뼈로 만들어진 여자들에게 쥐여살았느냐." 그러면서 다른 줄에 서 있는 한 명의 남자를 가리켰다.

"이 사람을 본받아라." 그런 뒤 그에게 비결이 뭐냐고 물었다.

그 남자가 말하길,

"우리 집사람이 사람 많은 데는 절대 가지 말랬어요." _{한겨레21 1999년 10}

월 21일 제279호 웃기는 세계

◎ 새로 신부가 부임했다는 소식을 듣고 온 마을 사람들이 어떤 인물인가 보려고 성당 미사에 참석했다. 신부는 설교 도중 "남편 몰래 바람피우는 아내야말로 가장 용서할 수 없는 사람입니다. 바람피운 적이 있는 여자분들은 모두 이 자리에서 일어나 고백하고 하나님 앞에서 용서받도록 합시다."

이 말에 한 명을 빼고 교회 안의 모든 여자가 자리에서 일어났다. 앉아 있는 여자를 보고 감격해 하는 신부 옆으로 슬그머니 다가간 조수가 귀띔했다.

"신부님, 저 아줌마는 귀가 먹었습니다." _{한겨레21 1999년 12월 09일 제286호 웃기는 세계}

"저 아줌마는 귀가 먹었습니다."라고 할 때 신부의 감격이 실망으로 변했다. 하지만 용서받을 필요가 없을 가능성도 있다.

◎ 똑같은 말이 다른 이유

유대인 학생들이 학교에서 탈무드를 공부하던 중 의문이 하나 생겼다. 탈무드를 공부하면서 담배를 피워도 되는지 안 되는지 궁금했다. 그러던 중 한 학생이 랍비에게 물었다.

"선생님, 탈무드를 공부할 때 담배를 피워도 괜찮습니까?"

"안 돼." 랍비는 딱 잘라 말하며 이맛살을 찌푸렸다. 그 이야기를 들은 다른 학생이 말했다.

"너는 묻는 방법이 틀렸어. 이번에는 내가 가서 물어볼게."

그러고는 랍비에게 달려가서 물었다.

"선생님, 담배를 피우는 동안에도 탈무드는 읽어야겠지요?"

"그렇지, 읽어야 하고말고."

랍비는 주저 없이 대답하면서 흡족한 표정을 지었다. 토론 탈무드 양동일/47

탈무드를 읽으면서 담배를 피우는 행위와 담배를 피우면서 탈무드를 읽는 것은 마찬가지이다. 하지만 도덕률이 개입되면서 탈무드를 읽을 때는 담배는 불허하고, 담배를 피울 때는 탈무드가 허용된다. 상황이 반대로 뒤집어지는 왜곡이다.

◎ 바보 모독

바보가 성냥갑에 성냥이 남아 있는지 어떻게 알까? 성냥갑을 귀에 대고 머리를 흔든다. 한겨레21 2000년 03월 02일 제297호 웃기는 세계

◎ 기사도

공원에서 데이트를 즐기고 있는 두 남녀. 여자가 와들와들 떨고 있는 모습을 보자 기사의 혈기가 끓어오른 남자가 목청을 높여 말했다.

남자: "내가 당신 곁에 있는데, 두려울 게 뭐가 있겠소. 깡패든, 강도든 나타나기만 하면 내 그들에게 기사도가 어떤 것인지 확실하게 보여주겠소!"

여자: "전 다만 당신의 부인이 나타날까 봐 두려울 뿐이에요."

그러자 남자가 와들와들 떨기 시작했다.

남자: "으…으… 나, 나도 정말 마누라가 무서워. 당신 날 지켜줄 수 있겠소?!" 한겨레21 1998년 12월 31일 제239호 웃기는 세계

와들와들 떠는 처지가 뒤바뀌었다. 더구나 지켜주는 입장도 바뀌길 바라고 있다.

◎ 지혜로 사형을 면한 패트

웰즈에서 잉글랜드인과 아일랜드인, 스코틀랜드인 세 사람이 살인 죄로 교수형을 선고받았다. 판사는 마지막 인정으로 사형 틀로 쓸 나무를 제각기 하나씩 고르게 했다. 그러자 스코틀랜드인은 박달나무를 골랐고, 잉글랜드인은 느티나무를 골랐다.

"그런데 패트, 그대는 어느 나무에 매달리기를 원하는가?"

"글쎄요. 될 수 있다면 구즈베리의 묘목에 매달리고 싶은데요."

"그것은 안 돼. 매달릴 정도로 크지 않단 말이야."

그러자 패트가 밝은 얼굴로 말했다.

"그렇다면 클 때까지 기다리죠." 임유진/세계인의 해학 Y담184

박달나무, 느티나무의 크기를 구체적으로 말하지 않았지만 구즈베리 나무묘목으로 구체화했다. 그리고 모두 커도 사람 키 정도다.

◎ 승려인 필자가 지하철에 타고 의자에 앉아 있는데, 옆에 앉아 있는 한 여인이 내게 말을 하고 싶어 한다는 것을 눈치챘다. 그리고 그 여인에게서 풍기는 느낌은 기독교인이라는 것.

그래서 내가 먼저

"저는 부처님을 믿고 있는데, 하나님을 믿을 수 있도록 설득을 해주십시오"라고 말하자, 그 여인의 설교가 시작되었다. 얼마간의 설교가

끝난 다음

나는 "에이, 설득력이 약하다!"

여기서 기독교인 여인이 "그럼 나를 불교를 믿도록 설득해봐 요?" 했다면…, 완전한 대비 효과를 일으켰을 것이다.

◎ 경찰관이 술에 만취한 채 운전을 하려는 사람을 발견하고는

"이봐요, 그렇게 술에 취한 상태로 지금 운전을 하려고 하는 겁니 까?"라고 묻자

취객이 대답했다.

"아, 그럼 이 상태로 나보고 집까지 걸어가란 말이오?" 한겨레21 2000년 03 월 02일 제297호 웃기는 세계

현시대에 음주운전과 경찰은 극과 극이 되어 있다.

◎ 기혼자용 비아그라가 곧 출시된다는 소식이 나왔다. 단 기존 비 아그라와 차이가 나는 게 있다. 이 비아그라는 성 기능을 향상시키는 것이 아니라 시력을 일시적으로 감퇴시킨다고. 한겨레21 2000년 07월 26일 제319호 웃기는 세계

'비아그라는 정력을 일시적으로 증가시킨다' 라는 해석이 빠 졌으나 일반적으로 잘 알고 있다. 이 문장에서는 뭔가를 감퇴시 킨다고 한다. 증가와 감퇴라는 대비되는 틀을 두고 나머지를 채 워 넣는다.

◎ 노브이 루스키는 졸부가 된 신 러시아인들을 일컫는 말이다.

노브이 루스키가 박물관 관광에 **나셨다**. 예카테리나 2세의 의자 근 처에 왔을 때 주머니 속에서 휴대폰이 울렸다. 주머니에서 휴대폰을 꺼내 들고는 옆에 있던 의자에 앉아 떠들기 시작했다. 이때 관리인이 허겁지겁 달려와

"이게 도대체 누구 의자인데…. 예카테리나 2세의 의자란 말이요. 어서 일어나요"라고 말했다. 노브이 루스키가 태연하게 말했다.

"에이, 나도 기본 매너는 있어요.

그가 2세이건 1세이건 오기만 하면 벌떡 일어날 테니 너무 걱정 말아요." _{한겨레21 2000년 05월 25일 제309호 웃기는 세계}

기본매너가 있다면서 기본매너가 뭔지 모르고 있다. 또한, 그로 인한 시간의 왜곡이다.

위의 문장에서 "에이, 나도 기본 매너는 있어요."를 제거하면 어떨까?

◎ 아내의 청력이 떨어졌다고 생각한 노인이 아내를 바라보며 물었다.

"내 말 들려?" 아무 대답이 없었다. 그가 아내 쪽으로 조금 다가가 물었다.

"이젠 들려?" 아무 대답이 없었다. 그가 조금 더 아내에게 다가가 물었다.

"이젠 들리냐고?"

아내가 대답했다.

"세 번째로 대답했는데, 들린다고요!" _{리처드 와이즈먼/한창호 옮김/괴짜 심리학 205}

아내의 귀가 문제였다고 생각했는데, 알고 보니 노인 자신의 귀가 문제였다.

◎ 어느 귀부인이 의사를 찾아와 고민을 털어놓았다.

"선생님, 그리 큰 문제는 아니지만, 저에게 오래된 고민이 하나 있어요. 그건 방귀를 너무 자꾸 뀐다는 거예요. 그렇지만 냄새나 소리가 나는 건 아니에요. 사실은 이 방에 들어온 뒤로도 수십 번은 방귀를 뀌었어요. 놀라셨죠? 냄새나 소리가 없으니 아셨을 리가 없죠. 어떻게 하면 방귀를 줄일 수 있을까요?"

의사가 처방전을 내놨다.

"무슨 문제인지 잘 알겠군요. 우선 이 약을 일주일간 복용하시고 다시 진찰을 받으세요."

일주일이 지나 다시 의사를 만난 귀부인은 화가 나서 따졌다.

"선생님, 대체 어찌 된 일이에요? 그 약을 먹고부터 제 방귀에서 지독한 냄새가 나기 시작했어요. 물론 계속 소린 나지 않지만…"

의사가 싱긋이 웃으며 말했다.

"경과가 좋군요. 축농증은 어느 정도 나은 것 같군요. 이제 귀 치료를 시작할까요." 한겨레21 2000년 07월 20일 제317호 웃기는 세계

냄새를 못 맡는 것을 냄새가 없는 방귀로 왜곡했고, 귀의 문제로 인해서 방귀 소리를 못 들은 것으로 왜곡했지만 자신의 코와 귀에 문제가 있었다.

10. 상황을 역으로 뒤집어서 표현한다.

◎ 레이건 대통령이 백악관에 유명 피아니스트를 초청해 연주회를 열었다. 연주회가 끝난 뒤 계단을 내려오던 낸시가 발을 헛디뎌 우스꽝스럽게 넘어지고 말았다. 당황한 얼굴을 한 아내를 보고 레이건은 큰소리로

"여보, 분위기가 썰렁해서 박수나 웃음이 필요할 때 넘어지기로 하지 않았소?"

그러자, 많은 사람이 박수와 환호를 보냈다. daum 블로그

"여보, 당신은 피아노 연주만 들으면 취하잖아!"라고 하면 어떨까? 레이건이 "……. 분위가가 썰렁해서…"라는 말은 바로 앞에 연주한 사람을 깎아내렸다. 웃기려고 누군가를 깎아내려야 하는 것을 어떻게 생각해야 할까?

◎ "나는 담배, 술, 섹스, 지방질 많은 음식을 포기한 사내를 알고 있습니다. 그렇게 하기 전까지는 정말 건강했는데." (조니 카슨) 로저드슨/박정숙/설득의 법칙 p317

◎ 어느 신참 기자의 고민
한 지역신문의 신참 기자가 공원길을 걷고 있었다.
그의 귓가에는
"기삿거리를 찾아오지 못하면 해고될 줄 알아!" 하는 부장의 목소리가 생생하게 울리고 있었다.
무심코 걷고 있던 그의 눈에 띈 것은 공원 한구석 연못가에 놀고 있던 어린아이에게 커다란 불도그가 덤벼드는 장면이었다. 위기의 순간, 어디선가 한 사나이가 뛰어들어 불도그를 껴안고 싸우기 시작했다. 한참 엎치락뒤치락 계속되던 싸움은 사나이의 승리로 끝나고, 불도그는 축 늘어져 죽은 모습이 되었다.
이 광경을 지켜보던 기자, 불현듯 이것이 바로 그가 찾던 기삿감이라는 생각이 들면서, 머릿속에 헤드라인이 떠올랐다.
"이 거리의 파수꾼, 아이 목숨을 살리다." 기자가 사나이에게 질문했다.
"이 근처에 사시나요?"
"아니요."
기자는 이번엔 다른 헤드라인을 생각했다.
"우리 지역의 파수꾼, 아이 목숨을 살리다." 그리고 다시 질문을 던졌다.
"이 지역에 사시지요?"
"아니요, 전 리버풀에서 왔는데요."
다음날 지역신문에는 이 기자의 기사가 사진과 함께 실렸다.
"리버풀 촌놈, 지역주민의 애완견 살해하다!" 한겨레21 2000년 01월 13일 제291호

◎ "한때 미인 선발 대회에 참가한 적이 있습니다. 물론 꼴찌를 했죠. 게다가 미스 우정상에게 입을 맞춰야 했죠." (필리스 딜러) 로저드슨/박정숙/설득의 법칙 p317

◎ "금발 미녀 때문에 주교는 스테인드글라스 창문을 발로 차서 구멍을 만들죠." (레이먼드 챈들러)로저드슨/박정숙/설득의 법칙 p317

◎ 2차대전 때 미공수의 유럽 바스토뉴전투에서
지휘력이 없는 다이크가 중대장 직위를 맡자 부하 병사들은 시간만 나면 다이크 중대장 험담을 한다. 그러다가 한 상관이 지나가면서
"무슨 이야기를 하나?"고 하니
"엉덩이 얼어 터지는 줄 모르고 다이크 칭찬을 하고 있었죠"

Band Of Brothers 2001 EP07/13:49

필자 역시 뒤집어서 표현하는 경우가 종종 있는데 순간적으로 웃음을 자아내는 데는 효과적이다.

11. 뭘 하고 있는지 정확히 모른다.

◎ 정신이 오락가락하는 두 할머니가 차를 타고 가고 있었다.
한 할머니가 운전하고 그 옆에 친구 할머니가 동승하고 있었다.
운전하는 할머니가 빨간불인데 지나가자 옆에 있던 할머니가 말했다.
"확실한 것은 아냐지만 우리가 자꾸 빨간불인데도 지나가는 것 같아."
그러나 다음번 신호에서도 운전하는 할머니는 빨간불에 지나가고 세 번째 신호등에서도 마찬가지였다.

　　그러나 건망증이 심한 친구 할머니는 빨간불에 지나가는 순간에는 불안했지만 지나가자마자 그 사실을 잊어버려 운전사 할머니에게 말하지 못했다. 그러나 같은 일이 반복되자 동승한 할머니는 매우 불안해져 소리쳤다.

　　"이 할망구야, 신호등마다 빨간불에 지나온 것을 알고 있기는 한 거야? 이러다 우리 모두 죽겠어!"

　　그러자 운전하던 할머니가 되물었다.

　　"내가 지금 운전을 하고 있는 거였어?" 한겨레21 1999년 10월 21일 제279호 웃기는

세계

　　자신이 운전하고 있다는 것을 옆에서 일깨워주어서 알게 된다.

　　◎ 시력을 거의 잃은 할머니에게 세 아들이 있었다.

　　어느 날 이 세 아들은 그들 중 누가 가장 효자인지 증명해 보자고 했다.

　　큰아들은 방이 15개나 되는 큰집을 어머니에게 사줬다. 둘째 아들은 최고급 벤츠 승용차와 운전사를 어머니에게 보냈다. 막내아들은 15년 동안 훈련시킨 끝에 성경책을 모두 외는 앵무새를 주기로 했다. 이 앵무새는 성경책의 어디라고만 대면 내용을 줄줄이 외는 신기한 앵무

새였다.

마침내 할머니의 결정이 내려지는 날이 됐다. 할머니는 큰아들과 둘째 아들의 선물을 모두 거절했다. "집은 기력도 없고 식구도 없는 내게 너무 크다." "운전도 못 하는데 차는 필요 없고 운전사도 부담스럽다"는 이유였다.

그리고 막내아들의 선물이 가장 맘에 들었다고 말했다.

"네가 보낸 닭은 정말 맛있었어." _{한겨레21 1999년 10월 21일 제279호 웃기는 세계}

앵무새를 닭으로 왜곡시켜 문장을 구성한다.

◎ **러시아 노브이 루스키**

이 시리즈는 그들이 얼마나 돈이 많은가와 함께 다른 한편으로는 그들이 얼마나 무식한가를 비웃는다. 신 러시아인이 여행에서 돌아오면서 젖먹이 흑인 아기를 데리고 왔다. 그러자 아내가 그에게 묻는다.

"당신, 이 애 어디서 데려온 거예요?"

"화내지 마, 이 아이가 크면 우리 애들한테 영어를 가르치게 하려고 데려온 거야." _{한겨레21 1998.07.23 제217호 웃기는 세계}

◎ 사냥꾼 둘이 숲속을 헤매고 있었다. 갑자기 사냥꾼 한 명이 맥없이 쓰러졌다. 쓰러진 사냥꾼의 두 눈은 흐릿했고 숨도 쉬지 않는 것 같았다. 또 다른 사냥꾼이 핸드폰을 꺼내더니 응급구조대에 전화를 걸었다. 그가 숨을 헐떡이며 말했다.

"제 친구가 죽었나 봐요! 어떡해요?"

교환원이 말했다.

"침착하세요. 제가 도와드리죠. 우선, 정말 죽었는지 확인하세요."

침묵이 흐르다가 갑자기 총소리가 난다. 다시 사냥꾼이 전화기에 대고 말했다.

"됐어요. 이젠 어쩌죠?" _{리처드 와이즈먼/한창호 옮김/괴짜 심리학 232}

'정말 죽었나 확인'을 일반화 된 '확인 사살'로 인지했다. 자신의 행동이 무엇을 의미하는지를 모르고 있다. 응급구조대의 의도와는 반대상황이 일어났다. 웹사이트로 조사한 결과 이 내용이 미국 내에서 55%의 인기를 얻었다고 한다.

◎ 남편이 매일같이 술에 떡이 되어 돌아오는 게 지긋지긋해진 아내가 상담소를 찾았다.

"하루 이틀도 아니고 더는 못 살겠어요."

상담원이 말했다.

"알코올중독은 일종의 병입니다. 환자라고 생각하시고 따뜻한 관심과 사랑으로 보살펴 보시지요."

그날도 변함없이 앞뒤 못 가리게 취해서 돌아온 남편을 아내는 상냥하게 맞았다. 찬물과 커피를 권하고 술 냄새 나는 옷을 벗겨주기까지 했다.

"피곤하지요. 어서 편히 주무세요."

그러자 남편 하는 말.

"잠시만 누워 있게 해 주구려. 집에 가면 독사 같은 여편네가 덤벼들 테니까." 한겨레21 1999년 09월 23일 제276호 웃기는 세계

술로 떡이 된 남편은 자신이 어디에 있는지 모르고 있다. 또한, 아내는 뭔가 바뀌길 바랐는데 오히려 더 심각해진 대비의 효과다. 또는 왜곡 8에 해당하기도 한다.

◎ 어떤 공사장에 패트릭과 마이크라는 인부가 있었다. 어느 날 점심시간, 패트릭은 마이크가 꺼낸 도시락통에서 신기한 것을 발견하고 물었다.

"마이크, 그 은색으로 반짝거리는 게 뭐지?"

"아 이거, 보온병이라네."

패트릭이 다시 물었다.

"보온병이 뭐지?"

"뜨거운 건 뜨겁게, 차가운 건 차갑게 온도를 유지시켜주는 거지."

이 말을 들은 패트릭은 놀란 듯 말했다.

"그것참 기막힌 것이로군. 나도 당장 하나 마련해야겠어."

다음날, 마이크가 패트릭이 새 보온병을 들고 온 것을 보며 말했다.

"정말 하나 장만했군그래!"

패트릭이 대답했다.

"그럼 물론이지."

"오늘 그래 뭘 넣어왔나?" 마이크가 물었다.

"뜨거운 홍차와 아이스크림을 넣어왔지!" _{한겨레21 2000년 03월 23일 제300호 웃기}
_{는 세계}

상반된 것을 하나에 넣었으니 왜곡5에도 해당한다.

◎ 밍크코트를 입은 부인이 친구들에게 자랑한다. 아무리 살기가 좋아졌다지만 역시 밍크코트쯤 되면 화제가 아닐 수 없다.

"야! 굉장하구나. 역시 여자는 시집을 잘 가야 해. 너 아주 행복에 겨워서 어쩔 줄을 모르는구나."

"좋을 것도 없고, 나쁠 것도 없어. 그리고 행복하고는 더욱 거리가 먼 거야"

"애, 그게 무슨 소리니? 밍크코트를 얻어 입고도 행복하고는 멀다 니"

"사실은 말이지. 우리 그이가 가정부하고 키스하다가 나한테 들렸 지. 그래서 할 수 없이 이것 하나 사준 거라구"

"뭐? 네 남편도 남편이지만 가정부가 간도 크구나. 그래, 바로 내쫓 았겠지?

"무슨 말씀이야, 너희는 그러니까 이런 것이 안 생기지. 가정부가 얼마나 큰 보배인데 내쫓니? 난 갖고 싶은 것 다 갖기 전에 지금 가정부한테 기회 많이 줄 거야." 2001/태을출판사/유머 공화국의 웃음보 터진 대통령 113

밍크코트와 그 외 다른 것을 가지려고 가정부와 남편의 관계를 허용하고 있다. 지엽을 보고 전체를 못 보고 있다. 결국, 아내 위치도 잃게 되는 것을 모르고 있다.

위의 내용에서 전체적 상황파악을 하고 있으면서도 그렇지 못한 척 지엽적으로 반응해도 위트가 될 수 있다.

12. 숨기고자 의도했던 것이 발각되게 문장을 만든다.
◎ 조롱당하는 벨기에

프랑스에서는 이웃의 작은 나라 벨기에 사람들을 소재로 한 이른바 '벨기에인 시리즈'가 유머의 한 장르를 이루고 있다. 프랑스인의 눈에 순진하고 때로는 멍청하게 비치는 벨기에인들은 프랑스 해학의 중요한 소재가 되고 있다.

여기가 빵집이냐?

벨기에인들은 파리에 여행을 오면 어떻게든 벨기에 사람이라는 사실을 감추려고 한다. 프랑스인들에게 무시당하고 싶지 않기 때문이다. 하지만 불어를 할 때 억양에서 금방 벨기에인임이 드러나고 만다. 번번이 파리여행만 오면 벨기에인이라고 무시당하던 한 벨기에인이 이번에는 파리여행에 앞서 치밀한 준비를 했다. 억양교정학원에 다니면서 자신의 벨기에 억양을 완전히 교정했고 파리 표준어를 완벽하게 익혔다. 파리에 도착해 호텔에서 하루를 지냈으나 아무도 자신이 벨기에인임을 알아차리지 못했다. 그는 매우 만족했다. 다음 날 아침 호텔 근처 한 간판을 보고 찾아 들어간 그는 파리 표준 억양으로 똑똑히 말했다.

"바게트 하나와 크루아상 하나 주세요."

그러자 점원은 다짜고짜

"이 멍청한 벨기에 놈아"하고 소리 질렀다. 놀란 벨기에인이 어떻게 내가 벨기에 사람인 것을 알았냐고 묻자 점원 왈,

"멍청한 놈, 여기는 빵집이 아니라 은행이야." _{한겨레21 1998.08.06. 제219호. 1 지}

구촌/웃기는 세계

억양에서는 철저히 준비했지만, 빵집과 은행은 구분하지 못하도록 왜곡된 상황을 구성한다.

◎ 과속으로 달리던 차가 교통경찰에게 붙잡혔다.

"당신 과속한 걸 알아요?" 경찰이 물었다. 운전석에 있던 남편이 그런 적 없다고 잡아떼자 조수석의 부인이 끼어들어 경찰에게 말했다.

"믿지 마세요. 이 사람은 항상 과속하거든요."

열 받은 남편은

"입 닥치지 못해!"라고 거칠게 쏘아붙였다. 이어 경찰이 면허증을 요구했다. 남편은 면허증을 깜박하고 집에 두고 왔다며 평소엔 가지고 다닌다고 설명했다.

그러자 부인이 또 끼어들었다.

"거짓말이에요. 이 사람은 면허증을 가지고 다니는 법이 없어요. 자긴 절대 경찰한테 안 걸린다나요."

격분한 남편이 부인에게

"야! 이 멍청아. 가만히 있지 못해!"라고 소리쳤다.

이 말을 들은 경찰이 조수석으로 가 부인에게 말했다.

"남편이 항상 부인을 이렇게 대하십니까?"

부인이 웃으며 말했다.

"아뇨, 평소엔 얼마나 다정한데요. 술만 마시면 이래요." _{한겨레21 2000년}

04월 06일 제302호 웃기는 세계

처음과 중간 내용에서 아무런 이상한 점을 발견하지 못하도록 문장을 구성한다. 마지막에 경찰과 술의 관계로 문장을 구성

하다. 다음의 예도 같은 원리다.

◎ 교통경찰이 지나가는 차를 세우고 운전자에게 말했다.
"저기 제한속도 표지판이 보이지 않아요? 왜 무시하고 과속을 합니까?"
운전자가 답했다.
"아니, 무슨 말씀을. 표지판대로 시속 40km로 달려왔는걸요."
경찰이 다시 소리쳤다.
"왜 그러십니까. 속도측정기에 80이라고 찍혀 있잖아요!"
이때 운전자 보조석에 앉아 있던 부인이 하는 말.
"이봐요, 경찰 나으리. 그 사람과 말싸움할 필요 없어요. 그이는 술만 들어가면 저렇게 옹고집이라니까요…." 한겨레21 2000년 05월 25일 제309호 웃기는 세계

◎ 리틀 조니가 엄마에게 나이를 묻는다. 엄마가 대답하길.
"신사는 숙녀에게 그런 질문을 하는 게 아니란다."
"그럼 몸무게는 얼마예요?"
"얘야, 숙녀에게 그런 질문은 하는 게 아니라니깐!"
다시 리틀 조니가 묻는다.
"근데, 엄만 왜 아빠한테 이혼당했어?"
화가 난 엄마가 야단친다.
"그런 건 묻지 마! 네 방에 가서 숙제나 해!"
풀이 죽은 리틀 조니, 자기 방으로 가다 바닥에 떨어진 엄마의 지갑을 줍는다. 우연히 지갑에서 삐져나온 엄마의 운전면허증을 바라보던 리틀 조니, 다시 엄마한테 가서 하는 말.
"이제 나도 다 알았어. 엄만 36살이고 몸무게는 127파운드야. 그리고 섹스(Sex)에서 F를 받아서 아빠랑 헤어졌지?" 한겨레21 1999년 11월 04일 제

숨기려 했던 것이 발각되었다. 발각되면서 왜곡이 하나 추가
되었다.

◎ 음주 운전자의 배짱

경찰관: "이 구멍에다 대고 힘껏 불어보세요."

운전자: "안 돼요. 난 천식 기가 있단 말이에요."

경찰관: "그럼 저리 가서 혈액검사를 해봅시다."

운전자: "안 돼요. 난 혈우병 환자예요."

경찰관: "그럼 이 길 따라 곧장 가세요."

운전자: "안 돼요. 난 지금 술에 취했거든요." _{한겨레21 1998.12.3 제235호 웃기는}
세계

실제에서도 가끔 볼 수 있는 현상이다. 처음엔 특정 주제 내
부에서 이야기하다가 엉뚱한 이야기를 하게 될 때 처음 이야기
를 다르게 이야기하는 경우다. 또는 숨기려 했던 것을 스스로
말하게 되는 경우다. 다음의 예에서도 같은 원리다.

◎ 자동차 한 대가 도로 한복판을 지그재그로 가고 있었다. 경찰관
이 차를 세우고 말했다.

"알코올 측정을 해야겠습니다. 이 음주측정기에 대고 불어주세요."

운전자가 대답했다.

"안 됩니다. 난 천식 환자라 이런 걸 불면 위험합니다."

"예, 좋습니다. 그러면 나와 함께 경찰서까지 가시죠. 의사가 혈액을
측정하도록 하죠."

"불가능합니다. 난 혈우병이 있어서 바늘에만 찔려도 계속 피를 흘
립니다."

"그러면 간단한 검사만 하도록 하죠. 이 선을 따라 여기 하얀 선까

지 똑바로 걸어보십시오."

"안 됩니다."

"이번에는 또 뭡니까?"

"오늘 저녁 너무 많이 마셨거든요." 한겨레21 1999년 07월 08일 제265호 웃기는 세계

◎ 불라(루마니아 유머에 등장하는 가공의 인물)가 남자친구와 키스를 하는 누나를 발견했다. 남자친구는 불라에게 1천 레이를 주며

"넌 아무것도 못 본 거야, 알았지?" 하고 말했다. 그러자 불라가 500 레이를 돌려주는 것이었다.

"아니 왜 이 돈을 돌려주니?" 불라가 말했다.

"다른 사람들보다 많이 줘서요!" 한겨레21 2000년 05월 11일 제307호 웃기는 세계

누나 입장에서는 숨기고자 한 내용이다.

13. 상황이 불리해질 때 말 바꾸기
◎ 소 A와 B가 오랜만에 만났다.

소 A: 오랜만이야. 잘 지냈어?

소 B: 응, 그런대로. 근데 요즘 유럽을 휩쓴다는 광우병 때문에 걱정이야.

소 A: 걱정도 팔자다. 여긴 오스트레일리아야. 아무런 영향 없어.

소 B: 바이러스는 굉장히 빠르게 이동해. 어디서 어떻게 나타날지 아무도 몰라. 넌 왜 광우병을 전혀 신경 쓰지 않니?

소 A: 난 광우병이 조금도 겁나지 않아.

소 B: 왜?

소 A: 실은 난 토끼거든. 한겨레21 1999년 12월 23일 제288호 웃기는 세계

◎ 길을 가던 남자가 커다란 개를 몰고 가는 또 다른 남자를 보았다.

첫 번째 남자가 물었다. "당신의 개는 뭅니까?"

두 번째 남자가 대답했다. "아니요, 제 개는 안뭅니다"

그러자 첫 번째 남자가 개를 쓰다듬다가 그만 물리고 말았다.

"당신 개는 물지 않는다면서요?"

두 번째 남자가 대답했다.

"이 개는 제 개가 아닌데요" 리처드 와이즈먼/한창호 옮김/괴짜 심리학 207

◎ 애인과 침대에 누워 있던 여자가 남편의 차가 차고로 들어오는 소리를 들었다. 당황한 여자는 벌거벗은 애인을 서둘러서 욕실로 숨겼다. 방에 들어온 남편이

"혼자 침대 위에서 벌거벗은 채 뭐 하는 거야?"라고 하자

부인이 "당신이 들어오는 소리를 듣고 놀래주려고 했어"라고 대답했다.

"그래, 얼른 씻고 올게. 기다려"라며 욕실로 들어간 남편이 벌거벗은 남자를 발견하고 놀라서

"당신 여기서 뭐 하는 거야?" 하고 물었다.

남자가 "나는 유해한 벌레들을 박멸하는 회사에서 일하는 사람인

데 부인께서 집을 청소해달라고 주문하셨어요"라고 능청스럽게 말했다.

남편이 "그런데 당신은 옷을 입지 않았잖아"라고 의아해하며 묻자 벌겋게 달아오른 얼굴로 남자가 하는 말.

"빌어먹을! 나쁜 벌레들 같으니." 한겨레21 2000년 07월 13일 제316호 웃기는 세계

14. 왜곡된 상황 위에 왜곡을 더했다.

◎ 한 정신병원에서 환자들을 퇴원시키기 위한 마지막 테스트가 치러졌다. 환자들에게 던져진 질문은 "만약 당신이 사막에 가서 하루를 지내야만 한다면, 무엇을 갖고 가겠는가"였다. 첫 번째 환자는 "물이 가득 들어 있는 물통을 가지고 가겠다"고 말했다.

의사가 "왜냐"고 묻자

환자는 "나중에 목마르면 마시려고요"하고 대답했다. 의사는 합격이라며, 퇴원해도 좋다고 말했다. 두 번째 환자에게도 똑같은 질문을 던졌다.

이 환자는 "선풍기를 갖고 가겠어요"라고 말했다.

의사가 그 이유를 묻자, 환자는 "나중에 더우면 선풍기를 틀면 되잖아요"하고 대답했다. 이 환자도 역시 합격을 통보받고 퇴원을 허락받았다. 이번에는 세 번째 환자가 똑같은 질문을 받고 답했다.

"자동차 문짝을 갖고 가겠어요."

의사는 고개를 갸우뚱하며 질문하길 "왜죠?"

이 환자는 "나중에 더우면 창문을 열면 되잖아요"하고 답했다.

의사는 정중하게 환자에게 말했다.

"네……." 한겨레21 2000년 02월 17일 제295호 웃기는 세계

사막에 차 문짝을 가져가는 것이 왜곡인데, 환자는 자신의 왜곡을 논리적으로 설명하고 있다.

또한, 정신과 의사의 마지막 대답을 왜곡으로 채워 넣으면 한

번 더 웃을 수 있게 된다.

◎ 톰과 제리가 스키장을 가다가 눈보라를 만나 어느 젊은 과붓집에서 머물게 됐다. 이웃의 눈이 두렵다는 과부의 말에 둘은 하는 수 없이 헛간에서 하룻밤을 보냈다.

9개월이 지난 뒤 제리는 그 과부의 변호사로부터 한 통의 편지를 받고 톰을 불렀다.

"톰, 그 과붓집 헛간 기억나?"

"물론."

"너 그날 밤 몰래 과부의 방에 들어가 관계를 맺었지?" 놀란 톰이 되물었다.

"어떻게 알았어?" 제리가 다시 물었다.

"그 과부에게 네 이름 대신 내 이름을 알려줬니?"

순간 얼굴이 벌게지는 톰. "미안해, 제리. 순간적 실수였어."

그러나 흐뭇한 미소를 띠며 제리가 하는 말.

"아냐, 내가 고맙지. 얼마 전 그 과부가 죽었대. 근데 내 이름으로 막대한 유산을 남겼거든." 한겨레21 1999년 08월 19일 제271호 웃기는 세계

톰은 자신의 이름이 제리라고 왜곡되게 과부에게 알려준다. 그런데 이 왜곡이 막대한 유산을 낳아 다시 한번 왜곡을 낳게 된다. 또는 왜곡 9에 해당하기도 한다.

◎ 4등 칸

슈바이처 박사가 유럽에 도착하자, 기자와 제자들과 수많은 추종자가 기차역에 모였다. 기차가 도착했음에도 불구하고 아무리 기다려도 박사는 나타나지 않았는데, 한참 시간이 흐른 후, 박사가 제자의 등을 두드렸다.

"아니 박사님, 1등 칸에 타지 않으셨나요?"

"3등 칸을 탔다네."

"어쩐 일로?"

"그게 말이야, 4등 칸이 없던데?" _{김병일/재미가 세상을 바꾼다 263}

제자들이 판단하기에 1등 칸에 타고 있어야 하는데, 실제는 3등 칸에 탔으니 왜곡이다. 왜곡된 이유를 물으니 없는 4등 칸을 추가해서 다시 왜곡을 일으켰다.

◎ 의사가 환자에게 " 지금 어디죠?" 하니

환자는 "회사"라고 답한다.

의사가 "그럼 병동에 있는 모든 사람 누구죠?"라고 물으면

환자는 "내 직원이요"하고 대답한다.

의사가 "하지만 모두 침대에 누워 있잖소?" 하고 반박하니

환자가 "맞아요, 다들 편한 것이 좋잖습니까'라고 대답한다. _{루이스월퍼스}

_{/황소연/믿음의 엔진 162}

3회의 왜곡이다. 왜곡을 시도할 때 앞뒤가 맞는 듯 맞지 않는 듯 맞추어 나간다.

◎ 사장이 한 사무직원에게

"당신은 사후 세계를 믿는가?" 하고 물었다.

이 직원은 갑작스러운 질문에 어리둥절해 하며

"예, 사장님"

이라고 대답했다. 그러자 사장이 하는 말,

"그럼 다행이군. 왜냐하면, 어제 당신이 할머니 장례식에 가야 한다며 일찍 회사를 나간 다음, 자네가 잘 있는지 보려고 자네 할머니가 다녀갔다네." _{한겨레21 2000년 04월 27일 제305호 웃기는 세계}

갑자기 생뚱맞은 소리 즉, 인과관계가 없는 상황의 이야기이므로 왜곡으로 볼 수 있다. 그런데 이 왜곡에서 출발해서 왜곡

의 인과관계를 엮어 나간다. 할머니 장례식에 간 다음 할머니가 자네를 보러왔다는 건 인과관계의 왜곡이다.

왜곡에 왜곡을 더한 문장이다.

◎ 건망증 부부

건망증이 심한 부부가 있었다. 아내가 남편에게 말했다.

"여보, 가게에 가서 바닐라 아이스크림을 좀 사 와요. 그전에 일단 종이와 펜을 가져와요." "왜?" 의아해진 남편이 되물었다.

아내는 남편이 잊어버릴까 봐 종이에 메모해주려 한다고 말했다. 자존심이 상한 남편은 그 정도는 충분히 기억할 수 있다고 우기면서 집을 나섰다. 이윽고 집으로 돌아온 남편이 사 온 것은 달걀과 베이컨이었다. 화가 난 아내가 큰소리로 고함쳤다.

"아니 식빵은 왜 잊어버렸어!" 한겨레21 1999년 05월 27일 제259호 웃기는 세계

남편은 아이스크림을 달걀과 베이컨으로 왜곡하고 아내는 식빵을 요구하는 두 번째 왜곡이다.

◎ 경찰 모독

6명의 경찰이 한꺼번에 떼죽음을 당하자 그 사인을 파악하기 위한 수사가 이뤄졌다. 며칠간 수사를 벌인 한 수사관이 그 결과를 상관에서 보고했다.

"3명의 경찰이 호수에서 배를 타고 있었는데, 그중 2명이 담배를 피우고 있었다. 한 명은 성냥으로 담뱃불을 붙인 뒤 성냥을 호수에 던졌다. 성냥불 끄는 것을 잊었던 경찰이 호수에 뛰어들어 그것을 끄려다가 그만 익사했다. 다른 한 명은 호수에 뛰어든 경찰을 구하려다 익사했고, 나머지 한 명은 배가 시동이 걸리지 않아 물밑에서 밀다가 익사했다."

상관이 물었다.

"그러면 나머지 3명은 어떻게 된 건가?"

"네, 나머지 3명은 현장재현을 하다가 그만…." _{한겨레21 2000년 03월 30일 제}

_{301호 웃기는 세계}

먼저 빠져 죽은 이유가 왜곡 인식된 행동 때문이었는데, 그 행동을 다시 따라 했다.

◎ 조물주는?

전기공학자: "조물주는 전기공학자다. 인체의 가장 중요한 부분인 두뇌에 흐르는 전자파를 보라"

기계공학자: "조물주는 기계공학자다. 세상에서 가장 뛰어난 펌프인 심장을 보라"

건축공학자: (항문을 가리키며) "조물주는 건축공학자다. 유흥가 밑에 하수도를 건설한 것을 보라" _{한겨레21 1999년 03월 18일 제249호 웃기는 세계}

공학자 둘은 각자 자신의 직업관으로 조물주를 평가한다. 그런데 세 번째 공학자는 성기를 유흥가로 왜곡했다. 두 번째 왜곡은 하수도와 그에 따른 건설이다.

◎ 우물에 빠진 천문학자 탈레스

탈레스는 기원전 585년 5월 18일에 있을 일식을 예고했는데 과연 그대로 적중했다. 그래서 일식이나 월식이 되는 것을 바로 알고 잘 실측하기 시작했다. 이것은 헬라 사람의 머리가 자연과학이나 철학에 동양 사람보다 우월했다는 증거이다.

그런데, 하루는 천문을 보느라고 맑은 가을 하늘만 쳐다보고 가다가 길가에 있는 우물에 빠져 버렸다. 마침 물을 길으러 나온 처녀들이 사람이 우물에 빠진 것을 발견하고 동네 어른들에게 알려 그를 물에서 건져냈다. 건져내 놓고 보니 천문학자로 이름 높은 탈레스 선생이었다. 그때 한 처녀가,

"아, 탈레스 선생님은 머리가 하늘에 올라가 있으니만큼 발은 땅에 붙은 것을 깜빡 잊어버리셨나 봐요." 임유진/세계인의 해학 Y담 272

하늘의 원리를 알고 있는 것을 '머리가 하늘에 올라갔다'로 왜곡했고 발 실수를 한 것을 '발이 땅 붙은 것을 잊어버렸다'로 왜곡을 했다.

위의 문장을 다음과 같이 표현한 것을 본 적이 있다.

고대 천문학자가 하늘을 관찰하다가 웅덩이에 빠졌다. 구해 준 사람이 하는 말

"눈앞의 것도 몰라서 이렇게 빠지면서 그 멀리 것을 알아서 무엇에 쓰려 합니까?"

위의 문장과 차이점을 생각해 보면 농담을 만들기 위해서는 약간의 어휘력 또는 시적 감각이 필수다.

◎ 두 명의 술 취한 사람이 시골을 걷고 있다가 강에 다다르자 그 중 한 사람이 말했다.

"네가 먼저 들어가라." 그 말을 들은 동료가 먼저 뛰어들었다.

그러고 나서 하는 말

"에이, 강이 얼었잖아!!" (아스팔트 길) 한겨레21 2000년 06월 01일 제310호 웃기는 세계

강을 아스팔트로 왜곡, 아스팔트에 뛰어들고도 강이 언 것으로 왜곡을 유지한다.

◎ 짝짝이 신발

한 경찰관이 한쪽에는 흰색 부츠를, 다른 한쪽에는 빨간색 부츠를 신고 거리에 서 있었다. 지나가던 순찰차가 다가와 서더니

"이봐, 짝짝이 신발을 신었잖아! 집에 가서 바꾸어 신고 오게!" 하니 그 경찰관의 답이

"어차피 집에 가도 짝짝이뿐인걸" 한겨레21 1998.12.3 제235호 웃기는 세계

흰색과 빨간색의 신발은 짝짝이 신발로서 왜곡인데, 동료가 지적했으나 여전히 왜곡을 유지하려고 처음의 왜곡에서 상반되는 짝을 다시 사용한다.

◎ 매춘부와 할머니

한 젊은 매춘부가 자신의 할머니와 함께 살았다. 그는 할머니가 이 사실을 모르도록 조심하고 있었다. 어느 날 경찰의 단속에 걸려 그는 경찰서까지 가게 되었다.

경찰관이 신분증을 회수하기 위해 그들을 일렬로 세우고 있을 때 그 할머니가 불쑥 나타났다. 다른 사람들과 함께 줄을 서고 있는 손녀딸을 발견한 할머니가 물었다.

"아가야, 여기서 무얼 하는 거냐? 왜 줄을 서는 거야?"

비밀을 지키기 위해 손녀가 대답했다.

"오렌지를 무료로 나눠주고 있어요, 할머니."

이 말을 듣고 할머니도 오렌지를 받겠다는 생각으로 줄을 섰다. 마침내 모두가 신분증을 제출하고 경찰관 앞을 통과한 뒤 할머니의 차례가 왔다. 경찰관이 물었다.

"할머니는 너무 늙은 것 같은데, 어떻게 하세요?"

할머니가 대답했다.

"아, 아주 쉽다네. 틀니를 빼내고 입안 깊숙이 빨면 되지." _{한겨레21 1999}
년 07월 08일 제265호 웃기는 세계

매춘부가 자기 일을 얼버무리려고 귤을 나누어준다고 왜곡했
다. 경찰이 "어떻게 하세요?"라고 질문한 것을 '귤을 먹는?'으로
왜곡한다.

◎ 수도자가 내 마누라를

젊고 섹시한 아내를 둔 존슨이 부득이한 일로 여행을 하게 되었다.
그런데 집을 비운 사이 아내의 일이 몹시 마음에 걸렸다

"걱정도 팔자십니다그려. 당신이 돌아오실 때까지 늘 당신 생각만
하고 있을 테니, 어서 길을 떠나셔요."

"하지만 멀리 떨어져서 그걸 어떻게 확인할 수가 있소?"

"그러면 이렇게 생각하셔요. 만약 당신이 재채기하시면 그것은 제
가 당신을 생각하고 있다는 증거로 아셔요."

존슨은 그렇다고 뾰족한 수가 있는 것도 아니고 의심을 하자면 한
이 없는 일이라 고개를 끄덕이고 길을 떠났다. 그리고 며칠 후 그의
곁을 스쳐 가면서 한 수도자가 크게 재채기를 하는 것이었다. 순간 존
슨이 수도자를 쥐어박으며 말했다.

"이놈의 중이 내 마누라를 건드렸구나." _{임유진/세계인의 해학 Y담/38}

재채기하면 아내가 남편을 생각하고 있다는 증거가 한 번의
왜곡이다. 수도자가 지나가면서 재채기한 것을 내 마누라를 건
드렸다고 또 한 번의 왜곡이 일어난다.

◎ 필자가 아버지를 모시고 고모 집에 갔다. 나로서는 어릴 때 가
봤으니 수십 년이 지난 후였다.

고모 친척이 나를 본 후, 아버지를 향해 '누구냐?'고 물었다.

아버지는 실수로 "동생"이라고 대답했다.

나는 바로 아버지를 보며 "형님! '

왜곡한 것으로 한 번 더 왜곡했다.

◎ 맹인 안내견 두 마리

두 남자가 한 식당 앞에서 만났다. 두 사람 각각 개를 데려왔는데, 한 사람의 개는 도베르만핀셔, 다른 사람의 개는 치와와 종이었다. 도베르만핀셔 주인이 치와와 주인에게 말했다.

"안으로 들어가서 요기나 좀 할까?"

다른 남자가 대답했다.

"안 될걸. 애들 때문에 들어가게나 해 주겠어?"

도베르만핀셔를 데려온 남자가 말했다.

"자네는 나 하는 것만 보면 돼"

남자는 검은색 선글라스를 꺼내 끼더니, 도베르만핀셔를 앞세운 채 안으로 들어갔다. 문 앞을 지키고 있던 종업원이 말했다.

"손님, 죄송합니다만, 개는 식당 안에 들어갈 수 없습니다."

그러자 도베르만핀셔 주인이 말했다.

"미안합니다. 하지만 나는 앞을 못 봅니다. 이 개는 맹인안내견이지요."

종업원이 말했다.

"도베르만핀셔가 맹인안내견을 한다고요?"

"그렇습니다."

남자가 말했다.

"요즘은 도베르만핀셔도 맹인안내견을 하는데, 모르셨나요? 아주 일을 잘하는데 말이지요."

종업원은 하는 수가 없었다.

이 광경을 지켜본 치와와 주인 역시 검은색 선글라스를 끼고 식당 안으로 들어가려고 했다. 종업원이 그를 가로막았다.

"손님, 죄송하지만 개는 안 됩니다!"

그러자 치와와 주인이 말했다.

"죄송하지만, 이 개는 저를 위해 일하는 맹인안내견입니다."

식당 종업원이 물었다.

"치와와가 맹인안내견을 한다고요?"

남자가 정말 장님이라도 되는 듯 시치미를 뚝 떼고 이렇게 되물었다.

"뭐라고요? 내 맹인안내견이 치와와였단 말입니까?" _{롤프 브레드니히/이동준옮}
_{김/위트상식사전190}

맹인인척하는 행동이 한 번의 왜곡이다. 자신의 개종도 모르는 척하는 두 번의 왜곡이다.

다른 한편으로는 식당에 먼저 들어간 사람을 따라서 도베르만피셔로 외웠는데, 치와와라니 이렇게 해도 웃길 수 있다.

이런 건 어떨까? "먼저 들어간 분이 '자기만 따라 하면 된다'고 하던데요?"

◎ 매우 부유한 구두쇠가 전대를 잃었다. 그는 누구든지 전대를 찾아주는 사람에게는 후한 상금을 지급하겠노라고 광고문을 써서 동네 회당에다 붙였다. 어떤 가난한 사람이 이 전대를 주워 '후한 상금'을 꿈꾸며 곧장 그 구두쇠의 집으로 갔다. 욕심 사나운 구두쇠는 전대에 들어 있던 돈을 꺼내 세어 보더니 얼굴이 흙빛이 되어 말했다.

"이 지갑에는 원래 500원이 들어 있었다. 그런데 지금은 300원밖에 없어. 그러니까 넌 상금을 받을 자격이 없다."

가난한 사람은 집으로 돌아와서 정직하게 산다는 것이 과연 의미가 있는지 고민했다. 그는 이 사실을 라비에게 호소했다. 라비는 좀 생각하다가 하인을 시켜서 그 부유한 구두쇠를 불러오라고 했다. 라비는 이 부자에게 물었다.

"당신 전대에는 원래 얼마가 들어 있었지요?"

그 부자가 강경한 어조로 대답했다.

"500원이요."

"되돌려 받은 지갑에는 얼마가 들어 있었지요?"

"300원이요."

라비가 선포했다.

"그렇다면 이 사람이 찾아온 돈주머니는 당신 것이 아닙니다. 그 돈주머니와 300원을 이 사람에게 돌려주시오. 그가 찾았으니 정당하게 그의 소유입니다." 한겨레21 1999년 06월 03일 제260호 웃기는 세계

300원이 원래는 500원이어야 한다고 왜곡했다. 하지만 라비의 상황판단으로 인해서 전대의 소유자가 잘못되었다고 판단했다.

상대가 왜곡을 만들면 그것으로 다시 왜곡을 만들면 웃길 수 있다. 앞의 예는 모두 왜곡에 왜곡을 더하는 문장으로 구성되어 있다. 하지만 이 경우는 처음 왜곡을 뒤집는 용도로 쓰인 경우다.

◎ 하나님에 대해 알고 싶은 한 사나이가 질문했다.

"하나님에게는 백만 년이 얼마나 되나요?"

하나님이 대답하셨다.

"백만 년이 나에게는 일 분과 같다."

그 사나이가 다시 질문했다.

"그럼 백만 파운드는 하나님께 얼마나 되나요?"

하나님이 대답하셨다.

"나에게 백만 파운드는 일 펜스와 같다."

마지막으로 사나이가 질문했다.

"저에게 일 펜스만 주실 수 없을까요?"

하나님이 대답하셨다.

"일 분만 기다려다오!" 한겨레21 2000년 01월 13일 제291호 웃기는 세계

하나님이 시간과 돈을 왜곡했다. 그 바탕 위에서 사나이가 왜
곡된 돈을 응용하자 하나님은 왜곡된 시간으로 반응했다.

15. 비약한다.

◎ 2154년 어느 날 악어 두 마리가 늪의 가장자리에서 노닥거리고
있다.

그중 하나, "옛날엔 우리가 여기서 헤엄도 칠 수 있었지."

또 다른 하나, "그럼, 그땐 우리 몸 색깔도 푸른색이었지 아마?"

첫 번째 악어, "으음… 쓸데없는 소리 집어치워! 꿀이나 따러 빨리
날아가자…." 한겨레21 2000년 01월 20일 제292호 웃기는 세계

다윈의 진화론을 바탕으로 한 이야기다. 파충류에서 날아다니
는 무언가로 진화한 이야기다. 또는 시간의 왜곡으로 볼 수도
있다.

◎ 어느 날 록펠러에게 지인이 찾아와 고민을 털어놓았다.

"어쩌지? 사업상 어쩔 없이 친지에게 10만 달러를 빌려주었는데, 도
무지 갚을 생각을 하지 않고 있네."

"차라리 소송하지 그래?"

"한데, 증빙 서류가 없네. 깜박 잊고 차용증서를 받아두지 못했다
네."

록펠러는 이렇게 충고했다.

"그럼, 20만 달러를 갚으라는 편지를 보내도록 하게."

"이보게, 빌려 간 돈은 10만 달러밖에 안 돼."

"바로 그 걸세. 자기가 빌려 간 돈이 10만 달러라는 답장을 보내올
게 아닌가." 로저드슨/박정숙/설득의 법칙 p317

20만 달러라고 비약 왜곡한 편지를 보내면 상대는 왜곡을 바로잡으려고 반응할 것이다.

16. 동물이나 식물이 사람의 생각을 이해하고 반응할 때

◎ 중국이 자본주의를 시작하던 초기, 부를 이룬 가정의 애완용 개로 인해서 식량난이 우려되었다. 까닭에 당국에서 개를 키우는 집에 엄청난 세금을 부과했다. 문제는 식용 개를 사육하는 사람들도 엄청난 세금을 내야 한다는 것이었다. 까닭에 중국의 개 값이 폭락하게 되었는데, 이때 개고기 좋아하는 한국 사람들이 개를 싼값에 수입하게 되었다. 이 때문에 한국 개들이 식용으로 전락하게 되는 것이 많이 줄어들게 되었다.

그 때문에 한국 개들이 "중국 정부 파이팅!" _{출처불명}

개가 정부의 정책을 이해하고 "파이팅!"했다.

◎ **왕과의 진실게임**

한때 왕과 왕비 그리고 신하가 진실게임을 했다. 먼저 신하에게 질문했다.

"그대가 이루고 싶은 것이 있다면 허심탄회하게 말하라"

신하가 말하기를

"옥좌에 한번 앉아보고 싶습니다."고 하니

뜰 앞의 소나무 가지가 저절로 흔들리면서

"옳소!"라고 했다.

이번에는 왕비에게 같은 질문을 했다.

왕비

"아침마다 대궐에 출근하는 젊은 신하를 한번 안아보고 싶습니다."하니

이번에도 소나무 가지가 흔들리면서

"옳소!" 한다.

신하가 왕에게 묻기를

"왕께서는 무엇을 더 이루고 싶은 것이 있습니까?" 하니

왕이 말하길

"천하가 다 내 것인데, 그래도 누가 가져다주니 좋더라"

이 말에도 소나무 가지가 흔들리면서

"옳소!"라고 했다. 출처불명

소나무가 사람의 말을 알아듣고 가지를 흔드는 것과 '옳소'
라고 한다.

17. 모호한 단어를 쓴다.

◎ 잠이 오지 않아 안방으로 침투한 리틀 조니. 엄마 아빠의 원색적
인 모습을 목격하는데…. 충격을 받은 듯 말한다.

"엄마!!! 아빠!!! 무슨 일이야? 뭐 하고 있어?"

잠시 머뭇거리던 아빠가 태연히 하는 말.

"응, 아빠는 리틀 조니와 함께 놀아줄 동생을 엄마 안에 만들고 있

단다. 좀 이상해 보이겠지만 다 이런 식이란다.

"아하, 그런 거구나!"

고개를 끄덕이며 만족스러운 듯 자기 방으로 돌아가는 리틀 조니. 며칠 뒤 저녁, 퇴근하던 아빠는 현관에서 울고 있는 리틀 조니를 발견한다.

"애야, 왜 울고 있니?"

울먹이며 리틀 조니가 하는 말.

"아빠! 전에 아빠가 만든 동생 말이야. 오늘 낮에 우편배달부 아저씨가 와서 먹어버렸어!" 한겨레21 1999년 11월 11일 제282호 웃기는 세계

모두가 알고 있는 어떤 상황에서도 이 모호한 단어는 위트로서 효과를 발휘한다.

◎ 일주일간 친정을 다녀온 엄마에게 리틀 조니가 말한다.

"엄마, 어제 아빠가 옆집 여자랑 집에 와서 안방에 들어가더니 옷을 벗고는 아빠가 그 여자 위에 한참이나 올라가 있었어."

충격을 받은 엄마, 짐을 싸기 시작한다. 퇴근한 아빠, 영문을 몰라 어쩔 줄 모른다. 이유를 알고 싶으면, 리틀 조니에게 물어보라는 아내. 이때 나타난 리틀 조니, 설명하기 시작한다. "어제 아빠가 옆집 여자랑 안방에서 벌거벗고 그 여자 위에 올라갔잖아? 그리곤, 전에 아빠 출장 갔을 때 어떤 아저씨가 엄마에게 했던 거랑 똑같이 했잖아?" 한겨레21 1999년 11월 18일 제283호 웃기는 세계

'올라가 있었어', '먹었다', '똑같이 했잖아'는 하나의 현상에 대해서 불확실한 단어인 왜곡 또는 일반화된 단어를 선택함으로 어떤 현상을 상상하도록 유도한다.

같은 현상을 얼마나 다양하게 표현할 수 있을까? 라는 놀이를 통해서 어휘력을 풍부하게 할 수 있다.

18. 반신반의로 내용을 구성한다.

◎ 어떤 사람이 전날 밤 자기가 가본 나이트클럽은 화장실 변기가 황금으로 돼 있다고 떠벌렸다. 그럴 리가 있냐고 웃고 넘기려던 친구들은 그가 하도 우겨대자 그럼 한번 가보자고 따라나섰다. 일행이 술집에 들어서자 밴드 악사 한 명이 다른 악사들에게 경고했다.

"조심해. 어제 트롬본에다가 쉬하려던 놈이 또 왔어." 한겨레21 1999년 09월 23일 제276호 웃기는 세계

술로 인해서 트롬본을 화장실로 인식했으나 색깔은 제대로 인식했는가 보다. 동일한 데서 하나는 왜곡, 다른 하나는 정상으로 한다.

하나의 왜곡의 예가 다른 분류에도 속할 수 있다. 이는 주된 흐름을 어떻게 보느냐에 따라서 달라질 수도 있다.

농담의 자료 약 500개에서 왜곡이 가장 많았고 비율은 27%에 가깝다. 왜곡에서도 가장 많은 비율은 4번째인 '한 가지에서 두 가지 이상의 의미를 동시에 가질 때'로서 23%이다.

위대한 대통령의 위트에서는 '동음이의어를 이용한 말장난, 익살, 영어 농담에서 비중이 크다'고 한다. 여기의 자료들은 세계 곳곳으로부터 온 것이다. 영어뿐만 아니라 전 세계적인 현상으로 볼 수 있다.

2.
누락

무의식적으로나 의식적으로 빠뜨리는 경우다.

1. 의도적인 누락에 의해서
◎ 남편의 병

어떤 여자가 병든 남편과 함께 의사를 찾아갔다. 진찰이 끝난 뒤 의사는 심각한 표정으로 따로 일러줄 말이 있다며 부인을 불렀다. 부인과 단둘이 있게 되자 의사는 남편의 병에 관해 이야기하기 시작했다.

"당신 남편의 병세는 엄청난 스트레스와 결합하여 심각한 상태에 있습니다. 부인께서 만약 다음 일곱 가지 사항들을 따르지 않는다면 남편은 한 달 안에 죽음을 맞이하게 될 겁니다."

첫째, 매일 아침은 건강식으로 준비할 것.

둘째, 항상 즐겁고 행복한 표정으로 남편의 기분이 상하지 않도록 할 것.

셋째, 점심은 영양식으로 준비할 것.

넷째, 저녁은 남편이 특별히 좋아하는 메뉴로 준비할 것.

다섯째, 절대로 남편에게 자질구레한 집안일을 맡기지 말 것.

여섯째, 어려운 문제는 스트레스가 되기 쉬우므로 혼자서 해결할 것.

일곱째, 일주일에 최소한 서너 번은 잠자리에서 남편을 최대한 만족시킬 것(가장 중요한 사항).

"앞으로 1년 정도만 위와 같이 실천한다면 남편은 완전히 건강을 회복할 수 있을 겁니다." 의사의 마지막 당부였다.

집으로 돌아오는 길에 남편이 물었다.

"의사가 뭐라던가?"

그녀는 냉정하게 대꾸했다.

"당신이 한 달 내에 죽는대요." _{한겨레21 1998.07.30 제218호 웃기는 세계}

의사가 말한 세부사항들을 모두 누락했다.

2. 누락된 부분을 스스로 생각해서 웃도록 한다.

◎ 옛날 옛적엔

쇼핑한 물건을 차 안에 가득 싣고서 행복에 겨운 여자가 남편에게 말을 건넸다.

아내: 자기! 너무너무 멋져요. 근데 말이지요, 옛날에 옛날에 여자들은 도대체 남자의 무엇을 보고 반했을까요?

남편: 언제 적을 말하는 거요?

아내: 아직 돈도, 자가용도, 빌딩도 발명되지 않았던 시절에 말이에요.

남편: ? 한겨레21 1998년 12월 31일 제239호 웃기는 세계

여자가 반한 것 외에 무엇이 있을까? 그 무엇이 누락되었다. 누락된 부분을 상대에게 생각하게 해서 웃도록 유도한다.

◎ 공교롭게도 교황과 클린턴이 같은 날 저승에 가게 되었다. 마침 컴퓨터가 바이러스를 먹어서 교황은 지옥으로, 클린턴은 천국으로 가게 되었다. 하지만 하루가 지나지 않아 컴퓨터 실수가 밝혀져 운명이 바뀐 두 사람은 천국과 지옥의 문턱에서 서로 만나게 되었다.

교황은 감격 어린 목소리로 먼저 말했다.

"내가 평생을 수도하며 이 순간을 기다렸습니다. 천국에서 순결한 성모 마리아를 이제야 만나 뵙게 되다니…."

그러자 클린턴은 뭔가 잘못을 저지른 듯 한참을 망설이다가 말했다.

"교황님, 평생소원을 이루지 못하게 해드려 죄송합니다." 한겨레21 00년 02월 24일 제296호 웃기는 세계

마리아는 어떤 사람인가는 문맥 속에 들어있다. 또한, 클린턴이 무엇으로 유명한가를 생각해야 한다.

◎ 아들: 아버지, 결혼하는데 비용이 얼마나 들죠?

아버지: 글쎄, 잘 모르겠다. 나는 아직도 그 대가를 치르고 있거든. 한겨레21 1999년 04월 29일 제255호 웃기는 세계

그 대가가 무엇일까?

◎ 떼강도가 상류사회 인사들이 모여 있는 연회장을 습격했다. 인질을 잡아 협상을 벌이기로 한 범죄단은 유명 정치가와 가수 한 명과 집주인을 납치해 억류하기로 했다. 요구하는 몸값을 지불하지 않으면 인질들을 살해하겠다고 협박했지만, 협상은 뜻대로 진행되지 않았다. 인질들을 죽이는 수밖에 없다고 결정한 범인들이 마지막 소원을 하나씩 들어주겠다고 제안했다.

정치가가 말했다.

"그날 연회장에서 나는 연설을 하게 돼 있었소. 한 시간 반짜리를 애써 준비했는데 그 연설을 한번 하지 않고는 억울해서 못 죽겠소."

범인들이 연설하게 해 주겠다고 약속했다.

가수가 말했다.

"그날 나는 새로 준비한 앨범을 소개하고 노래 열네 곡을 부를 계획이었소. 그 노래를 마지막으로 한 번씩 부르게 해 준다면 죽어도 여한이 없소." 역시 소원을 들어주겠다고 했다.

끝으로 집주인에게 마지막 소원이 무엇인지 물었다.

"제발 그 전에 나를 먼저 죽여주시오." 한겨레21 1999년 09월 23일 제276호 웃기는 세계

먼저 죽여달라는 이유가 누락되었다.

◎ 한 괴짜 스님이 여승 절만 찾아다니며 돈을 뜯어낸다. 이 괴짜 스님은 여승이 돈을 주지 않으면 그 자리에서 홀라당 벗어버리는 습관이 있었다. 한번은 이 스님이 여승들만 모여 사는 절에 돈을 얻으러 갔다. 여승이 돈을 주지 않자 그 자리에서 옷을 모두 벗었다. 여승들은

당황하여 모두 자기 방으로 들어가 숨었다.

그런데 한 여승이 오히려 방에서 나오더니, 알몸인 스님 몸의 머리에서부터 아래로 내려가면서 보더니

"얼마 안 크네!" 출처불명

모두 피하는데 오히려 다가오는 대비 효과로 집중을 일으킨다.

"얼마 안 크네"에서 주어가 누락 되어서 구체적으로 뭐가 그렇다는 건지 불확실하다. 문장 전체적 의미로서는 남자의 체면이 구겨지는 상황이다. 이 부분이 핵심으로 보인다.

대비 효과, 누락으로 인한 불확실성, 상황이 역으로 뒤집히도록 문맥이 구성되었다.

◎ 아내를 남겨둔 이유

누가 갈렙 라츠에게 물었다.

"하나님이 욥에게서 모든 재산과 자식들을 빼앗아가고 아내는 그냥 남겨둔 이유가 뭐지?"

갈렙이 대답했다.

"하나님은 나중에 욥에게 모든 재산을 두 배로 돌려주어야 한다는 것을 알고 계셨기 때문이지. 그런데 그의 아내를 빼앗았다면…" 한겨레21
1999년 06월 24일 제263호 지구촌/웃기는 세계

마지막에 '……'의 누락이 있다. 독자는 마음대로 채워 넣으면서 웃게 된다.

◎ 봄철 가뭄으로 인해서 농작물이 잘 자라지 않는다.

몇 사람들이 모여서 가뭄 걱정을 하고 있었다.

나는 "a할머니에게 물어봐야죠" 했다.

옆의 한 분이 "거긴 왜?"라고 한다.

나는 "a할머니가 하느님과 친하잖아요" (a할머니는 교회에 나간다.)

'a할머니가 하느님께 기도해서 비가 오게 한다'가 누락되었다.

◎ "비서를 해고하기로 했어." 한 신러시아인이 다른 신 러시아인에게 말한다.

"왜?"

"내 생일날 난 길에서 그녀를 만났지. 그녀는 두 개의 커다란 가방을 들고 있었어. 난 도와주겠다고 했지. 그녀 집까지 갔어. 그녀는 차라도 한잔하자고 했어."

"그래서?"

"들어봐, 집으로 들어갔지. 그녀는 옆방으로 가면서 자기가 나를 부를 때까지 잠시만 기다리라는 거야."

"그래서 어쨌다는 거지."

"말 끊지 말고 들어봐. 한 이 분쯤 지났을까 그녀가 마침내 불렀네. 난 방으로 들어갔지. 방에는 상이 차려져 있었고, 우리 회사 직원들이 모두 모여 있었단 말이야."

"훌륭하군! 그게 뭐 어떻다는 거지?"

"뭐가 훌륭하단 말이야. 내가 어떤 모습이었는지 알기나 하는 거야?" 한겨레21 1999년 07월 01일 제264호 웃기는 세계

'내가 어떤 모습이었는지 알기나 하는 거야?'에 누락된 것이 있다.

◎ 해적이 외눈박이가 된 이유

한 선원이 술집에서 해적을 만났다. 둘은 뱃사람답게 자신들의 모험담에 허풍을 섞어가며 떠들어대기 시작했다. 해적은 나무로 된 의족을 하고 있었고, 한쪽 손은 잘려나가서 갈고리를 하고 있었으며, 외눈

박이었다. 이 사실을 발견한 선원이 해적에게 물었다.

"어쩌다가 다리를 잃게 되었지?"

해적이 대답했다.

"망망대해에서 폭풍우를 만난 적이 있지. 그런데 폭풍우 속에 갑판에 있다가 파도에 휩쓸려서 상어가 들끓는 바다 한복판에 빠지지 않았겠나. 동료들이 나를 다시 갑판으로 끌어올리려는데 상어 한 마리가 내 다리를 물어서 끊어놓고 만 거야."

"와!"

선원이 감탄했다.

"그러면 손에 그 갈고리는 어쩌다 달게 된 거지?"

해적이 대답했다.

"적선을 습격했을 때의 일이야. 적들 가운데 하나가 내 손목을 잘라버렸어."

"정말 믿을 수가 없군."

선원이 말했다.

"그런데 한쪽 눈은 왜 잃게 된 거야?"

"하늘을 올려다보고 있는데 갈매기가 내 눈에 똥을 갈기지 뭔가?"

"뭐라고? 갈매기 똥 때문에 눈을 잃었다고?"

"그렇다니까."

해적이 대답했다.

"그날이 손에 갈고리를 단 첫날이었거든" 롤프 브레드니히/이동준옮김/위트상식사전

94

갈매기 똥이 직접적인 원인이라고 보기엔 원인 결과로 연결되지 않는다. 마지막에 듣는 사람의 상상에 맡긴다. 이처럼 잘 웃기는 사람은 중요한 것을 누락하고 뒤로 미루기도 한다. 더 나아가서 갈매기 똥과 손의 갈고리 사이에 일이 상상되지 않는 척 "갈고리가 어쨌다는 거야?" 라고 다시 한번 웃길 수도 있다.

3. 짝으로 존재할 수밖에 없는 것에서 한쪽을 누락시킨다.

◎ 한 사람이 비행기 운전 교본을 들고 항공기를 몰기 시작했다. '엔진에 시동을 걸고, 기어를 넣고, 조종간을 앞으로 당기고…' 이런 절차를 거쳐 멋지게 이륙에 성공했다. 책장을 넘기면서 하나하나 과정을 따라 한 결과였다. 이제는 착륙해야 할 순간이었다. 그런데 아뿔싸 책에는 이렇게 쓰여 있었다. "착륙 편은 다음 호에 계속됩니다." _{한겨레21}

_{2000년 08월 01일 제320호 웃기는 세계}

◎ 제이크가 대형 여행용 가방 두 개를 들고 버스를 기다리고 있었다. 그때 어떤 신사가 다가와 시간을 물었다. 제이크는 시계를 보고 6시 45분이라고 말해 주었다. 그의 손목시계를 유심히 보던 신사가 말했다.

"야! 참 이상하게 생긴 시계네요."

그 말을 듣자 제이크는 시계 자랑을 늘어놓기 시작했다.

"이거요? 보통 시계가 아녜요. 자 보세요. 세계 곳곳의 시간뿐 아니라 라디오, 텔레비전 기능까지 있어요. 거기다가 무선 인터넷과 휴대폰으로도 활용이 가능하지요." 그리고 그는 조목조목 작동 시범을 보여주었다. 다기능 시계에 반해버린 신사는 1천 달러에 시계를 팔라고 사정했다. 하지만 제이크는 거절했다. 급기야 신사는 5천 달러로 올려 주겠다고 제안했다.

"무슨 말씀. 발명하는 데만도 8천 달러나 들었어요."

오기가 뻗친 신사는 무려 1만5천 달러를 제안했다. 잠시 고민하던 제이크는 시계를 팔기로 했다. 수표를 끊어주고 혹 마음이 바뀔세라 황급히 그 자리를 떠나려는 신사를 제이크가 불러세웠다. 불안한 마음으로 뒤돌아선 신사에게 제이크가 대형 여행용 가방 두 개를 건네며 하는 말,

"건전지도 갖고 가셔야죠". _{한겨레21 2000년 08월 16일 제322호 웃기는 세계}

한쪽 부분만 부각하고 다른 부분은 누락된 상태에서 지속해서 이야기한다. 누락된 부분을 알았을 때는 왜곡9에 해당하기도 한다.

◎ 20년 단골고객이 잊은 것

어떤 손님이 20년 동안 하루도 빠짐없이 같은 유대인 식당에 찾아와서 매일 같은 음식을 시켜 먹었다. 그는 한 번도 음식이나 서비스에 대해 불평을 한 적이 없는 최고의 고객이었다. 어느 날 저녁 웨이터가 그에게 같은 음식을 가져다주자 그는 웨이터를 불러세웠다.

"웨이터, 이 음식 맛 좀 보시오."

"뭐가 잘못됐습니까?"

"글쎄, 맛을 좀 보시오."

"음식이 차거나 맛이 없다면 곧 새로 만들어 드리겠습니다."

"맛을 좀 보라니까."

"왜 자꾸 맛을 보라는 겁니까? 마음에 안 드시면 새로 만들어 드린다니까요. 전 손님과 싸우고 싶은 생각이 전혀 없어요."

안색이 변한 손님은 자리에서 일어나 소리를 쳤다.

"마지막으로 말하겠는데 이 음식 맛을 보시오."

협박에 굴한 웨이터는 자리에 앉았다. 그리고 주위를 둘러보며 말했다.

"그런데 숟가락이 어디 있지요?"

그제서야 손님이 손뼉을 치며 말했다.

"아하!!!" 한겨레21 1999년 06월 24일 제263호 지구촌/웃기는 세계

손님의 처음 주장에서 숟가락이 누락되었다. 누락된 것을 알게 될 때까지 주변 이야기로 지속한다.

◎ 신발

기차에 오르면서 간디가 실수로 신발 한 짝을 떨어뜨리고 말았다. 하지만 열차에 속도가 붙어서 신발을 주울 수 없었다. 그러자 간디는 나머지 한 짝을 벗어들더니 마저 떨어뜨렸다. 그것을 보던 친구가 이유를 묻자 간디가 대답했다.

"누군가 저 신발을 줍는다면 두 짝이 다 있어야 신을 수 있을 것 아닌가?" 김병일/재미가 세상을 바꾼다 267

짝으로 존재할 수밖에 없는 것에서 짝이 유지되도록 한다..

4. 누락으로 인한 왜곡
◎ 경찰모독
순찰 중인 경찰에게 한 어린이가 다가가서는

"지금 몇 시예요?"라고 물었다.

경찰은 "2시 45분"이라고 가르쳐주었다.

그러자 이 어린이가 맹랑하게 말했다.

"3시가 되면 제 엉덩이에 뽀뽀나 하시지요"라고 툭 쏘고는 도망을 치는 것이었다. 화가 난 경찰은 그 꼬마를 쫓아가기 시작했다. 지나가던 상관이 그 경찰을 발견하고는 물었다.

"자네, 어디를 그렇게 급히 가는가?"

경찰이 대답했다.

"글쎄, 저 꼬마가 3시 정각에 자기 엉덩이에 뽀뽀하라고 말하곤 도망가는 겁니다. 그래서 이렇게 쫓아가고 있습니다."

상관은 알 듯 모를 듯한 미소를 지으며 말했다.

"어 그래, 그런데 지금 2시 45분밖에 안 됐으니까 너무 서두르지 말게!" 한겨레21 2000년 03월 02일 제297호 웃기는 세계

경찰은 아이를 혼내려고 따라가고 있지만, 상관은 전혀 다르게 해석을 하고 있다. 내용에서 '알 듯 모를 듯한 미소'가 어떻게 상상해야 할지 방향을 알려주고 있다. 이는 모호함으로 인한

왜곡이다.

"저 꼬마 녀석을 혼을 내려고"가 누락되었기 때문이다.

◎ 초등학교 수업시간이었다. 선생님은 흑판에 문제를 하나 쓰고는 학생들에게

"이거 맞혀봐"라고 하자, 한 학생이 가지고 있던 연필을 던져서 문제를 맞혔다. _{출처 불명}

'이 문제의 답을 맞혀봐'가 정확한 메시지다. 그런데 '답'이 누락 되었다. 구체적인 뭔가가 누락되면서 다양하게 해석이 가능해지는 것으로 문맥을 형성한다.

◎ 첫 경험

빌리는 여자 친구 수지로부터 저녁 식사 초대와 함께 부모님을 만나 달라는 제안을 받았다. 더불어 수지는 그날이 두 사람에게 특별한 날이니 저녁 식사 뒤 밖에 나가 처음으로 잠자리를 함께하자고 했다. 빌리는 뛸 듯이 기뻤지만, 전에 한 번도 경험이 없었기 때문에 무척 당황했다. 우선 그는 콘돔을 사기 위해 약국으로 달려갔다.

약사는 한 시간 동안 '콘돔과 섹스'에 대해 자세히 설명한 뒤 빌리에게 물었다. "3개, 10개 어느 것으로 드릴까요." 빌리는 처음이니만큼 실수가 잦을 테니 10개를 달라고 했다.

드디어 수지 집에 도착한 빌리는 부모님이 계신 식탁으로 들어가 공손하게 인사를 드린 뒤 앉았다. 앉자마자 빌리는 머리를 숙여 기도하기 시작했다. 1분, 5분, 10분이 지나도 멈출 기미가 보이지 않자 답답한 수지가 그의 귀에 속삭였다.

"나는 네가 그렇게 독실한 종교인인지 몰랐어."

그러자 빌리가 중얼거렸다.

"나는 정말로 네 아버지가 약사인지 몰랐다구!"_{한겨레21 1998년 09월 03일 제}

약국의 약사인 수지의 아버지에게 모든 것을 드러내어 고개를 들 수 없는데, 전후 사정을 모르(누락)는 약사의 딸이 친구가 '독실한 종교인이라니……' 누락에 의한 왜곡이다. 그리고 '네가 그렇게 독실한…'에 대한 답이 '네 아버지가 약사인지 몰랐다구'는 수지로서는 또한 왜곡에 의한 왜곡이다.

◎ 회의 시간이었다.

직원 A가 자신의 의견을 먼저 말했다. 말이 끝나기 무섭게,

직원 B가

"머리가 나쁘면 입이나 다물고 있지"라고 쏘아붙였다.

A가 그 소리를 듣고 발끈 화를 내며

"뭐, 머리가 나쁘다고?" 하며 B를 다시 쏘아붙이니

B는 "머리가 나쁘다가 아니라, 머리가 나쁘다면"이라고 뒷말을 강조했다.

A는 할 말을 잃었다.

A는 B가 하는 말에서 '나쁘면'에서 '면'을 누락하고 들었다. 이 경우는 A가 업무처리 부실로 왕따를 당하고 있는 상태였다. 까닭에 주변 사람으로부터 웃음거리가 될 수밖에 없었다.

◎ 영국의 수상 윈스턴 처칠은 90세까지 장수했다. 말년에 한 젊은 기자가 그를 인터뷰하면서 말했다.

"내년에도 건강하게 다시 뵈면 좋겠습니다."

그러자 처칠은

"내년에도 못 만날 이유가 뭐가 있겠는가, 자네는 아주 건강해 보이는데 내년까지는 충분히 살 것 같아. 걱정하지 말게나" ^{naver 블로그}

기자의 "내년에도 건강하게 다시 뵈면 좋겠습니다"에서 주어

가 누락 된 점을 이용해서 상황을 반대로 뒤집어 왜곡했다.

5. 누락의 반대인 추가
◎ 신호등의 색깔
미녀 아가씨가 운전하는 승용차다.

시내 도로 신호 대기 중 푸른 불이 들어와도, 빨간 불이 들어와도 움직이지 않았다.

한 경찰관이 다가서 질문하길,

"아가씨, 어떤 색의 신호등을 좋아하세요?" _{출처불명}

푸른색과 빨간색 외에도 다른 색의 신호등을 더 추가해서 말하고 있다.

◎ 런던의 회계사
어떤 사나이가 한 지방 관광지에서 열기구를 탔다. 공중에 두둥실 떠오른 것까지는 좋았는데, 갑자기 강풍이 불어닥치는 바람에 기구는 방향을 잃은 채 어디론지 한참을 날아가 버렸다. 그러다가 열기구는 어떤 농장에 내리꽂혔다. 자신이 내린 곳이 어딘지 몰라 사나이는 마침 지나가던 행인에게 물었다.

"실례합니다. 여기가 어디입니까?"

행인은 눈을 치켜뜨고 사나이를 바라보며 말했다.

"당신은 농장에 추락한 기구에 타고 있었지요."

그러자 기구를 타고 왔던 사나이가 행인을 향해 말했다.

"댁은 회계사인가 보군요!"

"아니, 어떻게 그걸 알았지요?" 행인이 놀라서 되묻자 사나이가 대답했다.

"당신이 말한 것은 조금도 틀림없는 사실이지만, 동시에 하나도 쓸모가 없는 얘기들이니까요!" _{한겨레21 2000년 02월 03일 제294호 웃기는 세계}

원래의 질문 또는 주제와는 상관없는 주변 이야기를 더 하는 경우다.

◎ 신 러시아인의 집에 친구가 놀러 왔다. 친구는 신 러시아인과 이 것저것 이야기를 하다가 벽에 두 개의 <모나리자>가 걸려 있는 것을 보고 묻는다.

"왜 자네 벽에는 <모나리자>가 두 개나 있는 거지? 내 생각엔 하나 가 더 좋을 것 같은데 말이야."

"자네 집에 있는 것은 '모노 리자'지만 우리 집에 있는 것은 '스테 레오 리자'야." _{한겨레21 1999년 07월 01일 제264호 웃기는 세계}

◎ "모나"를 "모노"로 왜곡했다. 왜곡하고 보니 추가한 것이 '스테 레오' "스테레오"를 "스트리노"로 발음을 했다.

그러자 옆에서 발음이 잘못되었다고 하길래

"스트리노는 영국식 발음이야!"

그릇된 앎에 의한 왜곡을 인정하지 않고 하나 더 추가해서 왜곡한다.

3.
일반화

보편적이라는 의미의 단어들이고
의무감을 나타내는 단어들이다. 또한, 불명확한 단어들이다.
그 역인 비 일반화는 특수화 또는 구체화다.

1. 단순 일반화

◎ 한 사람이 의사를 찾아와 하소연했다.

"아무도 내 말을 들으려 하지 않소."

의사 왈, "다음 손님!" _{한겨레21 1999년 11월 25일 제284호 웃기는 세계}

'아무도'는 일반화이다. 의사는 자신까지 포함하는 예외가 없는 일반화로 인식하고 있다.

◎ 동독 주민 두 사람이 얘기를 나누고 있다.

"소련 사람들은 우리 형제들일까 아니면 친구들일까?"

"아마 형제가 틀림없을 거야. 친구라면 우리 스스로 고를 수 있었을 텐데." _{한겨레21 1999년 11월 25일 제284호 웃기는 세계}

'아마 … 틀림없을 거야'는 일반화이다.

◎ 스위스에서 가장 대중적인 격언은?

"돈이 사람을 행복하게 만들지 못할지라도 부자로 만드는 것은 틀림없는 사실이다." _{한겨레21 1998년 11월 26일 제234호 웃기는 세계}

'대중적인'과 '틀림없는 사실이다'는 일반화이다.

◎ 수년 전 미국의 조지 부시 대통령이 자신의 모교인 예일대 졸업식에서 한 연설이다.

"우등상, 최고상을 비롯하여 우수한 성적을 거둔 졸업생 여러분, 축하의 말씀을 드립니다.

그리고 c 학점을 받은 학생 여러분께는 이렇게 말씀드리겠습니다.

여러분도 미합중국 대통령이 될 수 있습니다" _{daum 블로그}

'여러분도' 일반화이다.

◎ 운수를 말해주는 체중계

남편이 운수와 체중을 말해주는 체중계에 올라갔다. 그는 체중계에서 나온 점괘를 아내에게 보여주며 말했다.

"이것 봐, 내가 정력적이고, 머리가 좋고, 재치가 있는 사람이라는군."

그러자 아내가 고개를 끄덕이며 말했다.

"그렇군요, 몸무게도 틀리게 나왔네요" _{리처드 와이즈먼/한창호/괴짜 심리학 198}

'몸무게도…'에서 '도'는 일반화이다. 점괘의 다른 부분들도 틀렸다는 이야기다.

아내의 반응이 고개를 끄덕이며 "그렇군요"라고 시작했지만, 남편의 의도와는 상반된 대비 효과를 낳고 있다. 농담할 때 중요한 기술 중의 하나로 볼 수 있다.

◎ 클린턴 "무엇을 해야 하나"

클린턴이 조깅하다가 워싱턴 기념비에 이르렀다.

"조지, 난 어떻게 해야 하나?"

워싱턴이 대답했다.

"국세청을 폐지하고 다시 시작하게."

클린턴은 다시 조깅을 했고 얼마 뒤 제퍼슨 기념비에 다다랐다.

"톰, 난 어떻게 해야 하나?"

제퍼슨이 말했다.

"국가 연금을 없애고 다시 시작하게."

마지막으로 클린턴은 링컨 동상 앞에 섰다.

"아브라함, 난 어떻게 해야 하나?"

링컨의 대답.

"하루 쉬면서 극장에 가는 건 어떻겠나?"(링컨은 쉬는 날 극장에 가 암살당했다) _{한겨레21 1998년 12월 10일 제236호 웃기는 세계}

사람들이 남에게 충고할 때, 자신이 했던 방식을 일반화해서

권한다.

◎ 힐러리의 임신

힐러리가 정기검진을 받으러 갔다. 검사가 끝난 뒤 의사가 임신이라고 말했다. 힐러리는 매우 당황했다. 병원에서 나오자마자 클린턴에게 전화했다.

"이 나쁜 놈아, 네가 무슨 일을 했는지나 알아? 임신했단 말이야."

"…"

대꾸가 없자 힐러리는 더 화가 났다.

"이 나쁜 놈아, 네 아기를 가졌단 말이야!"

마침내 클린턴이 모기만 한 목소리를 냈다. "누구시죠?" _{한겨레21 1998년}

12월 10일 제236호 웃기는 세계

일반화로 분류한 이유는 클린턴에 관한 이야기를 상황적으로 보면 아이를 가질 만한 여성들이 많아서 누군지 모르고 있다는 데 있다. 모기만 한 목소리로 '누구시죠?' 라고 한 건 불명확함이고 이는 일반화이다.

◎ 신이 없는 곳

카바는 메카에 있는 이슬람교의 가장 신성한 장소다. 카바 안에는 검은 돌이 봉납 되어 있는데 회교도들은 이것을 세상에서 가장 신성시하여 매년 순례를 다닌다.

어느 날, 시크교의 창시자 나낙이 카바로 갔다. 그는 무척 지쳤기 때문에 모스크에 들어가 그만 잠이 들었다. 그곳의 한 사제가 지나가다가 나낙의 그 모습을 보고는 격노하였다. 다리가 검은 돌을 향해져 있었기 때문이다. 그는 나낙을 끌어당기며 소리쳤다.

"당신은 지금 여기서 무슨 짓을 하는 거요? 이곳이 얼마나 거룩한 장소라는 걸 모른단 말이오? 당신의 다리가 거룩한 돌을 향해서는 안

된다는 것을 모르오? 당신은 신을 믿지 않는단 말이오?"

나낙은 잠이 깨서 일어나 앉았다.

"그렇다면 내 다리를 신이 없는 곳으로 돌려놓으시오"

그러자 사제는 나낙의 발을 다른 쪽으로 옮겼다. 그러자 신기하게도 발이 향하는 쪽으로 검은 돌이 옮아갔다. 몇 번을 계속해서 다리의 방향을 바꾸었지만 그럴 때마다 검은 돌의 방향은 계속 바뀌는 것이었다. 혼비백산한 사제에게 나낙이 말했다.

"여보게, 신이 계시지 않는 곳은 없다네." 1993/박광수/70일간의 우화 여행 164

'… 않는 곳은 없다네'는 일반화이다.

◎ 이디 아민은 1971년 오보테 대통령이 영연방정상회담에 참석하기 위해 싱가포르에 외유 중인 틈을 타 쿠데타를 일으켜 정권을 장악한 뒤 1979년 우간다 반정부군과 탄자니아군의 연합군에 의해 축출당할 때까지 8년 동안 사상 유례없는 공포정치와 폭압으로 우간다를 암흑의 나락으로 빠뜨렸다. 이디 아민은 우간다를 통치하는 동안 '대영제국의 정복자'로 자칭하며 특유의 독설과 궤변, 기행으로 점철된 생활로 일관해 '아프리카의 인간 백정', '검은 히틀러'라는 별명과 함께 '아프리카가 배출한 가장 걸출한 코미디언'이라는 별칭도 얻었다. 한겨레21 2000년 06월 08일 제311호 이디아민의 '잔머리'

별칭의 세계 또한 많은 사람이 인정하는 일반화된 단어로서 조합된다.

◎ 쌍둥이 두 자매를 부인으로 맞아들인 어느 병사에게 이디 아민은 다음과 같은 격려 어린 조언을 아끼지 않았다. "나도 여러 명의 부인을 거느리고 있으면서 외유 시에는 순서대로 동행함으로써 애정을 평등하게 분배하고 있다. 만약 남자가 특정 부인을 편애하지 않고 사랑을 공평하게 나누어줄 수 있다면 두 명 이상의 부인을 맞아들인다

고 해서 잘못되었다고 말할 수 없다." _{한겨레21 2000년 06월 08일 제311호 이디아민의 '잔머리'}

독재자가 '평등', '공평'이라는 단어를 자신에게도 다른 사람에게도 사용하는 것이 아이러니다. 왜곡으로, 일반화로도 볼 수 있다.

◎ 아민은 집권 초기에는 이스라엘로부터, 이후에는 리비아와 옛 소련으로부터 무기를 구입하면서 엄청난 외화를 지출하고 파행적 국정운영과 인권탄압에 대한 각국의 제재 조치로 외화가 바닥났다.

아민 정부의 각료: "각하, 정부의 외화가 바닥났습니다."

이디 아민: "그럼 더 찍어내도록 하세요." _{한겨레21 2000년 06월 08일 제311호 이디아민의 '잔머리'}

누구든 찍어내어 사용하면 된다는 일반화다.

◎ 매춘부 문제에 관하여

"본인은 매춘부들에 대해서 좀 더 단호하고 근본적인 조처를 할 계획입니다. 그러나 본인의 단호하고 근본적인 조처 못지않게 중요한 것은 남성들도 참고 자제해야만 한다는 사실입니다. 만약 남자들에게 매춘부들이 필요하지 않는다면 매춘문제는 존재하지도 않을 것입니다. 그러나 매춘부들도 조국을 위해서 할 수 있는 일이 있습니다. 국가를 전복하려는 음모를 꾸미는 자들을 즉각 신고하는 것이 바로 그것입니다." _{한겨레21 2000년 06월 08일 제311호 이디아민의 '잔머리'}

'조국'이라는 용어 역시 일반화이다. '단호히'는 일반화이다. 그리고 '투철한 신고'다. 의무감이라는 점에서 일반화이다.

◎ 영국인 데니스 힐즈는 이디 아민을 '촌 동네의 폭군'이라고 불렀다가 국가원수 모독죄로 군사재판소에서 사형을 언도받았다. 영국

정부는 특사를 파견해 데니스 힐즈의 구명에 외교적 노력을 기울였다. 이디 아민은 자신의 출생지인 서나일 지방의 아루아에 카크와족의 전통가옥을 지어놓고 영국 정부의 특사들을 맞았는데, 의도적으로 출입구를 낮게 지어 여왕의 특사들이 무릎을 꿇고 기어들어 오게 했다.

"본인이야말로 영국인들이 무릎을 꿇고 머리를 조아리게 만든 유일한 아프리카의 국가 정상입니다." 한겨레21 2000년 06월 08일 제311호 이디아민의 '잔머리'

'촌 동네'라는 말은 아프리카 전체를 다르게 표현한 것으로 보인다. 왜곡이고 일반화이다.

'아프리카국가 유일한 국가 정상'은 모든 아프리카를 통틀어서 대표한다는 의미이므로 일반화이다.

◎ 아민의 철권통치하에서 자행된 각종 인권탄압과 유린, 살인과 고문, 납치와 투옥 등을 폭로하고 고발한 언론매체들에 관하여 "서방 언론은 반우간다, 반아프리카 여론조성에 혈안이 되어왔습니다. 제국주의자들과 그들의 주구인 대중 매체들은 본인과 같은 진정한 아프리카의 지도자들을 증오합니다. 그러나 그들은 반아프리카 정서를 확산시키면 시킬수록 진정한 아프리카 지도자들에 대한 국민적 지지가 더욱 높아져 간다는 사실을 망각하고 있습니다." 한겨레21 2000년 06월 08일 제311호 이디 아민의 '잔머리'

'반우간다에서 반아프리카'로 범위를 넓혔다. 범주화를 넓혔다. 일반화이다. '제국주의자들과 대중 매체들' 역시 일반화이다. '본인과 같은', "아프리카 지도자들" 또한 범주를 넓힌 일반화이다. '확산시키면 시킬수록' '더욱 높아져 간다.' 범위를 넓혀가는 일반화이다.

'반아프리카 정서를 확산시킬수록 아프리카 지도자들에 대한 국민적 지지가 더욱 높아져 간다는 사실'에서 반아프리카 정서를 확산키 시킬수록 국민의 지지가 더욱 떨어지는 것이 정상적인 논리이다. 하지만 더욱 높아져 간다고 하니 왜곡 또는 역설로 볼 수도 있다.

'아프리카 지도자들에 대한'에서 아민 자신 하나를 아프리카 지도자들 전체인 것처럼 일반화하고 있다. 또한, 왜곡이다.

◎ 화려한 고급 주택들로 둘러싸인 골프장에서 남편이 아내에게 주의를 시켰다.

"여보, 만약 유리창을 깬다면 우리는 비싼 대가를 지불해야 할 거야."

그 말이 끝나기 무섭게 아내가 날린 공이 그 동네에서 가장 고급스러운 주택의 가장 큰 유리창을 깼다. 서둘러 그 집으로 달려간 부부가 문을 두드리자

"들어오세요"라는 목소리가 들려왔다. 부부는 유리 파편으로 난장판이 돼 있는 거실과 깨진 호리병 하나를 보았다. 우아하게 차려입은 한 남자가 그들을 반기며

"나는 호리병에 천년 이상을 갇혀 있던 요정인데 나를 구해주었으니 세 가지 소원을 들어주겠소. 그러나 두 분의 각자 소원을 들어주고 세 번째 소원은 나를 위해 남겨두겠소."

매달 1억 원을 받고 싶다는 남편에게 요정은 내일부터 그 돈을 받게 될 것이라고 말했다. 전 세계 각 나라에 집 한 채씩을 소유하기 원한다는 아내에게 요정이 내일부터 그 소원이 실현될 것이라고 말했다. 요정은 자신의 소원으로

"나는 천년 동안 사랑을 나누지 못했소. 당신의 아내와 하룻밤을 보내고 싶소"라고 말했다. 서로 눈길을 주고받은 부부는

"우리의 소원을 들어주셨는데 그 정도 소원이야"라며 허락했다.

하룻밤을 보내고 난 뒤 요정이 남편에게 나이를 물었다.

"40살인데요."

그러자 요정이 하는 말,

"40살의 나이에 아직도 요정을 믿을 만큼 순진한 사람이 있다는 것은 정말 놀라운 일이로군." 한겨레21 2000년 07월 06일 제315호 웃기는 세계

'호리병이 깨지면 요정이 나오고 소원을 들어준다'는 이야기는 어려서부터 듣거나 읽어서 회자된 이야기다. 일반화를 쉽게 받아들인다는 점을 이용한 농담이다. '40살의 나이에 아직도'가 일반화이다.

◎ 원숭이로 본 인간

철장 안에 다섯 마리의 원숭이를 넣고 벽에 바나나를 매달아 놓는다. 그 아래에는 사다리를 놓는다. 원숭이 한 마리가 바나나에 가까이 가서 사다리를 건드리면 (실험자가) 옆에 서 있다가 원숭이 모두에게 찬물 세례를 퍼붓는다. 조금 시간이 흐르고 난 뒤 다른 원숭이가 그 바나나를 먹기 위해 다가가서 또 사다리를 건드리면 바로 또 찬물 세례를 퍼붓는다. 잠시 뒤 물을 잠근다.

그러면 세 번째 원숭이가 배가 고파서 바나나를 먹으려고 사다리로 다가가면 다른 원숭이들이 못 가게 잡는다. 그렇게 되었을 때 원숭이 가운데 한 마리를 새 원숭이로 바꾼다. 이 새 원숭이는 바로 바나나를 보고 따먹으려고 사다리로 다가간다. 그러면 다른 원숭이들은 화가 나서 그 원숭이가 사다리를 건드리지 못하게 한다. 새로운 원숭이는 세 번 정도 시도를 하지만 결국 바나나를 먹을 수 없다는 것을 알게 된다. 그러면 처음 다섯 마리 가운데 한 마리를 빼고 또 다른 원숭이를 넣는다. 그런 식으로 한 마리씩 바꾸어서 다섯 마리 원숭이 모두를 찬물 세례를 한 번도 맞아보지 않은 것들로 바꾼다. 그런데도 어느 원숭이도 바나나를 먹을 수 없을 뿐만 아니라 결국은 먹으려고 하지 않는다. 왜 그럴까? 왜냐하면, 그런 식으로 행동하게끔 만들어졌기 때문이다. 한겨레21 1999년 08월 26일 제272호 웃기는 세계

사람이 일반화되는 과정과 같다고 볼 수 있다. 다음은 일반화를 쉽게 받아들이는 다른 관점에서 이야기다. 동시에 이전의 일반화에서 쉽게 벗어날 수 있는가? 이기도 하다.

◎ 상하체계가 분명한 원숭이 사회에서도 어떤 방법을 가르치려 할 때 제일 먼저 대장 원숭이에게 그 방법을 가르치지 않으면 빠른 학습 효과를 얻어낼 수가 없다고 한다. 하위 원숭이에게 그 새로운 방식을 먼저 가르치면 나머지 원숭이들은 그 가치를 거의 알아차리지 못했기 때문이다.

그 좋은 예로 아드리(Ardry, 1970)가 일본원숭이들에게 새로운 음식 맛을 들이는 실험을 한 결과를 생각해 볼 수 있다. 계급의 하단에 위치한 어린 원숭이에게 제일 먼저 캐러멜 맛을 보여주었을 때 그 맛이 상위 계급까지 보급되는 과정은 매우 느리게 진행되었다. 일 년 반이 지난 후에도 겨우 51%만이 그 맛을 받아들였고 지도층에서는 아직 아무도 그 맛을 받아들이지 않았다. 그에 비하여 다른 그룹에는 대장에게 제일 먼저 밀가루 음식을 먹어보지 못했음에도 불과 4시간 만에 집단 전체가 그 먹이를 받아먹었다. 로버트차알디니/이현우/설득의 심리학 305

리더들은 쉽게 일반화되지 않지만, 하위층들은 쉽게 일반화된다고 해석할 수도 있다.

◎ 곤드레만드레 술에 취한 한 취객이 술집 종업원에게 술을 더 달라고 요구했다. 몸도 제대로 가누지 못하는 손님을 보다 못한 종업원은 "계속 고집을 부리면 택시를 불러 집으로 보내겠다"고 했다. 택시를 부른다는 말에 취객은 혼잣말로 불평을 늘어놓으며 술집을 나갔다. 몇 분 뒤 그 취객이 다시 술집 옆문으로 들어와 술을 시켰다. 종업원이 다시 와서 단호하게 "너무 취하셨어요. 택시를 불러드릴까요?"라고 말했다. 취객은 잠시 화난 표정으로 종업원을 바라보더니 순순히

술집을 나갔다. 다시 몇 분이 지나 그 취객이 또 뒷문을 통해 술집으로 들어와 술을 시키는 것이 아닌가. 짜증이 난 종업원이 취객에게 가까이 와서 말했다. "손님, 미안하지만 술을 팔 수 없군요. 택시를 부를까요? 아니면 경찰을 부를까요?" 종업원의 얼굴을 자세히 뜯어보던 취객이 놀라서 하는 말

"이상하다. 어떻게 가는 술집마다 네가 일하고 있냐?" _{한겨레21 318회 지구}

촌/웃기는 세계

세 번의 같은 행동을 취한 결과를 역으로 일반화했다. '가는 술집마다 네가 일하고 있냐?'에서 '…….마다'는 일반화한다.

◎ 술에 취한 옐친이 프리마코프 당시 총리에게 물었다.
"당신의 제1부 총리 마슐리코프는 정직합니까?"
프리마코프가 대답했다.
"물론이죠."
옐친이 되물었다.
"증거가 있나요?"
프리마코프가 다시 대답했다.
"그를 우리 집에 두 번 초대했는데 없어진 것이 하나도 없었어요."

한겨레21 2000년 04월 13일 제303호 웃기는 세계

하나를 보면 열을 알 수 있다는 일반화가 적용되었다. '하나도'는 일반화이다.

◎ 어떤 사람이 결혼한 후, 이전에 알았던 여자에게서 온 폰의 메시지가
"오빠……"라는 문장이 왔는데, 부인이 그것을 보게 되었다.
당연히 "누구냐?"고 했고.
남편이 "아무나 보고 오빠라고 하는 여자야"라고 했더니 그냥 넘어

가더라나……

'아무나'가 일반화이다.

그는 부인이 '일반화'를 자주 한다는 것을 간파하고 있었다. 일반화를 자주 하는 사람은 일반화에 눈이 어두울 수 있다.

◎ 영화가 아니면 알 수 없는 스무 가지 사실

1. 경찰 수사 중에는 적어도 한번은 반드시 스트립클럽을 들러야 한다.

2. 모든 침대는 L자 타입의 특별히 고안된 이불이 있어서 여자는 가슴까지 덮이고 바로 옆에 누워 있는 남자는 허리까지만 덮이게 되어 있다.

3. 슈퍼에서 쇼핑백에 물건을 사나 올 땐 반드시 한두 개의 프랑스 바게트 빵이 들어 있다.

4. 관제탑에서 설명만 잘해주면 누구든지 쉽게 비행기를 착륙시킬 수 있다.

5. 립스틱을 한번 칠하면 절대 지워지지 않는다. 심지어 스쿠버 다이빙을 할 때조차도.

6. 건물에 있는 환풍구는 숨기에는 최적의 장소로 누구도 그곳에는 사람이 있다고는 생각을 못 하고 또 그곳을 통해서는 건물의 어느 곳이든지 자유롭게 갈 수 있다.

7. 전쟁이나 전투에서 살아남기란 정말 쉬워서 고향에 있는 애인이나 가족사진을 누구에게 보여주는 일만 하지 않으면 살아남을 수 있다.

8. 파리의 모든 창문에서는 에펠탑이 보인다.

9. 극심한 상처를 입을 때도 신음소리 하나 내지 않던 남자가 여자가 치료하려고 상처를 소독할 때는 비명을 질러댄다.

10. 크고 널찍한 유리판이 보이는 건 누군가가 곧 그 위에 던져질

거란 뜻이다.

11. 외지고 한적한 집에서 여자 혼자 자다가 이상한 소리에 깨어서 나올 때는 가장 몸매가 많이 드러나는 옷을 입고 나온다.

12. 악몽을 꾸다가 깬 사람은 누구든지 퉁겨지듯 벌떡 일어나 앉아서 숨을 헐떡거린다.

13. 직선으로 된 길을 달릴 때도 운전대를 좌우로 열심히 흔들어댈 필요가 있다.

14. 모든 종류의 시한폭탄은 '친절하게도' 크고 붉은 숫자 표시창이 있어서 언제 폭발을 할지 정확하게 알려준다.

15. 일반적으로 형사들은 자기 자리에서 쫓겨난 뒤에서야 사건을 해결한다.

16. 주인공이 길에서 춤을 출 때는 길을 가는 아무나 붙잡아도 모든 종류의 스텝을 다 밟을 줄 안다.

17. 경찰청에서는 파트너를 짝지어줄 때 성격 테스트를 해서 철저하게 반대되는 성격을 가진 사람끼리 파트너를 만들어준다.

18. 줄톱이 필요할 때면 항상 근처에서 발견된다.

19. 공룡을 죽일 만큼 강한 전기 담장도 여덟 살짜리 꼬마애에게는 어떤 상처도 입히지 못한다.

20. TV를 켜면 항상 사건과 직접 관련된 뉴스가 나온다.

21. 모든 상황이 종료되면 경찰과 군인 앰뷸런스 등이 기다렸다는 듯이 나타난다. 한겨레21 1999년 10월 07일 제277호 웃기는 세계

다양한 영화제작에 자주 쓰이는 일반화된 영상이다. 이것을 응용하면 익히 잘 알고 있는 사람의 독특성을 위와 같이 짧은 어구로 만드는 것도 위트가 될 수 있고 하나의 단어로 만드는 것도 위트의 가치를 더할 수 있다.

2. 일반화가 여러 번 겹치는 경우

◎ 늦게 들어오는 남편이 걱정된 부인이 자신의 엄마에게 전화를 걸었다.

"네 남편에게 다른 여자가 있는 것이 분명하다."

는 엄마의 말에 펄쩍 뛰며 부인이 하는 말.

"왜 엄마는 항상 나쁜 쪽으로만 생각해. 치명적인 교통사고를 당해 병원으로 실려 갔을 수도 있잖아." _{한겨레21 2000년 07월 13일 제316호 웃기는 세계}

엄마가 '분명하다'라고 일반화하니 '항상… 쪽으로만'로 일반화했다. 그리고 '… 실려 갔을 수도'라는 불명확한 일반화 앞에 '치명적인'이란 비 일반화의 단어가 더 웃도록 한다.

'나쁜 쪽으로만 생각해'는 엄마의 생각 방향을 거부한다는 의미인데, 부인은 '치명적인 교통사고'로 오히려 더 나쁜 쪽으로 나아가고 있다. 같은 방향임에도 역접을 쓰고 있다.

◎ 열두 시가 넘어 남편이 집에 돌아오자 아내는 화가 나서 욕을 퍼부어댔다.

"어디서 무슨 짓을 하다가 이제 오는 거야, 이 웬수야!"

"류샤… 공동묘지에 갔었어."

"무슨 말이에요, 누가 죽었어요?"

"당신 믿을지 모르겠지만… 거기에 있는 사람들 모두가 죽었어." _{한겨레21 1999년 08월 26일 제272호 웃기는 세계}

'믿을지 모르겠지만'은 불확실성의 일반화이다. '사람들 모두가…' 역시 일반화이다.

많은 사람이 자신의 실수를 변명할 때 일반화를 무의식적으로 사용하는 경향이 있다. 또는 상대방의 의도를 거부할 때도 일반화를 사용하기도 한다.

뒷부분에 나오겠지만 일반화의 역은 특수화이다. 농담을 잘하기 위해서는 대립된 양면을 동시에 보고 있어야 한다.

◎ 여우와 농부

평생 공처가로 지내 온 한 농부가 그동안 자기 집 닭장에 두고두고 피해를 입혀 온 여우를 덫으로 잡았다.

"이, 교활한 녀석, 넌 빨리 죽이기도 아까운 놈이야,

그동안 내가 너한테 당한 걸 생각하면 말이야."

그 녀석한테 어떤 벌을 주어야 속이 시원할까를 한참 생각한 끝에 농부는 헝겊에다가 석유를 흠뻑 적셔서 여우의 꼬리에 단단히 잡아맨 다음 거기다가 불을 놓았다. 그러고 나서 농부는 여우의 절망적인 원맨쇼를 즐기기 위해 여우를 풀어놓았다. 그런데 이 여우가 추수 직전의 잘 익은 자기 밀밭으로 뛰어드는 것이 아닌가. 불은 삽시간에 번져, 농부는 여름 내내 땀 흘려 지은 농사가 바로 코앞에서 한 줌의 재로 변하는 장면을 보아야 했다. 농부는 너무나 상심했다. 이 가슴의 상처는 몇 년이 지나도 아물 줄을 몰랐는데,

그것은 특히

"그 모든 일이 당신 탓"

이라고 잊을 만하면 잔소리를 해대는 마누라 때문이었다. 1993/박덕은/우

화 천국 192. 끝부분은 출처불명

'그 모든 것이'와 '잊을 만하면', '해대는'이 일반화이다. 일반화가 몇 번 겹쳐서 웃기게 된다.

◎ 하나님이 천사들을 모아놓고 다음 휴가는 어디서 보낼까 의논하고 있었다.

"목성으로 가보시지요. 요즘 물이 좋다는데."

"별로야, 거길 가면 몸이 너무 무거워지는 것 같아서 말이지."

"화성은 어떻습니까. 겨울 휴가로는 끝내주지요."

"그렇게 뜨거운 데는 취미 없네."

"오랜만에 지구로 가는 것도 좋지 않을까요?"

"그 동네는 말이 너무 많아서 마음에 안 들어. 2천 년 전엔가 왜 한 번 갔다가 어느 유대인 아가씨랑 일이 있었잖아. 아직도 그 얘기들을 하고 있다는 거야, 글쎄." 한겨레21 1999년 12월 09일 제286호 웃기는 세계

'말이 너무 많아서'는 일반화다. '일이 있었잖아'는 불명확함 이지만 이미 회자한 것으로 볼 때는 일반화이다. '아직도 그 이 야기들을 하고 있다는 거야, 글쎄'는 일반화이다.

3. 명사화된 일반화

◎ 수업시간에 학생들끼리 떠들고 있다.

교사: "너희들 좀 조용히 못 해? 너무 시끄러워서 골치가 다 아프잖 아!"

학생들: "그건 직업병이에요." 한겨레21 1999년 11월 25일 제284호 웃기는 세계

'직업병'이라는 단어가 일반화이다.

◎ **유럽의 관광 가이드 <베테카>에 등장하는 영국의 특징**

1. 친구와 산책할 때는 몇 시간씩 묵묵하게 걷지만, 개와 산책할 때 는 계속 떠들어댄다.
2. 영국의 국회는 단원제도 아니고 양원제도 아니며 삼원제다. 하원 에서 법안을 만들어 상원으로 올리고 상원에서 심의가 끝나면 최종적으로 정신과 의사협회의 비준을 거쳐야 한다.
3. 영국인들은 모든 음식에 칩스(감자튀김)를 곁들여 먹는다. 그중 '피시 앤 칩스'가 유명하지만 '치킨 앤 칩스' '비프 앤 칩스' '포크 앤 칩스' '소시지 앤 칩스' 등등 끝이 없다. 어떤 사람들은 칩스만 주문하면서 '칩스 앤 칩스'를 달라고 한다. 한겨레21 1999년 07월

   15일 제266호 웃기는 세계

"계속… 해댄다"와 "… 해야 한다." 일반화이다. "칩스 앤 칩 스"가 일반화다.

◎ 미국의 민주주의

나에게 한 표를 주면 소 두 마리를 주겠다고 약속한 뒤 대통령으로 당선된다. 그 뒤 소 두 마리의 미래를 걸고 투기를 한 것으로 판명 나 그 대통령은 탄핵당한다. 그리고 언론은 이 사건을 '카우게이트' (COWGATE)라 명명한다. 한겨레21 1998년 02월 11일 제245호 웃기는 세계

사람들과 다툼, 또는 특별난 일이 있고 난 다음, 시간이 지나서 그 일을 다시 거론할 때 사건에 걸맞은 용어로 딱지를 하나 붙여놓는다.

필자 역시 그렇게 가끔 쓴다. 명절 제사 때 위패의 일로 분란이 일어난 경우를 '위패사건'으로… 이건 가족 내에서만 사용할 수 있다. 형제들이 모였을 때 '위패'라는 말만 떠올리면 화를 내다가 '위패사건'으로 말을 바꾸면 화는 종료되고 웃음이 시작된다.

4. 일반화와 비 일반화(특수화)
◎ 링컨의 변호사 시절의 이야기다.

링컨이 강도 혐의로 형사 재판을 받게 된 한 젊은이의 변호를 맡았다.

"피고 어머니의 증언에 의하면 피고는 이 세상에 태어난 후, 한 번도 자기 농장을 떠나본 일이 없다고 합니다. 출생 이후 줄곧 농장의 일만 해왔다는 것이지요. 그러한 피고가 멀리 떨어진 객지에 가서 강도짓을 했다는 것은 도저히 믿기지 않는 일입니다."

링컨의 변호가 끝나자 검사가 링컨의 말꼬리를 물고 늘어졌다.

"링컨 변호사의 말에 의하면 피고는 출생 이후 한 번도 농장을 떠난 일 없이 줄곧 농장 일만 했다고 그랬는데 그렇다면 피고의 나이 한 살 때 피고는 농장에서 도대체 무슨 일을 했다는 것입니까?"

검사는 "출생 이후 줄곧"이라는 말꼬리를 잡고 늘어진 것이다.

링컨은 즉시 이렇게 응수했다.

"피고는 태어나자마자 젖 짜는 일을 했지요. 소의 젖이 아니라 그의 어머니의 젖 말입니다." _{naver 블로그}

링컨이 '한 번도'와 '줄곧'으로 일반화하자 검사는 '한 살 때'와 '무슨 일'로 구체적으로 묻고 있다. (구체적으로 묻는 것을 '말꼬리를 물고 늘어진다'로 일반화되어 있다.)

링컨은 "젖 짜는 일"로 일반화하고 다시 '소의 젖'과 '어머니의 젖'으로 구체적인 비 일반화를 하고 다시 '어머니 젖'으로 구체화했다.

링컨의 일반화에 검사가 비 일반화하자 링컨은 일반화에 비 일반화했다. 같은 원리를 적용하고 있다.

◎ 링컨의 위트

링컨 대통령이 백악관에서 구두를 닦고 있을 때, 마침 링컨의 초대를 받고 백악관을 방문한 친구가 이 광경을 보고 깜짝 놀라며 물었다.

"미국 대통령이 자신의 구두를 닦다니 이게 말이 되는가?"

그러자, 링컨은 친구보다 더 깜짝 놀라는 표정으로 친구에게 되물었다.

"아니 그러면 미국의 대통령이 남의 구두를 닦아주어야 한단 말인

가!"

　친구는 일반화된 견해로 말했다. 하지만 링컨은 친구의 일반화에 비 일반화했다.

　◎ 2차 대전 때, 미군은 특공대를 창설하고 훈련하는 과정에서 일어난 일이다. 9개 소대 중 소블 중대장은 이지 소대만을 금요일 밤마다 야간 행군을 강행토록 한다.

　그 소대의 한 병사가 야간 행군 중 윈스턴 소대장에게 불만을 말한다.

　병사: "윈스턴 소위님"

　윈스턴 소위: "왜 그러나?"

　병사: "금요일 밤마다 우리 소대만 야간 행군을 하는 이유가 뭡니까?"

　윈스턴 소위: "이유가 뭐라고 생각하나?"

　병사: "소블 중대장님이 우릴 싫어해서 아닙니까?"

　윈스턴 소대장: "소블 중대장님이 싫어하는 건 이지소대가 아니라…….자네야" 하니

　불만에 가득 찬 소대원들 모두가 웃는다. 영화 Band Of Brothers 1편 13:37

　'우릴(이지 소대)'은 일반화이다. 윈스턴은 '우릴'에 '이지 소대가 아니라 자네야'라고 비 일반화한다.

　이차 대전이 끝날 무렵 윈스턴의 탁월한 리더쉽으로 수많은 성과와 히틀러의 알프스별장을 점령하게 된다. 이때 윈스턴은 소령으로 진급해 있다. 그때까지 소블은 대위였다. 영화상(10편)에서 소블대위는 한 번도 리더로서 위트를 보인 적이 없다. 병사들의 웃음의 소스 제공자(농담거리 신세)로만 나왔을 뿐이다.

　◎ 이차 대전 때, 무솔리니는 리비아를 먹으려 한다. 하지만 리비아

는 대항한다. 무솔리니 군과 한판의 전쟁을 치르면서, 리비아의 오마르 무크타르가 이끄는 소수 민족에게 무솔리니의 한 장교가 잡혔다.

무크타르의 한 병사가 무솔리니의 장교에게 총으로 겨누자.

무크타르는 "우리는 포로를 안 죽여" 하며 저지한다.

그러자 무크타르 병사가 "그들은 그렇게 합니다."라고 하니

무크타르는 "그들은 우리 선생이 아니야." 영화 Lion Of The Desert

병사는 '그들을 그렇게 합니다'라고 일반화했다. 무솔리니에게 잡히면 모두 죽인다는 뜻이다.

그러자 무크타르는 '그들은 우리 선생이 아니야'라고 비 일반화를 한다.

◎ 1700년대 중반 덴마크엔 천연두가 확산하고 있었고, 황실 왕자인 아이가 위태롭다. 이때 왕의 주치의 스트루엔제는 아이에게 천연두 예방접종을 제안했을 때, 의회에서는

"황태자님은 신이 보호할 것"이라 주장하자.

주치의는 "천연두는 사람을 가리지 않는다"라고 반박하자 의회는 조용해진다.

......

아이가 정상으로 되자 시녀들이 "신의 가호가 있었군요" 하니

주치의는 "신과는 상관없는 일입니다."라고 한다. 영화 A Royal Affair 43:11

황태자님은 특별나다고 특수화를 하니 주치의는 '천연두는 사람을 가리지 않는다'라고 일반화한다. 그리고 시녀들의 '신의 가호가 있었군요'에 주치의는 '신과는 상관없는 일입니다'로 비 일반화한다.

'신의 가호가 있었군요'를 한국식으로 말하면, "운이 좋았군요." 또는 "복이 있었군요."라고 일반화하는 말들이다.

그리고 의회의 주장인 "황태자님은 신이 보호할 것"에 스트

루엔제가 '신과는 상관없는 일입니다' 라고 시녀들에게 했던 주장을 의회에 했다고 가정해보자. 상황이 어떻게 전개되었겠는가? 주치의 '천연두는 사람을 가리지 않는다' 라는 반응을 두고 곰곰이 생각해볼 필요가 있을 것이다.

어떤 사람들은 주치의의 방식에 미소를 지을 것이다.

◎ 내가 좋아하는 일

월드컵이란 세계 최고의 축구 무대에서 폴란드를 꺾고 첫 승을 올리던 날, 경기 시작 전에 기자가 히딩크 감독에게 다가가 인터뷰를 했다.

기자 : 오늘 월드컵 첫 경기 조금 있으면 시작됩니다. 만약 폴란드와의 경기를 이기게 되면 월드컵에서 대한민국에 첫 승을 안겨 준 감독이 될 텐데 그렇게 되면 당신은 한국의 영웅이 될 것입니다.(그러자 히딩크가 대답했다.)

히딩크 : "난 영웅에는 별로 관심이 없습니다. 나는 내 일을 할 뿐이고 내 일을 좋아할 뿐이에요." 민현기, 박재준, 이상구/성공한 리더는 유머로 말한다 81

영웅이라는 많은 사람의 부러움을 사는 일반화이다. 자신이 좋아하는 일 일뿐은 비 일반화이다.

◎ 장맛비 때문에 물난리가 났다.

길거리에 물이 차오르자 119구조대가 와서 많은 사람을 피신시켰다. 물이 더욱 높아지자 119구조대인 배가 와서 남아 있는 사람을 피신시켰다. 물이 옥상까지 차자 119 헬기가 와서 나머지 사람들을 구해갔다.

처음부터 끝까지 남아서 기도만 올리던 한 사람은 물이 옥상을 넘어가자 물에 묻혀서 죽었다.

죽어서 하나님께 항의했다.

"왜 저의 기도에 응답하지 않았습니까?" 하니

하나님은 짜증을 내면서

"야~임마, 내가 119를 세 번이나 보냈잖아!" 출처불명

신을 믿거나 기도를 하는 사람에게만 응답이 있다는 즉, 신은 특별한 곳에만 있다는 주장과 삶 주변에 있다는 두 주장이 대립한다. 일반적인 종교관으로는 신은 특별한 곳에만 존재한다. 하지만 비 일반적인 종교관이라면 신은 모든 곳에 존재한다. 두 일반화가 대립을 일으키는 것 같지만 사실은 이해의 정도에 따를 뿐이다. 또한, 이해라는 것이 제거되면 모두 헛되고 헛된 일이 될 수도 있다. 바로 공(空)이다. 그리고 이 글을 보고 웃는 사람이 있을 수도 있지만 그렇지 않을 수도 있다.

◎ 경찰모독

경찰과 관련된 유머는 모두 몇 개일까요? 단 한 개뿐이다. 왜냐하면, 나머지는 유머가 아니라 모두 사실이기 때문에. 한겨레21 2000년 03월 02일 제297호 웃기는 세계

'단 한개' 와 '모두' 는 상반되지만 일반화이다.

◎ 끼어들기 좋아하는 웨이드 상원의원이 조지 매클렐런 장군을 지휘계통에서 해임토록 대통령을 압박하려 했다. 그러나 링컨은 그럼 누가 유니언 측 군을 통솔하느냐고 물었다. 웨이드는 비아냥댔다.

"글쎄요, 누구라도 할 수 있죠. 확실히 누구라도 매클렐런보다는 더 잘할 겁니다."

그러자 링컨이 말했다.

"웨이드, 누구라도' anybody 당신을 위해 일할 수 있습니다. 나를 위해서 말고요. 그러나 나는 지금 어떤 사람' somebody이 필요합니다." 밥 돌/김병찬옮김/위대한 대통령의 위트 79

'누구라도'와 '어떤 사람'은 모두 불분명한 일반화이다. 하지만 차이가 있다면 '누구라도'보다 더 구체적인 사람은 '어떤 사람'이다. 웨이드에겐 아무나 상관없지만, 링컨 자신에게는 아무나가 아닌 특정 사람인 비 일반화이다.

4
범주화

대화에 있어서
개념적인 이해와 구체적인 이해가 동시에 필요로 하게 된다.
위로는 포괄적이자 개념적인 이해이고
아래로는 구체적인 이해다.
옆으로는 비유나 은유에 해당한다.

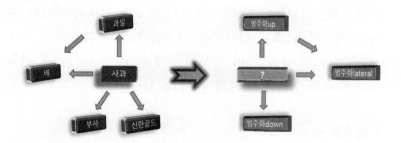

사과를 중심으로 볼 때 위로는 과일이라는 단어가 위치할 수 있다. 이를 범주화 상향 up(레벨 업)이란 단어가 있다. 사과 아래로는 범주화 하향(down)이 되고 사과의 종류가 나열될 수 있다. 범주화 동등(lateral)엔 과일에 속하는 배 또는 감등의 과일 종류가 위치할 수 있다.

여기서 중심이 사과인 경우는 큰 문제가 없어 보인다. 하지만 추상명사나 형용사 또는 어떤 개념적인 것이 위치하게 되면 사람마다 천차만별의 범주화가 일어난다. 필자는 이를 생각의 지도라고 정의한다. 필자가 관찰하기로는 한 개인의 범주화는 평생 변화하지 않을 수도, 오랜 시간을 두고 서서히 변화하는 경우도 있었다. 또는 범주화가 급격히 변화하는 경우도 있는데, 사람이 갑자기 변했다는 것과 같다. 환경에 의해서 변하는 사람이 있는가 하면 변화하지 않는 사람도 있다.

그런데, 이 범주화 차이로 인해서 신경전이 일어나는 경우도 있지만 통쾌한 위트가 일어나는 경우를 가끔 볼 수 있다. 왜곡과 누락, 일반화와 앞으로 다루어질 기술들이 융합되면서 탁월한 위트가 만들어진다. 구체성과 추상성을 잘 쓰는 사람들의 대화에서 위트가 일어날 확률이 높다.

반면 어떤 사람들의 대화는 옆에서 옆으로만 새어 나간다. 따분하고 지루한 대화가 이어지는 경우인데, 전체 대화에서 위트의 양은 극소다. 하지만 이 경우에 비유와 은유의 기능은 철학자들과 종교의 성인들 영역이 될 수도 있다.

1. 범주화 up

◎ 한 늙은 부인이 은행에서 예금계좌를 개설하며 1000마르크를 입금했다.

늙은 부인: "내 돈을 당신들에게 맡기면 안전할까요?"

은행직원: "물론이지요."

늙은 부인: "만일 당신들이 파산하면 어떻게 되지요?"

은행직원: "그럼 주 중앙은행이 책임질 겁니다."

늙은 부인: "만일 주 중앙은행이 파산한다면…?"

은행직원: "그럼 다음 차례는 연방은행이지요."

늙은 부인: "만일 연방은행마저 파산한다면…?"

은행직원: "그럼 연방정부가 당연히 물러나지요. 그건 사실 1000마르크 이상의 값어치를 충분히 할 겁니다." _{한겨레21 1998.07.16 제216호 웃기는 세계}

은행에서 주 중앙은행으로, 연방은행, 연방정부로 단위가 올라간다.

◎ 두 명의 대학생이 수다를 떨고 있다.

"가만있어 보자, 오늘이?…."

"수요일이잖아."

"아니, 그렇게 자세한 것 말고. 여름학기야 겨울학기야?" _{한겨레21 1999년}
_{11월 25일 제284호 웃기는 세계}

◎ 한 부자 신도가 성당으로 신부를 찾았다.

"신부님, 제가 자식같이 사랑하는 강아지가 있습니다.

강아지도 가톨릭 신자가 되도록 세례를 받고 싶은데 좀 해주시겠소?"

분개한 신부가 그런 불경스러운 소리는 하지도 말라고 언성을 높이자 부자가 말했다.

"강아지에게 세례를 준다면 성당에 2만 헤알을 헌금으로 내리다.

그리고 따로 신부님에게 1만 헤알을 드릴까 하는데…"

이에 슬그머니 목소리를 낮춘 신부가 주교에게 상의해 보겠다고 물러섰다. 다음날 신부는 주교에게 알리지 않고 강아지에게 세례를 줬다. 이 소문이 주교 귀에 들어가자 격분하여 문제의 신부를 불렀다.

"아니, 어떻게 그런 일을?"

"주교님, 성당에 2만 헤알 헌금했습니다. 그리고 제 몫으로 5천, 주교님 몫으로 5천."

주교가 잠시 생각에 잠기더니 말했다.

"그 친굴 불러서 강아지에게 견신례를 줄 생각은 없나 한번 물어보게." 한겨레21 1999년 12월 09일 제286호 웃기는 세계

견신례는 세례보다가 한 차원 높은 무엇인가는 분명하다.

◎ 말하는 앵무새

한 여자가 동물 시장에 들러 구경을 하고 있었다. 여자는 앵무새가 들어있는 한 새장 앞에 섰다. 그리고는 앵무새에게 물어본다.

"이 바보야! 너 정말 말할 줄 아니?"

앵무새는 귀찮은 듯

"그래 난 말할 줄 안다. 그러는 넌, 이 바보야, 날 줄 아냐?" 한겨레21

1998년 12월 17일 제237호 웃기는 세계

말할 줄도 알고 날 줄도 아는 건, 말만 할 줄만 아는 것보다 더 넓은 범위다.

그리고 "바보야"를 똑같이 적용했다.

◎ 우측통행에 감명을 받다

블레어가 미국에 가보니 영국과는 달리 자동차가 모두 우측통행이었다. 이 모습에 깊은 감명을 받은 블레어가 귀국 즉시 교통부 장관을 불렀다.

"우리나라도 당장 우측통행으로 합시다."

그러나 장관은 반대했다. 블레어가 화를 냈지만, 장관은 차라리 사표를 쓰겠다면서 우기는 게 아닌가. 블레어가 마침내 소리쳤다.

"좋소, 나는 좌측이 싫고 당신은 우측이 싫으니 제3의 길로 정합시다. 내일부터 전국 차량의 절반은 왼쪽으로, 나머지 절반은 오른쪽으로 통행하도록 하시오." 한겨레21 1998년 11월 12일 제232호 웃기는 세계

'우측통행'을 '절반은 오른쪽으로'로 바꾸었다. '우측통행'은 구체적인 사항이고 '절반은 오른쪽'은 범주화를 한 단계 높인 단어이다.

충돌을 위트로 바꾸었다. 한 차원 더 높이 올라가면 대립은 더는 대립이 아닌 경우이다.

◎ 어떤 기독교인이 빵 가게에 빵을 사러 와서는 "하나님을 믿으세요"라고 한다.

약간 괴짜인 빵집 주인이

"만약 당신이 모든 면에서 뛰어난다면 굳이 믿으라고 말을 안 해도 모든 사람이 당신을 따를 것이다."

'모든 면에서 뛰어나면'은 범주화 up이고 일반화이다. '모든 사람이'는 일반화이다.

◎ 당신이 당신보다 더 똑똑한 사람을 고용한다는 것은 당신이 그들보다 더 똑똑하다는 것을 방증(傍證)한다. 한겨레21 1999년 04월 29일 제255호 웃기는 세계

더 똑똑한 것보다 더더욱 똑똑하다는 것은 범주화up이다. 또한, 방증한다는 말은 '더욱 넓게 증명한다'이므로 또한 범주화 up, 즉 일반화이다.

범주화가 올라갈수록 일반화 성질을 지닌다.

◎ 동자승의 불공

산중에 노승과 동자승이 살고 있었다. 노승이 출타한 사이에 동내

할머니가 쌀 한 되로 불공을 드리러 왔다. 동자승은 북, 목탁과 같은 것을 번갈아 두드리며 알아듣지도 못하는 소리를 혼자 흥얼거렸다. 그리고는 불공이 끝났다고 한다. 할머니가 뭔가 잘못되었다는 생각에 만족하지 못하고 오솔길을 내려온다. 내려오던 도중, 노승이 절로 올라오고 있었다.

노승을 만나자 할머니는

"스님, 동자승이 그렇게 그렇게 불공을 하던데 잘못된 것이 아닙니까?" 하니

노스님이

"예 잘못되었습니다." 화를 내며

"그건 큰 불공을 할 때나 하는 건데, 내 이 녀석을 혼내어야겠다." 하며 절로 올라 가버렸다. 이에 할머니는 흐뭇해하며 집으로 내려갔다. 출처불명

노승은 할머니의 의견을 인정하고 동자승이 겨우 쌀 한 되로 받고 큰 불공을 해주었다고 화를 내었다.

◎ 한번은 워싱턴의 비서가 약 20분가량 늦게 출근을 했다. 그래서 비서가 계면쩍어하면서 말했다.

"제 시계가 병이 나서 시간이 늦었습니다."

이에 워싱턴이 비서에게 말했다.

"그러면 시계를 빨리 바꾸시오. 그렇지 않으면 내가 비서를 바꾸겠소." 임유진/세계인의 해학 Y담/240

비서가 시계만을 이야기하니 워싱턴은 시계를 착용하고 다니는 사람 차원에서 이야기하고 있다.

◎ "나는 은퇴할 거요. 사람을 때리는 것보다 더 즐거운 일이 있기 때문이오." (무하마드 알리) 로저드슨/박정숙/설득의 법칙 p319

복싱을 사람 때리는 일로 범주화 up 했다. 일반화이기도 하다.

◎ "내 생애에 가장 힘들었던 싸움은 첫 아내와 싸움이었습니다."
(무하마드 알리) 로저드슨/박정숙/설득의 법칙 p317
부부싸움과 복서로서의 싸움이 다르지만 한 차원 위에서 보
면 서로 이기려 하는 다툼일 뿐이다.

◎ 간디가 남아프리카에서 비폭력 불복종 운동을 벌이고 있던 때
였다. 어느 날 백인 판사가 간디를 찾아왔다. 판사는 간디에게 구속영
장을 내밀며 체포하겠다고 하였다. 하지만 간디는 그저 태연한 모습으
로 웃으며 대답했다.
"아, 어느새 내가 승진을 했나 보군요? 전에는 날 잡으러 순경을 보
내더니 이번엔 검사께서 직접 오셨으니 말입니다." 민현기,박재준,이상구/성공한 리
더는 유머로 말한다 78

2. 범주화 lateral
범주화 동등은 같은 차원을 다룰 때로 정의한다. 위 개념이
과일이라면 사과 옆에 배나 감, 귤과 같은 종류가 나열될 수 있
다.

◎ 스위스 사람에게 물었다.
"만약 내가 당신에게 100프랑을 준다면 당신은 그 돈을 가지고 가
장 먼저 무엇을 할 생각입니까."
그의 대답. "일단 세어봐야죠." 한겨레21 1998년 11월 26일 제234호 웃기는 세계
범주화 동등으로 말하고 있다. 또는" 달러로 바꾸어야죠"라면
옆 개념을 생각한 것이다. down, lateral이라고 하고 있지만, 사람
마다 다르다.

◎ 레이건 유머

재선에 나선 레이건 전 대통령이 민주당 젊은 후보 먼데일로부터 나이가 많은 것에 대해 공격을 받았다.

먼데일 "레이건 대통령, 본인의 나이에 관해 어떻게 생각합니까?"

레이건 "나는 이번 선거에서 나이를 문제 삼지 않기로 했습니다."

먼데일 "그게 무슨 말이죠?"

레이건 "당신이 젊고 경험이 부족하다는 사실을 정치적 목적으로 이용하지 않겠다는 뜻입니다." naver 블로그

젊음을 경험 부족과 동등하게 보았다. 상대는 두 번 다시 나이(경험)를 언급하지 않았을 것이다.

◎ 영국을 태양이 지지 않는 나라로 만든 빅토리아 여왕은 40년에 걸쳐 여왕의 자리에 군림했다. 사촌 오빠인 독일의 왕 알버트 공과 결혼한 그녀는 가정과 국무를 엄격하게 구분했다.

두 사람은 무척 사랑하면서도 처와 여왕이라는 관계 때문에 다투는 일이 가끔 있었다.

어느 날 두 사람은 몹시 다투었다. 그래서 격분한 알버트 공이 자기 방에 들어가 문을 잠그고 말았다. 여왕은 여왕의 권위로 굳게 닫힌 남편의 침실을 열려고 했다.

"여왕으로서 명령합니다. 속히 문을 여시오."

그렇지만 문은 열리지 않았다. 그러자 여왕이 낮은 목소리로 말했다.

"당신의 아내입니다. 문을 열어 주세요." 그러자 문이 스르르 열렸다. 임유진/세계인의 해학 Y 담/274

여왕이라고 할 때는 문이 열리지 않고 아내라고 하자 문이 열렸다면 여왕에 대한 범주화 down일까? 범주화 lateral에 해당하는 것일까? 이처럼 범주화에는 감정에 따라 미세한 변화가 일

어날 수 있다. 이 변화를 섬세하게 읽으면서 순간 위트의 구조를 생각할 필요가 있다.

대화가 옆에서 옆으로 이동할 때는 같은 종류의 이야기가 나열될 때이고 따분해진다. 이때 범주화 up 또는 down을 적용하면 옆으로 새는 것에 극적인 변화를 일으킬 수도 있다.

3. 범주화 down
◎ 세 깐깐한 과학자

깐깐한 수학자, 약간 깐깐한 물리학자, 전혀 깐깐하지 않은 천문학자가 스코틀랜드로 여행을 떠났다. 스코틀랜드 국경을 넘자마자 그림 같은 초원에서 까만 양 떼가 한가롭게 풀을 뜯고 있었다. 이에 대한 세 사람의 소감. 먼저 전혀 깐깐하지 않은 천문학자.

"저거 보라고, 스코틀랜드의 양들은 모두 까만색이군!."

그다음 약간 깐깐한 물리학자.

"허허 이 사람, 우리가 아는 것이라고는 스코틀랜드의 양 중 일부가 까맣다는 사실일세."

더 깐깐한 수학자.

"우리가 아는 사실은 스코틀랜드 일부 양들의 한쪽 옆구리가 까맣다는 것뿐일세." 한겨레21 1998년 11월 12일 제232호 웃기는 세계

천문학자 그리고 물리학자와 수학자로 갈수록 범주화 down인 구체화 되고 있다.

◎ 링컨이 하원의원으로 출마했을 때였다. 합동 유세에서 그의 라이벌 후보는 링컨이 신앙심이 별로 없는 사람이라고 비난하고 나섰다. 그리고 청중을 향해 이렇게 외쳐댔다.

"여러분 중에 천당에 가고 싶은 분들은 손을 들어보세요."

그 자리에 참석한 청중들 모두가 손을 들었다. 그러나 링컨만은 손

을 듣지 않고 있었다. 그러자 그는 링컨을 향해 소리쳤다.

"링컨, 그러면 당신은 지옥으로 가고 싶다는 말이오?"

이 말을 들은 링컨은 웃으며 군중을 향해 외쳤다.

"천만의 말씀입니다. 나는 지금 천당도 지옥도 가고 싶지 않소. 나는 지금 국회의사당으로 가고 싶소." _{2012.09.19 chosun.com 링컨에게 배우는 유머 화법의 진수}

범주화 차원으로 볼 때 링컨의 라이벌 후보는 선거라는 주재와는 벗어난 이야기를 하고 있다. 링컨은 구체화를 시도했다.

◎ 세계 2차 대전 이후 3선에 성공한 유일한 캐나다 정치인. 29세에 정계에 입문하여 16년간 주요 요직을 거쳐 총리가 된 입지전적의 인물, 40년 정계를 은퇴하며 캐나다에서 가장 성공한 총리로 꼽힌 이 사람은 캐나다의 크레티앵 전 총리이다.

유능한 정치인이었던 그는 사실 왼쪽 안면 근육이 마비된 장애인이다. 정치인에게 말을 잘하지 못하는 안면장애가 있다는 것은 치명적인 약점이 된다는 건 자명한 사실이다. 하지만 그는 유세에서 이렇게 말했다.

"저는 말을 잘하지 못합니다. 덕분에 거짓말도 하지 못합니다." _{민현기,}

_{박재준, 이상구/성공한 리더는 유머로 말한다 128}

말을 잘하지는 못하는 것은 거짓말도 포함한다. 범주화를 이용한 위트다.

◎ 어느 날 신이 지상에 스위스 나라를 구상하고 나서 창조한 첫 스위스 사람에게 물었다.

"너의 세 가지 소원을 들어줄 테니 말해보렴." 이 사람은 먼저 산을 만들어달라고 말했다. 신은 즉시 알프스라는 장엄한 산을 만들어주었다. 그리고 두 번째 소원을 말해보라고 했다. "이제 푸른 초원과 양질의 우유를 생산하는 젖소들을 만들어 주십시오." 신은 역시 원하는 대로 만들어 주었다. 그러자 그는 젖소의 젖에서 짠 우유를 맛보았다.

"맛있는가?" 호기심 어린 표정으로 신이 물었다.

"맛이 끝내줍니다. 한번 맛을 보시죠?" 한 컵 쭉 들이켠 신은

"정말 맛있다"고 칭찬했다. 기분이 좋아진 신은 입을 닦으며 마지막 소원을 물었다. 그러나 그 사람의 마지막 소원은…

"우유를 드셨으니까 3프랑을 주셔야죠." _{한겨레21 1998년 11월 26일 제234호 웃기는 세계}

산에서 푸른 초원, 그리고 젖소, 맛있는 우유와 3프랑이다. 3프랑은 어디에 위치할 수 있을까?

◎ 휘트비 주민들은 자기 지역이 드라큘라 전설과 관계있다는 소문 때문에 자꾸만 찾아오는 관광객들을 막기 위해 신문광고를 냈다.

"휘트비에는 얼굴에 핏기가 없고 패션 감각이 없고 충치가 많고 변태 식욕을 가진 사람이 산 적이 없음." _{한겨레21 1999년 10월 14일 제278호 웃기는 세계}

소문에 구체적인 정보를 알게 함으로 일반화된 전설이 잘못되었음을 알리려 한다. 범주화 down이다.

◎ 물리학자 아인슈타인 박사가 천국에서 한자리에 모인 세 사람을 만났다. 그들 중 한 명이 반갑게 맞으며 말을 걸었다.

"아, 박사님. 우리는 다시 태어나면 무슨 직업을 갖는 게 좋을지 토론 중입니다."

"내가 인생 상담엔 일가견이 있지요. 각자 IQ만 말해주시오."

첫 번째 사람이 말했다.

"저는 IQ가 190입니다."

박사는 그 사람을 뚫어지게 보더니 말했다.

"음악가가 되시오. 천재는 예술이 제격이오."

두 번째 사람이 말했다.

"나는 IQ가 150입니다."

"핵물리학자가 되시오. 머리가 좋은 데다 노력 형인 것 같소."

세 번째 사람이 말했다.

"나도 IQ가 150이고 내기를 좋아합니다." 박사는 무릎을 쳤다.

"꼭 맞는 일이 두 가지 있소. 일기예보 아니면 경제학자요. 근데 내기를 정말 좋아한다면 경제학자가 더 맞을 거요." _{한겨레21 1999년 02월 04일 제}

244호 웃기는 세계

IQ가 높은 사람에서 낮은 사람으로 다운되고 있다. 그리고 아인슈타인은 머리 좋은 사람을 어떻게 대응시키고 있는가가 드러나고 있다. 또한, 유럽 사회에서 예술을 하는 사람을 가장 머리 좋은 사람이라는 것이 드러나 있다. 그렇다면 한국 사회는 머리 좋은 사람을 어떻게 대응시킬까?

◎ 한 청년이 신이 나서 바에 들어섰다.

"나는 IQ가 180이야."

이에 다른 청년이 대답했다.

"나는 179야."

이 두 명은 한쪽 구석에 자리를 잡고 핵분열에 관해 토론을 시작했다.

잠시 뒤 다른 청년이 들어와 말했다.

"나는 IQ가 140이야."

그러자 또 하나가 대답했다.

"난 139야." 이 둘도 한쪽 구석에서 문학에 관한 토론을 시작했다.

얼마 뒤 한 청년이 흥분해서 들어와

"난 IQ가 3"이라고 말하자 다른 청년이 대답했다.

"난 2야." 이 둘도 자리를 잡고 토론이 시작되었다.

"너도 국민전선(프랑스 극우 정당)이지?…" 한겨레21 1999년 03월 04일 제247호 웃기는 세계

IQ가 낮아지면서 관심사가 어떻게 변하는가를 이야기로 만들었다.

◎ 술이 해결책

달변으로 유명한 한 강사가 '가정의 평화'라는 주제로 열변을 토하고 있었다.

강사: "술이야말로 가정불화의 근원입니다. 여러분! 주변에서 알코올 중독으로 인해 부인으로부터 버림받는 남편들을 수없이 많이 볼 수 있지 않습니까?"

청강생: "저… 선생님! 구체적으로 술을 얼마나 마셔야 그렇게 될 수 있는지 알려주시겠습니까?" 한겨레21 1998년 12월 31일 제239호 웃기는 세계

'…이야말로', '수없이 많이'의 일반화에 청강생은 '구체적으로……'라고 범주화 down하고 있다.

◎ 어떤 스님의 설교에서

"신도회는 주지 스님이 혼을 내고 주지 스님은 큰스님에게 혼난다."고 했다.

필자 "그럼 큰 스님은 누구에게 혼나나?" 하니

설교하던 스님의 답: "큰 스님은 최고의 위치에 있다. 예를 들어 사자는 최고의 위치잖아!"

필자 "그럼 큰스님이 톰슨가젤과 누우를 잡아먹는다고?"

범주화를 높여 가다가 최고의 위치에서 갑자기 사자를 비유로 끌어들였다. 그 비유한 것에서부터 범주화 down을 시도했다. '혼난다.'로 올라가서 '잡아먹는다'로 내려왔다.

◎ 친구의 아내를 유혹한 남자

벨레스라는 친구가 브라운에게 찾아가서 물었다.

"이봐, 브라운. 자네는 젖이 배까지 늘어진 여자가 좋은가?"

"아니, 징그러워."

"그럼 허벅지가 물렁물렁한 소시지 같은 여자는?"

"그건 더 싫어."

"그럼, 말이 많은 여자가 좋은가?"

"아니. 말이 많으면 바가지 긁는 횟수고 많을 것 같아 싫어."

"그러면 어째서 내 아내를 유혹하는 거지?" _{임유진/세계인의 해학 Y담 273}

친구가 싫어하는 구체적인 부분들을 나열해간다. 나열된 전체를 싫다고 부정하자 "그러면"으로 묶었다. 이 묶음은 범주화 up에 해당한다.

◎ "왜 스위스 정치인들은 좀처럼 웃지를 않습니까?" 외국 기자가 물었다.

스위스 정치인의 대답.

"왜냐하면, 웃다가 쾌락을 위해 산다고 비난받는 것을 두려워하기 때문입니다." _{한겨레21 1999년 01월 07일 제240호 웃기는 세계}

웃음의 하위레벨에 아이가 즐거워하는 모습을 보며 일어날 수도, 선물로 인해서, 사업 또는 시험에 성공해서, 반려동물이 귀여워서, 현명한 판단으로 인해서도 일어날 수도, 쾌락에 의해서도 일어날 수 있다. 그리고 들었던 재미있는 이야기로, 순간적 상황에서 위트로 웃을 수도 있다.

필자는 이처럼 나열하는데, 스위스인들에게는 웃음을 쾌락의 하위에 위치시키는 것으로 판단된다. 그리고 쾌락은 비난의 대상으로 연결된 듯하다.

◎ 외국 손님이 스위스 웨이터에게 물었다.

"요리를 맛있게 먹었는데 무엇으로 마무리를 하면 좋을까?"

"그야 물론 두둑한 팁으로 하시면 됩니다. 손님." _{한겨레21 1998년 11월 26일}

제234호 웃기는 세계

우리의 문화에서 마무리는 차나 과일, 아이스크림 같은 것을 의미한다. 하지만 여기서는 팁이란다. '마무리'라는 포괄적인 단어를 쓰고 그 하위 범주화는 전혀 엉뚱한 내용으로 구성한다.

◎ 유명한 정치가

파티 석상에서 유명한 정치가를 만나 소개를 받게 된 사람이 말했다.

"만나 뵙게 돼서 영광입니다. 선생님 이야기는 많이 들었습니다."

"아, 그렇습니까? 하지만 아무도 증거는 대지 못했을걸요." _{한겨레21 1998}

년 10월 15일 제228호 웃기는 세계

많이 들었다는 것은 일반화된 이야기이고 증거는 일반화된 이야기의 구체적인 이야기다. 또는 배경 이야기에 해당한다.

◎ 할머니와 신

한 유대인 할머니와 어린 손녀가 바닷가에 나갔다. 아이는 물속에서 놀았고, 할머니는 신발이 젖는 것이 신경 쓰여 바닷가에 서 있었다.

그런데 갑자기 커다란 파도가 밀려오더니 손녀가 놀던 바로 그 자리를 덮쳤다. 물이 다시 빠져나갔을 때, 손녀는 온데간데없이 사라지고 말았다. 파도에 휩쓸려 가버린 것이다!

할머니는 하늘을 향해 손을 치켜들고 한탄을 내뱉기 시작했다.

"신이시여, 어째서 이런 일을 하십니까? 제가 부족한 할머니였나요? 부족한 어머니였나요? 일생 동안 바르게 살려고 제가 얼마나 애썼던가요? 저는 항상 선행하고 당신을 위해 기부를 했습니다. 매주 금요일 밤마다 촛불도 밝혔습니다. 제가 당신 맘이 흡족하시게 최선을 다하지 않은 것이 무엇이 있었나요?"

그때 하늘에서 목소리가 들려왔다.

"잘 알아들었다!"

잠시 후 엄청난 파도가 불현듯 다시 밀려왔다. 물이 빠져나가고 난 자리에는 손녀 아이가 서 있었다. 아이는 마치 아무 일도 없었던 것처럼 물장난을 치고 있었다. 하늘에서 다시 목소리가 들려왔다.

"손녀를 되돌려 주었으니 이제 됐느냐?"

할머니가 대답했다.

"예, 그런데 애가 쓰고 있던 모자가 없어졌는데요." 롤프 브레드니히/이동준옮김
/위트상식사전 109

할머니에서 어머니로 범주화 down되고 있다. 아이가 다시 나타난 것에 비해서 모자는 아무런 의미도 없다고 볼 수 있다. 너무나 큰일에서 아주 작은 것으로 down이다.

범주화를 1 또는 2단계가 아닌 몇 단계로 급강하하거나 급상승하면서 웃게 할 수 있다. 비약이다. 비약은 중간과정이 누락되면서 일어나는데, 누락된 부분을 스스로 채우면서 웃기도 하고 누락된 곳에 전혀 엉뚱한 내용으로 채우면서 왜곡으로 웃기도 한다.

◎ 어느 날 하느님이 지구 대청소를 계획하고 세상에서 가장 영향력 있는 인물 세 사람을 불러들였다. 빌 클린턴과 보리스 옐친, 그리고 빌 게이츠였다.

하느님은 그들에게 3일 뒤 지구를 멸망시킬 것이라고 밝히고 세상 사람들에게 이 이야기를 전하라고 했다.

지구에 돌아온 뒤 옐친은 러시아 각료들을 모아놓고 비상 회의를 열어 말했다.

"나쁜 뉴스가 있고 더 나쁜 뉴스가 있다. 나쁜 뉴스는 하느님이 존

재한다는 것이고 더 나쁜 뉴스는 우리가 혁명 이후 이룩한 모든 것들이 3일 이후면 끝장난다는 것이다."

클린턴은 텔레비전을 통해 대국민 성명을 발표했다.

"좋은 뉴스와 나쁜 뉴스가 있는데 좋은 뉴스는 하느님이 정말 계신다는 것이고 나쁜 뉴스는 우리가 독립전쟁 이후 이룩한 모든 것들이 3일 후면 모두 없어진다는 것이다."

빌 게이츠도 임원 회의를 소집했다.

"좋은 뉴스와 정말 좋은 뉴스가 있는데 좋은 뉴스는 하느님이 계시는 것이고 더 좋은 뉴스는 3일만 버티면 더 이상 우리가 윈도98의 문제점을 고치지 않아도 된다는 것이다." 한겨레21 1999년 04월 22일 제254호 웃기는 세계

처음 말한 하나님의 말은 '지구를 멸망시킬 것'으로 간단했으나 각 계의 수장들은 자신의 일로서 설명한다. 그리고 옐친은 나쁜과 더 나쁜, 클린턴은 좋은과 나쁜, 빌 게이츠는 좋은과 정말 좋은으로 분류했고 앞의 부분은 모두 '하나님의 존재'는 동일하다. 하나님의 존재를 옐친은 나쁜으로, 클린턴과 빌 게이츠는 좋은으로 범주화 down하고 있다.

◎ 인도의 '사타 선생' 시리즈. 사타 선생은 펀자브지방의 시크교도로 머리에 상투를 틀고 터번을 둘렀으며, 아들 하나를 둔 공처가 브라만. '사타 선생' 시리즈는 곧 '바보 브라만'에 대한 풍자이다.

살인사건 캐는 면접관?

사타 선생이 마누라의 등쌀에 밀려 취직자리를 알아보러 나갔다. 브라만에다 부자였기에 모든 인도인이 선망하는 외국인 기업에 원서를 내고 서류전형에서 합격했다. 드디어 면접일. 이탈리아인과 유대인, 사타 선생이 같은 조가 됐다.

면접관: "아주 간단한 질문부터 하나 할까요? 누가 예수를 죽였죠?"

이탈리아인: "유대인이 죽였소."

사타: "··· "

면접관: "사타 선생. 당신의 의견은 뭡니까."

사타: "하루만 생각할 여유를 주시오."

곧장 집으로 돌아온 사타 선생에게 아내가 물었다.

"면접은 잘했나요? 뭐라고 묻던가요?"

"잘되고 뭐고 없소. 난 그 회사에 절대로 안 갈 거요. 글쎄 취업시험인 줄 알았는데, 살인사건 연루자를 찾는 거였소." _{한겨레21 1999년 02월 25일 제}

_{246호 웃기는 세계}

면접이라는 전체적 상황을 놓쳐버리고 부분을 전체인 양 문장을 꾸민다. 그리고 일반적으로 잘 알려진 예수의 죽음을 왜곡 인식한다. 그리고 이탈리아인의 반응은 알려진 것과는 역설적이다.

◎ 사찰에 살면서 사찰 내부의 다양한 일들을 맡아서 처리하는 사람을 처사라고 부른다. 한때, 이분은 나름의 생각으로 화단의 꽃을 물이 흐르는 수돗가 주위에 옮겨 심었다. 다음 날 아침, 주지 스님이 그것을 보고 화가 나서 꽃을 모두 뽑아버리라는 엄명이 떨어졌다. 그래서 그날 아침, 절 전체가 얼어붙는 분위기가 되었고 그 처사와 사람들이 절 마당 한쪽으로 모여 땅만 쳐다보고 있었다.

나는 분위기에 맞게 썰렁한 얼굴로 사람들이 모여 있는 쪽으로 다가가서, 그러한 분위기를 만든 처사를 보면서

"꽃을 잘못 심어서 그렇잖아요! 뿌리를 위로 향하게 심었어야죠"

모두 폭소가 일어난 건 당연한 일이다.

'꽃을 잘못 심어서'로 범주화를 한 차원 높여 범위 안에 주지 스님이 화난 원인이 들어오게 한다. 여기서 범주화 down 시도하되 전혀 다른 방향을 찾는다.

필자는 마당에 모여 바닥만 바라보고 있는 사람들에게 다가

가면서 이 내용을 구상하면서 다가갔다.

5.
비유와 은유

사전적 정의에서는 은유가 비유법의 하나라고 한다.
은유는 본뜻을 숨기고 표현하려는 대상을
암시적으로 나타내는 데 사용되고,
비유는 표현하려는 대상을 다른 대상에 빗대어 나타내는데
사용된다고 정의하고 있다.

엄밀히 보면 비유와 은유는 범주화 동등(lateral)에 해당한다. 하지만 별도로 다룬 것은, 비유와 은유는 종교의 경전이 이 기술을 쓰고 있고, 신화와 속담 또한 그러하다. 또한, 위트의 구조 속에서도 발견된다.

◎ 링컨의 위트와 유머

링컨이 대통령이 된 후, 군부의 장군들을 완전히 장악하지는 못했다.

남북전쟁 당시 북군의 주력 포토맥 군을 지휘한 조지 매클렐런 장군과도 자주 의견충돌을 빚었다.

링컨이 매클렐런에게

"전장의 움직임에 대해서 더 자세히 보고하라"고 지시했다.

기분이 상한 매클렐런은 대통령을 놀리기로 작정했다.

그는 백악관에 이렇게 전문을 보냈다.

"링컨 대통령 귀하, 암소 6마리를 막 포획했습니다. 어떻게 할까요?"

링컨이 답신을 보냈다.

"조지 매클렐런 장군, 우유를 짜세요" naver 블로그

"암소 6마리를 포획했다"는 은유다. "우유를 짜세요"는 은유에 같은 은유로 답을 했다. 맥클렐런은 어떤 상황을 암소 6마리로 비유했는지, 포획은 어떤 상황을 비유했는지 알 수 없다. 눈여겨봐야 할 것은 링컨의 반응이다.

웃고 난 후, 부정적으로 볼 수밖에 없는 어떤 결점도 더는 문제 삼지 않게 된다. 긍정적인 것은 더욱 긍정적으로 돋보려 하는 것은 당연한 결과다. 리더로서, 정치리더로서 갖추어야 할 기술일 것이다.

◎ 배고프다.

2002년 월드컵에서 16강 진출이 확정되자, 대한민국은 축제의 장으로 바뀌었다.

정말 감격스럽고 전 세계가 깜짝 놀랄 대단한 일이었다. 기자들은 감독에게 인터뷰부터 하러 갔다. 기자 : 감독님, 많이 기쁘시죠?

히딩크 : 난 아직도 배가 고픕니다. 민현기, 박재준, 이상구/성공한 리더는 유머로 말한다82

배가 고프다는 말은 은유다.

◎ 처칠 유머

여든이 넘은 처칠이 어느 모임에 참석했을 때,

그의 바지 지퍼가 열려있는 것을 보고 한 여인이 말했다.

"바지 지퍼가 열렸군요."

처칠은 당황하지 않고 말했다.

"걱정 마세요. 죽은 새는 결코 새장 밖으로 나올 수 없으니까" naver 블로그

바지 지퍼의 열림과 죽은 새는 은유다. 또는 비유로 볼 수도 있다. '결코'는 일반화이다.

◎ 자기 손자에게 자신의 내면에 일어나고 있는 '큰 싸움'에 관하여 이야기하고 있었습니다.

이 싸움은 또한 나이 어린 손자의 마음속에도 일어나고 있다고 했습니다.

추장은 궁금해하는 손자에게 설명했습니다.

"애야, 우리 모두의 속에서 이 싸움이 일어나고 있단다. 두 늑대 간의 싸움이지."

"한 마리는 악한 늑대로서 그놈이 가진 것은 화, 질투, 슬픔, 후회, 탐욕, 거만, 자기 동정, 죄의식, 회한, 열등감, 거짓, 자만심, 우월감, 그리고 이기심이란다. 그리고 다른 한 마리는 좋은 늑대인데 그가 가진 것들

은 기쁨, 평안, 사랑, 소망, 인내심, 평온함, 겸손, 친절, 동정심, 아량, 진실, 그리고 믿음이란다."

손자가 추장 할아버지에게 물었습니다.

"어떤 늑대가 이기나요?"

추장은 간단하게 답하였습니다.

"내가 먹이를 주는 놈이 이기지." _{민현기, 박재준, 이상구/성공한 리더는 유머로 말한다 137}

먹이를 주는 것은 무엇을 은유하는 것일까?

◎ 루스벨트는 월가의 한 경영인 이야기를 즐겨 말했다. 그 경영인은 매일 아침 신문을 사서 1면을 보고는, 욕을 하고 읽지도 않은 채 쓰레기통에 던졌다. 하루는 신문 가판대 운영자가 그에게 매일 무엇을 하시는 것이냐고 물었다.

사업가가 말했다. "사망 기사를 보고 있습니다."

"그렇지만 선생님, 부음란은 1면에 실리지 않습니다. 뒤쪽에 있습니다."

경영인은 말했다. "젊은이, 내가 찾는 사망 기사는 1면에 나올 거라고 믿는 게 좋을 겁니다." _{밥 돌/위대한 대통령의 위트 114}

대부분 신문의 헤드는 급하게 변한 무언가를 다룬다. 살다가 죽은 만큼의 큰 변화를! 은유에 해당한다.

◎ 사타 선생의 하나뿐인 아들은 아버지보다 더한 바보라서 혼자서는 아무것도 할 수 없었다. 그러던 어느 날 부자가 나란히 이발소에 가게 되었다.

사타: "이보게, 지금부터 내 금쪽같은 아들 머리를 깎아 주게나. 단 우리 아들 머리에 낀 헤드폰은 절대 건드리지 말게, 절대!"

의아해하며 머리를 깎던 이발사. 헤드폰이 너무 불편해서 도저히 참을 수 없었다.

이발사: "선생님, 딱 30초만 이 헤드폰을 벗기겠어요."

그리고 재빨리 사타 선생 아들의 헤드폰을 벗겼다. 그런데 그 순간, 사타 선생의 아들은 그대로 기절해 버리고 말았다. 너무나 놀란 이발사는 무슨 일인가 싶어 헤드폰을 들어보았다. 그러자 그 속에서 들려오는 말.

"숨을 내쉬고, 이번엔 숨을 들이쉬고, 다시 숨을 내쉬고…." 한겨레21
1999년 02월 25일 제246호 웃기는 세계

스스로 알아서 뭔가를 못 하는 사람을 비유했다고 볼 수 있다.

◎ 80세 노인이 매년 받는 종합검진을 받기 위해 주치의를 찾아갔다. 몸 상태가 어떠냐는 주치의의 물음에 노인이 대답했다.

"최고지요! 지금보다 더 좋았던 적은 없고. 열여덟 살짜리 신부에게 새장가를 들었고, 그녀는 지금 내 아이를 임신 중이라오. 어때요, 이만하면 훌륭하지 않소?"

의사는 잠시 곰곰이 생각하더니 이렇게 말했다.

"할아버지, 제가 짧은 이야기 하나만 들려드릴게요. 저한테는 사냥이라면 사족을 못 쓰는 아주 친한 친구가 있습니다. 사냥철이라면 한 번도 그냥 보낸 적이 없으니까요. 그러던 어느 날, 이 친구가 집을 나서면서 서두르다가 그만 실수로 사냥총 대신 우산을 움켜쥐고 달려나가지 않았겠습니까? 그런데 친구가 숲에 도착했을 때, 바로 갑자기 커다란 사슴이 눈앞에 나타났습니다. 친구는 급한 마음에 우산에 장전하고 사슴을 겨냥해 방아쇠를 당겼어요. 사슴은 어깻죽지에 총을 맞고서 바닥에 쓰러졌습니다."

"에이, 그게 무슨 말도 안 되는 소리요!"

노인이 소리쳤다.

"그게 아니라 옆에 있던 다른 사람이 총을 쏜 거겠지."

의사가 대답했다.

"바로 그겁니다." _{롤프 브레드니히/이동준옮김/위트상식사전251}

비유를 만들기 위해서는 노인이 주장하는 것과는 동떨어진 내용으로 시작했다. 은유로 볼 수도 있다. 터무니없는 이야기의 결론을 노인 스스로 내리게 유도했다.

◎ 톰은 우연히 길에서 아름다운 여자를 만나 500달러를 주기로 하고 하룻밤을 보냈다. 그날 현금이 없어 다음날 비서를 시켜 숙박비 명목으로 수표를 끊어 보내기로 약속했다. 날이 밝아 사무실로 돌아온 톰은 서비스에 비해 500달러가 너무 비싸다는 생각이 들었다. 톰은 비서에게 250달러 수표와 함께 다음과 같은 편지를 발송하게 했다.

"친애하는 아무개 양. 숙박비 250달러 수표를 첨부합니다. 밖에서 보면 그 방은 다른 사람이 잔 적 없는 아담하고 뜨거운 방 같아 500달러를 주기로 했습니다. 그러나 실제로 그 방은 이미 다른 사람이 잔 적이 많았고 뜨겁지도 않았으며 너무 컸기에 썰렁했습니다. 따라서, 반액만을 지불합니다."

며칠 뒤 수표는 다음과 같은 반박문과 함께 되돌아 왔다.

"친애하는 톰. 이렇게 아름다운 방이 무한정 비어 있었으리란 당신의 무리한 기대가 문제예요. 훌륭한 히터가 있지만, 당신은 그것을 켤 줄을 모르시더군요. 마지막으로 방이 크긴 하지만, 당신이 그것을 꽉 채울 만한 가구를 갖고 있지 못했다면 내 탓은 아니잖아요?" _{한겨레21}

_{1999년 08월 19일 제271호 웃기는세계}

'다른 사람이 잔 적 없는 방'에 대해서 '이렇게 아름다운 방이 무한정 비어 있었으리란 당신의 무리한 기대로 대응했다.

'뜨겁지도 않았다'에는 '훌륭한 히터가 있지만 켤 줄 몰랐다'

'너무 컸기에 썰렁했다'는 '꽉 채울 만한 가구를 갖고 있지 못했다면 내 탓은 아니잖아요'에서 톰의 주장을 직접적으로 보면 여인은 '히터'와 '가구'를 추가해서 은유했다.

육체의 특정 부분을 방과 히터, 기구로 비유 또는 은유했다.

◎ 맹견보다 더한 수상

수상 카이요가 각의(閣議)를 끝내고 관저의 현관에 나타나자 사람들이

"와아~ "하고 둘러쌌다.

이때 승용차의 좌석에 있던 그의 애견 아리가 맹렬히 짖어댔다.

그러자 카이요가

"아리는 흥분하기 쉬운 성미라서 잘못하면 물릴 테니 주의들 하시오." 라고 말했다.

그러자 이때 그곳에 있던 한 고관이 혼자서 중얼거렸다.

"아무런들 수상보다 집요하게 물어뜯진 않겠지."

하고 혼잣말로 중얼거리며 서성이던 고관은 수상을 힐끗 쳐다보았다. 임유진/세계인의 해학 Y담/223

'아무런들 수상보다 집요하게 물어뜯진 않겠지.'에서 '수상보다는'으로 비유했다. '물어뜯는다'는 말은 수상의 개로 수상을 은유적으로 표현하고 있다.

◎ 리틀 조니가

"아빠, 오늘 학교에서 배웠는데 정치가 뭐야?" 학교에서 돌아온 리틀 조니의 난데없는 질문. 잠시 생각하던 아빠.

"비유로 설명하는 게 낫겠다. 내가 생활비를 버니까 아빠를 자본주의라고 하자. 엄마는 집안의 모든 것을 마음대로 하니깐 정부가 되고, 하녀는 우리를 위해 일하니 노동계급이 될 거야. 그리고, 너는 엄마·아빠 말을 들어야 하니 국민이고 네 동생은 미래로 비유하면 좋겠다.

이해가 되니?"

"글쎄요, 아직은 잘 모르겠는데요."

그날 밤, 모두 잠든 뒤 동생의 울음에 잠을 깬 리틀 조니, 똥 기저귀를 두른 동생을 발견한다. 이 일을 알리려고 찾아간 안방에는 엄마만 세상모르게 잠자고 있다. 문간방 방문 틈으로 본 충격적인 광경. 아빠가 하녀의 위에 올라가 있다. 어쩔 수 없는 무력감에 다시 잠자리로 돌아가는데…. 다음 날 아침 식탁에 앉은 리틀 조니, 아빠에게 말한다.

"아빠, 이제 정치가 뭔지 이해할 것 같아요."

"훌륭하다. 내 아들아! 그래 무엇을 느꼈니?"

리틀 조니, 잠시 생각하다 말문을 연다.

"자본주의는 노동계급을 압박하고, 정부는 국민을 외면한 채 편안히 잠들어 있고, 우리의 미래는 똥 더미로 가득 차 있다는 것을 알았어요." 한겨레21 1999년 11월 18일 제283호 웃기는 세계

아빠는 정치 상황을 가족의 역할에 비유했고 리틀 조니는 가족의 실제적인 면을 은유로 말하고 있다. 범주화 측면에서 볼 때 비유는 은유보다가 한 단계 위다. 따라서 아빠는 개념적으로, 조니는 구체적으로 말한 셈이 된다.

◎ 보수주의자와 자유주의자

만약 50피트 깊이의 물에 빠진 사람을 발견했다면

보수주의자는 25피트짜리 줄을 던진 다음 외친다.

"나머지 25피트는 자신의 힘으로 헤엄친 다음 줄을 잡으세요."

자유주의자는 50피트짜리 줄을 던진다. 그러나 줄만 놔두고 또 다른 선행을 하기 위해 가버린다. 한겨레21 1999년 08월 12일 제270호 웃기는 세계

두 상반되는 관점이 하나의 사건에 어떻게 대응하는지 비유 또는 은유적으로 표현한다.

◎ 스위스 은행가는 날씨가 맑을 때 우산을 빌려주었다가 비가 오면 우산을 돌려달라고 요구하는 사람이다. 한겨레21 1998년 11월 26일 제234호 웃기는 세계

원래의 말은 '경제가 좋을 때는 돈을 빌려주고 경제가 나쁠 때는 돈을 돌려달라고 한다'라는 의미일 것이다. 경제 상황과 돈의 관계를 날씨와 우산 이야기로 바꾸면 위트를 만들 수 있게 된다.

◎ 영국의 재무상 고든 브라운이 장관 전용 금고 안에서 전임 재무상이 남긴 봉투 세 개를 발견했다. 봉투에는 번호와 함께 다음과 같이 씌어 있었다. "경제가 어려운 고비에 처할 때 하나씩 뜯어보시오." 그 후 한참 동안 바빠서 봉투를 잊고 있었다. 그런데 경기가 나빠지자 봉투 생각이 났다. 금고를 열고 첫 번째 봉투를 열었다. 짤막하게 한 줄이 적혀 있었다. "금리를 내리시오." 이 말에 따라 브라운은 금리를 내렸다. 그러나 경제는 좋아질 기미가 보이지 않았다. 큰맘 먹고 두 번째 봉투를 열었다. "금리를 올리시오." 브라운 장관은 시키는 대로 금리를 올렸지만 마찬가지였다. 야당에선 재무상은 퇴진하라고 아우성을 쳤다. 고민고민하던 그가 마지막 봉투를 열었다. "봉투 세 개를 준비하시오." 한겨레21 1999년 02월 04일 제244호 웃기는 세계

신비함에 귀가 솔깃하도록 말을 만들어 간다. 그런데 다시 솔깃하게 하라니……. 고든 브라운 재무상이 전 재무상과 같은 전철을 밟고 있는 것을 비하하는 의미로 만들어진 내용일 것이다.

◎ 수사력 테스트

FBI와 CIA, LA 경찰국 중 어디가 가장 수사력이 뛰어난가? 시험해 보기로 했다.

그래서 대통령은 토끼 한 마리를 숲속에 풀어서 그 토끼를 다시 찾

아오라고 했다.

우선 CIA가 수사에 착수했다. 그들은 자신들이 데리고 있던 각종 동물 요원들을 그 숲속에 풀어 나무들과 돌들에 토끼의 행방을 묻게 했다. 그리고 석 달 뒤 그들은 그 숲속에 더 이상 토끼가 살지 않는다는 결론을 내렸다.

다음은 FBI 차례. 두 주가 지나도 토끼의 행방을 알 수 없자 그들은 숲을 모두 태웠다. 그래서 토끼는 물론 숲속의 모든 식물과 생물이 몰살당했다. 하지만 이들은 한마디 사과도 없었다. 그리고 언론에 발표하길 "그 토끼는 죽어도 마땅하다"고 말했다.

LA 경찰국은 2시간 뒤에 얻어터져 시퍼렇게 멍든 곰을 한 마리 데리고 나왔다. 그러자 그 곰이 외쳤다. "맞아요. 맞아요. 내가 토끼예요."

한겨레21 1999년 08월 12일 제270호 웃기는 세계

왜곡16에 해당한다. 어떤 집단이나 개인의 특성을 비유나 은유적으로 말하되 왜곡, 일반화를 사용한다.

◎ 정신과 병원의 자동응답기

병세에 따라 번호를 눌러주세요.

안녕하십니까. 여러분의 정신 건강을 지켜드리고자 항상 노력하는 우리 병원을 찾아주셔서 감사합니다.

집착적 강박관념에 시달리시는 분은 1번을 쉬지 않고 반복해서 눌러주십시오.

독립심이 부족하고 의존성이 많으신 분은 옆에 계신 분에게 2번을 눌러 달라고 부탁하십시오.

다중인격의 문제를 갖고 계신 분은 3, 4, 5, 6번을 눌러주시면 되겠습니다.

당신이 편집증 환자라면 우리는 당신이 누구인지 이미 알고 있고, 무엇을 하고 있는지 어디에 있는지 무엇을 원하는지 모두 알고 있으

니 전화번호를 추적할 때까지 기다려 주십시오.

정신착란과 환각 증세가 있으신 분은 7번을 눌러서 장밋빛 코끼리의 안내를 받으십시오.

정신분열 환자 여러분께서는 가만히 귀를 기울여 주시면 당신 내면의 저 깊은 곳에서 해당 번호 안내가 들려올 겁니다.

우울증에 빠지신 분들이라면 어느 번호를 눌러봐야 아무도 받지 않을 겁니다.

기억상실증에 걸리신 분들은 8번을 누르고 나서 당신의 이름, 주소, 전화번호, 신분증 번호, 생년월일과 어머니의 혼인 전 별명을 기억해내 불러주시면 감사하겠습니다.

스트레스에 시달리시는 분께서는 #표를 누군가 받을 때까지 계속 눌러주십시오.

결단성이 부족해서 문제인 분들은 삐 신호 후에 메모를 남겨주시거나, 신호 전에 남기시거나, 신호 중간에 남기든지…. 어쨌든 신호를 기다려 주십시오.

단기 기억상실 문제가 있으신 분들은 9번을 눌러주십시오.

자아 경시증이 있으신 분들은 잠시 기다려 주십시오. 모든 교환원이 당신보다 중요한 손님의 전화를 받느라 통화 중입니다. 한겨레21 1999년 07월 29일 제268호 웃기는 세계

현대사회의 자동화 되어가는 것을 비유했다. 증상에 따라서 기기의 사용을 증상과 같은 의미로, 또는 그와는 상반되게 반영했다는 점에서 웃을 수 있다.

◎ 사람의 두뇌를 파는 가게가 한창 인기를 끌고 있다. 한 손님이 가격표를 보고 있었다.- 건축가의 두뇌: 100g에 3달러, - 의사의 두뇌: 100g에 4달러, - 변호사의 두뇌: 100g에 100달러

그는 주인에게 변호사의 두뇌 값이 왜 이렇게 비싸냐고 따졌다. 주

인이 퉁명스럽게 반문했다. "변호사의 두뇌를 100g이나 모으려면 얼마나 많은 변호사를 죽여야 하는지 아시오?" (법조계의 가장 큰 문제점은 98%의 몰지각한 사람들이 나머지 건전하고 선량한 동업자들의 명예에 먹칠한다는 것이다) 한겨레21 1999년 01월 21일 제242호 웃기는 세계

변호사의 뇌가 비싼 이유가 역설적이다.

◎ 유럽의 여러 나라 사람들이 모여 잡담을 나누고 있었다.

"만약 여자 한 명이 남자 두 명과 무인도에 고립된 채 함께 지내게 된다면 과연 무슨 일이 벌어질까?"

"만약 그들이 스페인 사람들이면, 한 남자가 동료 남자를 죽이고…

이탈리아인이면 여자가 둘 중의 한 남자를 죽일 거야.

영국 사람이라면, 아무 일도 일어나지 않을걸. 왜냐하면, 모두가 서로서로 관심이 없어 소개도 하지 않고 지낼 테니까.

스위스 사람들 경우도, 역시 아무 일도 일어나지 않을 거야. 왜냐하면, 서로가 자기의 돈 버는 사업에 관해 이야기하느라 다른 생각할 겨를이 없을 테니까.

그러나 프랑스 사람들은 달라서 세 사람이 아무런 문제 없이 너무 '잘' 지낼걸???." 한겨레21 1999년 01월 07일 제240호 웃기는 세계

한국 사람이라면 어떻게 할까?

문화나 민족성이 어떻게 하나의 상황에 대응하는가로 문장을 만들어 간다. 또는 특정 단체, 또는 개인이 하나의 특수한 상황에 대한 반응으로 문장을 만들어 볼 수도 있다.

◎ **가장 뛰어난 개**

의사, 건축가 그리고 변호사 세 명이 모여서 누구의 개가 가장 영리한지 논쟁을 벌이고 있었다. 결국, 각자 개의 능력을 시험해서 결판을 내기로 했다. 주인의 명령이 떨어지자 의사의 개는 암소의 맹장 수술

을 해냈다. 흐뭇해진 의사는 개에게 고기 한 덩어리를 상으로 주었다. 이에 질세라 건축가의 개도 잠깐 동안 이쑤시개로 자그마한 집을 짓는 것이었다. 의기양양해진 건축가도 자기 개에게 고기 한 덩어리를 상으로 주었다.

이때 변호사의 개가 갑자기 다른 두 마리의 개가 물고 있던 고깃덩어리를 낚아채서 유유히 사라지는 것이었다. 어느 집 개가 가장 영리한지 결판이 나는 순간이었다. 한겨레21 1999년 03월 18일 제249호 웃기는 세계

현 문화 구조상 현명함의 척도를 개로 비유하여 이야기를 만들었다.

◎ 솔로몬의 재판

안식일에 예루살렘에 간 세 사람은 각자 지니고 있던 돈을 같이 땅에 파묻었다. 그 당시에는 돈을 맡겨둘 은행 같은 것이 없었기 때문이었다. 그런데 그 셋 중의 한 사람이 몰래 그 장소로 되돌아가서 돈을 꺼내 가버렸다.

다음날 세 사람은 현명하기로 유명한 솔로몬 왕을 찾아가서 셋 중에 누가 돈을 훔쳐 갔는지 판결을 내려달라고 부탁했다. 이에 솔로몬 왕은, '당신들 세 사람은 매우 지혜로운 사람들이니, 내가 현재 해결하지 못하고 있는 재판 문제를 먼저 도와달라. 당신들의 문제는 그 후에 내가 해결하리라." 하고 말했다.

어떤 청년과 결혼을 언약한 아가씨가 있었다. 얼마 뒤 그 아가씨는 다른 청년과 사랑에 빠지고 말았다. 그래서 약혼자를 찾아간 그 아가씨는 위자료를 요구해도 좋으니 파혼에 동의해달라고 말했다. 그러자 약혼자는 위자료 따위는 받지 않겠다면서 그녀와의 약혼을 취소해주었다. 부자였던 그 아가씨는 어느 날 한 노인에게 납치를 당했다.

'내가 결혼을 언약한 약혼자에게 파혼을 요청했더니 위자료도 필요 없다면서 나의 요청대로 해주었다. 그러니 당신도 그와 같이해야

한다."

아가씨가 그렇게 말하자 노인은 돈도 요구하지 않고 그녀를 풀어주었다.

"이들 중에서 어떤 사람이 가장 칭찬받을 만한 사람이겠는가?" 하고 솔로몬 왕이 질문했다.

첫 번째 남자는, "약혼까지 했다가 위자료도 받지 않고 파혼에 동의해준 청년이 가장 칭찬을 받아야 합니다. 그는 위자료도 요구하지 않았고, 또한 약혼녀의 진심을 무시하면서까지 결혼하려 하지도 않았으니까요." 하고 대답했다.

두 번째 남자는, "아니지요. 정말 칭찬받아야 될 사람은 아가씨입니다. 그녀는 용기를 갖고 진정으로 사랑하는 남자와 결혼하려 했으므로 당연히 칭찬을 받아야 합니다." 하고 대답했다.

세 번째 남자는 이렇게 대답했다.

"이 이야기는 전혀 이치에 닿지 않아 저로서는 판단을 내리지 못하겠습니다. 우선 노인의 경우만 보더라도 그렇습니다. 돈 때문에 아가씨를 납치했는데 돈도 요구하지 않고 풀어주다니, 도대체 말이나 되는 소리입니까?" 여효숙 옮김/탈무드 132

세 사람을 판정하기 위해서 솔로몬이 비유로 만든 이야기로 보인다. 아가씨와 청년, 그리고 노인에 대한 세 사람의 판단을 엿볼 수 있다. 누가 돈을 가져갔을까?

위의 3가지 이야기를 다른 용도로 생각해보자.

처음 알게 되는 사람에게 가벼운 마음으로 위의 이야기를 건네 본다. 그가 좋아하고 싫어하는 것과 상황을 어떻게 판단하느냐에 따라 그의 주된 가치관이 드러날 수 있다. 또는 그룹을 나누어서 대화를 해볼 수 있는 하나의 프로그램이다.

◎ 성냥을 빌리려 왔습니다.

깊은 밤, 한 골초가 담배가 몹시 피우고 싶었지만 아무리 찾아도 성냥이 없었다. 그러나 담배를 피우고 싶은 일념에서 그는 옆집으로 찾아갔다. 여러 번 문을 두드리자, 곤히 자고 있던 주인이 일어나서 문을 열어주었다.

"아니, 이 한밤중에 무슨 일이죠?"

"담배를 피우려는데, 성냥이 없어서 불 좀 빌리려고 왔습니다."

"뭐라고요?" 하면서 주인은 웃음을 터뜨렸다.

"왜 그러시죠?"

"지금 등불을 들고 계시지 않아요?" 1993/박광수/70일간의 우화 여행 157

자신에게 해답이 있음에도 불구하고 다른 사람에게서 답을 구하러 다니는 사람을 비유했다.

◎ **구매자는 주의하세요.**

종교 슈퍼마켓은 유통기한이 지난 교리들로 가득합니다.

과감히 내 주위로 형성된 우상 숭배를 넘어서 보세요.

내 친구여, 나는 좋은 크리스천이 될 당신이 필요하지 않습니다.

나는 그리스도가 될 당신이 필요합니다. 킴 마이클즈/예수님의 선문답 63

구매자는 누구를 비유한 것일까? 종교 슈퍼마켓과 유통기한이 지난 교리는 또한 무엇을 비유하고 있는가? 내 주위로 형성된 우상 숭배는 또한 무엇을 비유한 것일까?

'내 친구여'와 '나는'에서 나는 누구를 비유한 것일까? 크리스천과 그리스도는 왜 상반되는 것일까?

◎ 어떤 왕이 병이 들었다. 의사는 세상에 보기 드문 병이어서 왕의 병이 나으려면 암사자의 젖을 먹어야만 낫는다고 말했다. 그러나 어떻게 암사자의 젖을 구하느냐 하는 것이 문제였다.

그런데 어떤 영리한 신하가 사자가 있는 동굴 가까이에 가서 밖으로 나온 사자 새끼들을 한 마리씩 어미 사자에게 넣어주었다. 열흘쯤 지나자, 그 사람은 어미 사자와 친하게 되었다. 그래서 그는 왕의 병에 쓸 사자의 젖을 조금씩이나마 짜낼 수가 있었다.

왕궁으로 돌아오는 길에, 그는 자기 몸의 각 부분이 서로 말다툼을 하는 꿈을 꾸었다. 그것은 몸 안에서 어느 부분이 가장 중요한 일을 맡고 있는가에 대한 언쟁이었다. 발은 자신이 없었더라면 사자가 있는 동굴까지 갈 수 없었을 것이라고 말했다. 눈은 자기가 아니었다면 볼 수가 없어서 그곳까지 갈 생각도 못 했을 것이라고 주장했고, 심장은 자기가 아니었다면 감히 사자 가까이에 가지도 못했을 것이라고 말했다. 혀는 이렇게 말했다. "만약 내가 말을 할 수 없었다면 너희들은 아무런 소용도 없을 것이야." 그러자 몸 안의 각 부분들이 모두 나서며 혀를 윽박질렀다. "뼈도 없고 아무 소용도 없는 조그만 것이 건방지게 굴지 마."

혀는 아무런 말도 못 했다.

그런 가운데 젖을 구한 신하가 궁전에 도착하자 혀는 이렇게 말했다.

"누가 제일 중요한지 너희들에게 알려 주마."

신하가 왕 앞에 엎드려 젖을 내놓자 왕이 물었다. "이것이 무슨 젖이냐?" 신하가 느닷없이 대답했다. "네, 이것은 개의 젖이옵니다." 조금 전까지 혀를 윽박지르던 몸의 각 부분은 그제야 혀의 힘이 얼마나 큰지 깨닫고, 혀에게 잘못을 빌었다. 혀는 그 말을 듣고 이렇게 말했다.

"아니요, 제가 말을 잘못했습니다. 이것은 틀림없는 암사자의 젖이옵니다." 토론 탈무드 양동일/54

이 이야기는 탈무드의 비유다. 몸의 각 부분을 나누어서 내용을 구성하고 있다. 추가한다면 혀보다가 더 중요한 것이 머릿속의 뇌고, 뇌보다 더 중요한 것이 뇌 속을 채우고 있는 내용이 아닐까! 다시 말해서 물질적인 육체보다 더 중요한 것이 뇌 속에 존재하는 추상적인 그 무엇이다. 다르게 말하면 물질적인 것은 추상적인 것에 종속되어야 한다는 의미다. 만약 그 역의 삶을 살아간다면 위와 같은 위급한 상황에서 다시 뒤집히는 혼돈이 따를 것이다.

◎ 어느 한 욕쟁이가 붓다를 찾아와 욕을 하기 시작했다.
그러자 붓다는 가만히 듣고만 있었다. 아무런 대꾸도 없이….
욕을 하던 사람은 자신의 욕에 반응이 없자 돌아가려고 했다.
붓다는
"여보시오, 만약 당신이 누군가에게 선물을 주었는데, 그 사람이 거절한다면 어떻게 하시겠소?" 하니 욕쟁이는
"그야 되가져가면 되지!" 했다.
이때 붓다는
"이제까지 한 욕, 나는 받지 않을 테니 되가져가시오" 했다. 출처불명
욕을 선물에 비유 또는 은유했다. 은유의 정의는 본뜻을 숨기고 비유하는 것이다. 물론 숨긴 것을 나중에 가서야 알게 된다.
또는 '욕을 받고 아니 받고'를 '선물을 받고 아니 받고'로 동등한 가치로 은유했다.

◎ 참깨를 볶아서 심은 사람
옛날 어리석은 한 사람이 깨를 날로 먹었는데 맛이 없었다. 그래서 깨를 볶아 먹었더니 매우 맛이 있었다. 그는 생각하였다.
'차라리 볶아서 땅에 심어 키운 뒤에 맛난 것을 얻는 것이 좋겠다'고.
그리하여 볶아서 심었다. 불교 백유경
이 이야기는 어리석은 사람을 은유 또는 비유하기 위함이다. 바보 같은 이야기이지만 상황에 맞게 응용한다면 엄청난 웃음

으로 유도할 수 있다. 저자가 구운 고구마를 사람들과 함께 먹다가 적절한 상황에서 이 이야기를 응용했을 때 순간적인 위트를 만들 수 있었다.

◎ **어떤 바보가 하수구에 빠졌다. 그리고 위를 쳐다보고 하는 말.**

"휴! 하수구 뚜껑이 없었길 망정이지, 하마터면 하수구에서 못 빠져나갈 뻔했네!" 한겨레21 2000년 03월 02일 제297호 웃기는 세계

처음부터 하수구 뚜껑이 있었다면 하수구에 빠질 일이 애초에 없었을 것이다. 이러한 농담은 바보들에게나 해당하겠지만 위의 문장 구조를 외워두었다가 자신의 실수에 응용하면 꽤 쓸만한 농담거리가 된다. 자신을 깎아내리는 것으로 생각할 수도 있지만, 순간적인 재치로 인정하는 비중이 더 높은 듯하다. 분명 실보다는 득이 더 크다.

◎ **인간처럼 살잖아요**

러시아의 한 초등학교 산수 시간이다.

선생님이 물어본다. "마센카, 아빠 직업이 뭐지?" "철공이에요." "월급이 얼마니?" "65만 루블이요." "그럼 엄마는?" "우리 엄마는 경제학자고, 한 달에 60만 루블을 받아요." "그럼 네 가족의 예산은 얼마냐?" "125만 루블이요." "잘했어요. 5점!" (러시아는 5점 만점 점수제로 2점을 받으면 낙제다.)

선생님이 보보치카에게 물어본다. "보보치카야, 너네 집은 누가 얼마나 버냐?" "우리 아빠는 개인은행 사장님이고요, 2000만 루블을 받아요. 엄마는 청소년회관 관장님이고 1200만 루블을 받지요. 그러니까 우리 집 예산은 4000만 루블이에요." "이런 보보치카, 넌 또 틀렸어. 2점이다."

그러나 보보치카는 우쭐거리며 말한다. "그깟 점수가 무슨 상관이에요. 그 대신 우리는 인간처럼 사는걸요." 한겨레21 1998.07.23 제217호 웃기는 세계

산수 시간에 선생님은 비유를 잘못 들었다. 산수의 문제가 얼마나 벌고 있는가의 기준으로 넘어가 버렸다.

◎ 물리학자 프레드 호일의 어린 시절

프레드 호일의 여선생님은 학생들에게 어떤 꽃의 꽃잎이 5개라고 가르쳤는데, 그다음 날 호일은 꽃잎이 6개 달린 문제의 꽃을 직접 채집하여 학교로 갖고 와서는 "선생님이 틀리게 가르쳤다"며 항의했다. 어린 학생의 오만한 태도에 분개한 교사는 호일의 뺨을 세게 후려쳤고, 얼마 후 호일은 왼쪽 귀의 청력을 영원히 잃고 말았다. 미치오카쿠/평행우주/109

그의 성격 때문에 귀의 청력 한쪽은 어릴 때 잃었지만 나중엔 저명한 천체 물리학자가 되었다. 이 실화는 일반화된 어떤 이야기를 쉽게 받아들이지 않는 경우다. 일반화된 사항을 거부할 때 선생의 분개는 청력을 영원히 읽게 했다. 하지만 리더들은 일반화에 쉽게 일반화되지도 않지만 일반화를 뒤집는 기술을 보유하고 있다.

◎ 도자기 몽침의 운명

한 사람이 도자기 몽침을 베고 낮잠을 자는데 파리가 귀찮게 해서 잠을 깨고 말았다. 화가 나서 천장에 붙은 파리를 향해 몽침을 던졌다. 몽침은 천장에 반사되어 방바닥에 떨어지면서 깨어졌다. 그런데 깨어진 조각 사이에 종이쪽지가 하나 보였다. 펴보니 '이 몽침은 언제 파리 잡다가 깨어진다' 라고 쓰여 있다. 신기하여 몽침을 만든 도자기공장을 찾았다. '이 몽침을 여기서 만들었느냐?' 고 동자에게 물었다. 동자가 노인을 보면서 하는 말 "저 영감이 장난을 그만 치라고 했더

니…." _{출처불명}

　결정론을 주장하기 위한 신화이다. 즉 은유다. 신화란 신비로 가득 채워서 원인과 결과가 맞는 듯 아닌 듯이 내용을 구성한다. 웃으면서 무 비판적으로 변해가는 것을 신화를 제작하는 사람들은 알고 있었을까?

　◎ "대통령을 현미경으로 살피는 것이 언론의 책임이다. 하지만 직장경(直腸鏡)을 사용하다니 너무 심한 것 아닌가?" (리처드 닉슨) _{로저드슨} /박정숙/설득의 법칙 p317

　자세히 살피는 것을 현미경으로 은유했다. 현미경에서 직장경은 뭔가를 관찰하는 도구라는 측면에서는 동등한 범주화를 적용했다. 아마도 언론사나 기자를 비난하기 위한 발언일 것으로 보인다.

　◎ 제법 아름답고 발랄하다고 자처하는 아가씨가 마을에서 가장 핸섬하고 건장한 청년과 결혼했다.

　그러나 그 청년은 아가씨가 생각했던 만큼 신부를 사랑하지 못했다. 신부는 차츰 나아지려니 하고 참고 견디려 하였지만, 결과는 실망 뿐이었다. 신부는 마침내 이혼소송을 제기해서 재판정에 섰다. 판사는 신부에게 이혼해야 할 이유를 설명하라고 했다.

　"재판장님, 이렇게 많은 사람이 지켜보는 가운데서는 말로 말씀드릴 수가 없습니다. 아무래도 은밀한 부부생활의 비밀일 뿐 아니라 남자의 장래를 고려해서라도 말씀입니다."

　"하지만 비밀 재판할 만큼 중대 안건도 아니니 어서 사유를 설명하시오."

　"재판장님, 종이나 연필을 주신다면 여기서 간단히 써서 드릴 수는 있습니다."

재판장은 서기에게 필기도구를 주라고 명했고, 서기는 종이와 만년 필을 신부에게 주었다. 신부가 만년필로 무엇인가 쓰려 하니까 잉크가 다 떨어져서 나오지를 않았다. 서기가 미안해하며, "부인, 죄송합니다. 아무 쓸모없는 것을 드려서, 곧 잉크를 넣어 드리겠습니다." 그러니까 신부가 생각난 듯이,

"재판장님, 바로 이것입니다. 그것이 아무 쓸모없는 것이라는 게 이 혼하려는 중대사유입니다. 2001/태을출판사/유머 공화국의 웃음보 터진 대통령 112

비유할 때 저 멀리서 끌어오는 것은 교육적으로 되어 썰렁해 질 수 있다. 하지만 가까이 있는 어떤 것을 응용하는 것은 위트 로서 기능한다.

'그것이'는 남편의 성 능력을 만년필에 은유했다.

6
대칭성

대칭성이란
종이 위에 물감을 아무렇게나 뿌리고
종이를 반으로 접었다가 펴면
한쪽은 다른 쪽을 거울로 비추듯이 반영함을 의미한다.
좀 더 일반적으로 하나의 원리가 시간과 공간을 달리해도
같은 원리가 적용되는 것을 의미한다.
또는 [어떤 것의 일정한 측면이 다양한 조건 하에서
변하지 않고 있으면 그것은 대칭적이다.] G.주커브/춤추는 물리 245

1. 같은 원리를 적용한다.

◎ 소피스트 제논은 결정론 주의자였다. 한때 하인이 잘못을 저질렀을 때 제논이 매로 다스리려 하자. 하인이

"주인님의 논리에 의하면 나의 잘못은 이미 하도록 결정지어졌는데 왜 때립니까?" 하니

제논의 반론

"나는 너의 잘못에 대해서 패도록 이미 결정됐다." _{출처불명}

하인이 제논의 주장인 결정론 사용해서 '이미 하도록 결정지어졌다' 라고 하니 제논은 같은 논리를 적용해서 '패도록 이미 결정됐다' 라고 되받았다. 대칭성이 2번 적용되었다.

제논은 고대 그리스 궤변가 sophist로 잘 알려져 있다.

◎ 어느 날 링컨이 길을 걷는데 한 남자가 그의 얼굴에 총을 들이대며 소리쳤다.

링컨이 물었다.

"무슨 일이요?"

그러자 그 남자는 총을 갖다 댄 이유를 설명했다.

"나는 나보다 못생긴 사람을 쏘겠다고 맹세했소!"

그러자 링컨이 웃으면서 말했다.

"그게 사실이라면 당장 쏘시오.

내가 당신보다 못생긴 게 사실이라면 나도 살고 싶지 않으니까."

2012.09.19. chosun.com>커리어/링컨에게 배우는 유머화법의 진수

총을 든 사람이 사용한 '못생긴'을 링컨 역시 사용했다. '쏘겠소'를 '나도 살고 싶지 않다'로 바꾸어서 대칭적으로 사용했다.

◎ 링컨이 유년 시절 초등학교에 다닐 때다. 선생님이 링컨에게 질

문했다.

"링컨, 내가 문제를 내겠다. 어려운 문제 하나와 쉬운 문제 두 개가 있는데 어떤 거로 하겠니?"

"어려운 문제를 내주세요."

"좋아. 그럼 달걀은 어디에서 나오지?"

"닭이 낳죠"

"그럼 닭은 어디서 나오지?"

달걀은 닭에서 나오고, 닭은 달걀에서 나온다. 이 문제는 순환적이라 답이 없다는 걸 깨달은 링컨은 순간적으로 기지를 발휘했다.

"선생님, 어려운 문제 하나만 내겠다더니 왜 두 문제를 내시는 거죠?" _{naver 블로그}

링컨은 선생님이 처음 주장한 곳에서 다시 질문했다.

◎ 전직 대통령 투르먼과 한바탕한 뒤 케네디가 말했다.

"트루먼이 저보고 son of a bitch라고 부른 데 대해서 사과할 걸로 봅니다. 그리고 저는 제가 SOB인 것에 대해 사과할 계획입니다" _{밥 돌/위대}
_{한 대통령의 위트 165}

'son of a bitch'라고 말한 투르먼과 그 말을 들은 케네디 모두 '사과할'이란 같은 용어를 써서 표현했다.

◎ 영국의 정치무대에서 꽤 호평을 받는 로이드 조지(1839~1897)가 집회에 나가 반대의견을 말하자 한 여인이 화가 나서 열변을 듣다 말고 일어서서 큰 소리로 말했다.

"만일 당신이 나의 남편이라면 독약을 먹이고 말겠어요."

그 말에 조지가 웃으며 말했다.

"부인, 만약 내가 당신의 남편이라면 기꺼이 그 독약을 받아마시겠소."

하고 응수했다. 임유진/세계인의 해학 Y담/162

'나의 남편이라면'을 '내가 당신의 남편이라면'으로 대칭적으로 반응했다. '먹이고 말겠어요'를 '기꺼이 받아마시겠소'로 되받았다. 대칭적으로 받았다.

◎ 클린턴, 지옥에 가다.

클린턴이 죽어서 천국과 지옥이 갈리는 문 앞에 갔다.

문 앞에서 클린턴이 노크를 했다. 그러자 천국행과 지옥행을 관장하는 성 피터가 나와 그를 맞았다.

"누구시죠?"

"저예요. 빌 클린턴…"

성 피터는 원하는 것이 뭐냐고 물었고 클린턴은 천국에 들어가고 싶다고 했다.

그러자 성 피터는 지구에서 나쁜 일 한 것이 없냐고 되물었다.

클린턴이 말했다.

"마리화나를 피우긴 했지만 삼키지는 않았지요. 바람은 피웠지만 진정한 '성관계'는 갖지 않았습니다. 따라서 거짓말은 했지만, 위증한 것은 아니지요."

이에 대한 성 피터의 대답.

"그러면 이렇게 하자. 내가 당신을 아주 뜨거운 곳으로 보낼 것인데 그곳을 '지옥'이라고 부르지는 말자. 그리고 당신은 그곳에 얼마 동안 있어야 하는데 그 시간을 '영원'이라 부르지는 말자." 한겨레21 1998년 02월 11일 제245호 웃기는 세계

클린턴이 '… 했지만…. 않았지요.'라고 왜곡을 늘어놓자 성 피터가 같은 원리로 '… 곳이 있는데…… 부르지 말자', '얼마 동안을 영원이라 하지 말자.'고 같은 원리의 왜곡으로 되받았다.

이야기하는 사람의 사고 틀을 읽으려면 충분히 집중해서 주장하는 프레임을 추출할 수 있어야 한다. 하지만 특정단어인 마리화, 삼키다, 바람, 성관계, 거짓말, 위증이라는 단어로 대부분 빠지기 쉬운데, 그렇게 되면 프레임을 찾을 수 없게 된다. 또한, 특정단어에 감정적으로 반응하게 되면 중간에 자르고 들어가게 되어 상대의 프레임을 확실하게 찾을 수가 없어 뛰어난 위트가 만들어질 수 없다.

◎ 레이건이 한 유권자를 소개했다. 그는 나라가 처한 가장 큰 문제가 무지인지, 무관심인지를 묻는 질문에 이렇게 대답했다.

"모릅니다. 그리고 관심 없습니다." _{밥돌/위대한 대통령의 위트96}

'무지인지?'에 '모릅니다'로, '무관심인지?'에 '관심 없습니다'로 답을 했다.

◎ 몇 해 전 나는 매우 권위적인 상사와 함께 일한 적이 있다. 그는 충직한 부하를 원했고, 나 역시 내 직업에 충실한 사람이었다. 문제는 우리가 전혀 다른 생물학적 시계를 가졌다는 사실이었다. 그는 매일 새벽 6시에 책상에 앉고, 9시에는 어김없이 잠자리에 들었다. 나는 밤늦게 일하는 것을 좋아했고, 새벽 6시에는 꿈속에서 헤맸다.

어느 날 아침 9시가 조금 지나 사무실에 도착했을 무렵 그는 화가 머리끝까지 치밀어 올라 이마에 핏대를 세우고 나를 기다리고 있었다.

"로저, 자네는 내게 전혀 열심히 노력하는 모습을 보이지 않는군."

분명히 일진이 좋은 하루는 아니었다. 나는 이런 실랑이가 얼마나 어리석은지 보여줄 수 있는 어떤 묘수를 찾아야겠다고 결심했다.

"물론 열심히 하고 싶습니다. 원하신다면 드레스라도 입고 출근할 수 있습니다."

"자네가 드레스 입고 출근하길 원하는 것은 아니네!"

그는 냅다 소리를 질렀다.

"나는 나와 같은 시간에 출근하길 원할 뿐이야!"

나는 한동안 아무 대꾸도 하지 않다가 마침내 입을 열었다.

"정말로 드레스를 입고 출근할 작정이었는데."

그는 결국 웃음을 터뜨렸고, 우리는 함께 커피를 마셨다. 이후 그는 절대 내 근무 시간에 대해 이러쿵저러쿵 잔소리하지 않았다. 로저드슨/박정숙

/설득의 법칙 p330

◎ 어느 날 아내가 남편 미첼에게 불평을 털어놓았다.

"한 사람의 남편에 한 사람의 아내는 천리(天理)입니다. 그런데도 당신은 이 여자 저 여자를 보고 다니니, 하늘이 두렵지 않습니까?"

"그건 당신 말이 맞겠지만, 여자도 여러 가지여서, 여러 여자를 겪어 봐야만 좋은 것을 찾아낼 수가 있는 거요."

"그렇다면 더더욱 여기저기 기웃거릴 필요가 없겠네요. 나 역시 여러 남자를 봤지만, 모두가 한결같이 '정말 좋군! 굉장한 데'라는 소리를 들었으니까 말예요." 임유진/세계인의 해학 Y담/83

남편이 '여러 여자 중에 좋은 여자'를 주장하자 아내는 같은 원리로 '여러 남자가 정말 좋다고 검증했다'고 한다. 남편의 논리를 그대로 적용했다.

◎ 어떤 목사님이 나에게 "하나님을 믿으세요"라고 한다.

나는 "부처님을 믿고 있습니다"라고 하니.

목사님이 "하나님은 유일하십니다……." 하면서 목사님의 설교가 시작되었다.

나는 목사님의 설교를 들으면서 그의 핵심은 '유일'이라는 것을 간파했다.

그래서 나는

"목사님, 나와 똑같이 생기고 나와 똑같은 생각을 하는 사람이 이 세상에 또 있습니까?" 하니

목사님은 "없다"라고 했다.

나는 "그러면 나도 유일하네요. 날 믿으세요."

목사님의 주장 중에서 "유일"을 대칭적으로 적용했다.

◎ 오이보다 부추가 제격

엉덩이가 무거운 미첼이 놀러 와서는 도무지 돌아갈 생각을 하지 않는 것이었다. 그러고는,

"오이는 양기를 깎으니까 너무 먹지 말도록 하게. 양기를 돋우려면 그야말로 부추가 제격이지."

하는 말만 지껄였다. 마침내 남편이 아내를 부르며 말했다.

"여보, 술상 좀 차려 내와요."

그러자 아내가 아이에게 말했다.

"엄마는 급한 일로 나들이 갔다고 해라."

하고는 방에 틀어박혀 꼼짝도 하지 않았다. 그러자 남편이 또 채근했다.

"술을 가져오라고 했는데 무얼 그리 꾸물대는 거요."

어린 아들이 그 말을 듣고 나와서 아버지에게 말했다.

"엄마는 밖에 나갔어요."

"술을 받으러 갔느냐?"

"아뇨, 밭에 갔어요."

"밭에? 무엇 하러 간다더냐?"

"글쎄요. 아마, 밭의 오이를 뽑아 버리고 대신 부추를 심을 생각인가 봐요." 임유진/세계인의 해학 Y담 321

처음 미첼이 주장한 것을 아이가 그대로 받아서 말하고 있

다.

◎ 교회에 다니는 고향 친구가 나에게 말하길 영안실에 스님 한 분이 염불하러 오면서 신을 벗어 두며

"이 신의 방향을 바꾸어 놓지 마세요"했다고 한다. 벗어놓는 신의 방향이 종교적인 어떤 의미가 있는지 궁금해서 나에게 "거기에 무슨 뜻이 있냐?"라고 묻는다.

나는 "무슨 뜻은…… 개똥이구먼" 하니

그 친구가 "씨바, 너는 중도 아니다"라고 한다.

내가 "웃기고 있네"라고 하니

그 친구가 미안했는지 화제를 바꾸어 "그건 그렇고, 너 요즘 어디에 있나?"라고 묻는다.

나는 "산에 있는데" 하니

친구가 "산에서 뭐 하냐?" 하길래

나는 "씨바, 중 안 한다!"

◎ 장자와 혜시가 강가를 거닐고 있었다. 강물 속의 고기를 보며 장자가 하는 말

"고기가 유유히 놀고 있군" 하니

혜시가 "자네는 고기가 아닌데, 고기가 유유히 놀고 있는지 아닌지 어떻게 아나?" 하니

장자가 "자네는 내가 아닌데, 내가 고기에 대해서 아는지 모르는지 어떻게 아나?"라고 했다. ^{출처불명}

'자네는 ○○이 아닌데'와 'ㅁㅁ를 어떻게 아나?'가 다시 사용되었다.

◎ 불교에서는 비어 있음(空)의 상태를 최상의 상태로, 즉 부처가

이룬 상태이기도 하고 수행자가 부처가 된 상태로 인식한다. 내가 없음(無我, 我空)의 상태에 도달하기 위함이 모든 불교적 수행의 근본 목적이다.

많은 스님의 설교 또한 이것을 가르치려고 한다.

필자가 알고 있는 어떤 수행자가 많은 법문을 듣고 오랜 수행을 했다.

한때 필자에게 하는 말

"내가 보이나?"라고 묻는다.

나는 "안 보이는데!!!"

그 수행자는 최상의 상태에 도달했다는 믿음으로 '아마 자신이 보이지도 않을 것'이라는 생각으로 "내가 보이나"라고 질문을 했을 것이다.

대답은 그 수행자의 믿음을 존중해서 "안 보이는데!"라고 답했다.

◎ 아이젠하워 대통령이 행사에서 연설하고 내려오다가 넘어졌다. 그를 본 사람들이 웃었다. 그러자 그는 일어나 툭툭 털며 말했다.

"여러분들이 즐거우시다면 한 번 더 넘어질 수도 있습니다." 조관일/끝

내주는 유머 이기는 유머 p93

자신의 넘어진 행동을 같은 원리로 두 번째는 말로 했다.

◎ 나폴레옹 3세가 바당개 (얼간이라는 뜻)라는 별명을 갖고 있었던 것은 세상이 다 아는 이야기다.

어느 날 황제가 사열식을 하고 있는데 사병 중에 아주 늠름하고 미끈하게 잘생긴 남자가 그의 눈에 띄었다. 그래서 황제가 물었다.

"너의 이름은 무엇인가?"

그러자 좀처럼 대답을 하려 하지 않았다.

그래서 화가 난 황제가 자꾸 따져 묻자 그가 겨우 말문을 열었다.

"폐하, 저는 대답을 올릴 수가 없습니다."

"그건 또 무슨 이유인고?"

"폐하, 저의 이름 역시 바당개이기 때문입니다." 하고는 황송스러운 표정으로 말했다. 임유진/세계인의 해학 Y담 283

세상이 다 아는 자신의 별명을 다시 사용했다.

아이젠하워 대통령의 이야기와 나폴레옹 3세의 이야기는 자신의 결점을 다시 사용하고 있다.

◎ 여섯 살짜리 아이가 집에서 혼자 살고 있다는 얘길 듣고 이웃 할아버지가 찾아왔다.

"이런 가엾은 것 같으니. 아빠 어디 계시니?"

"아빠 돌아가셨어요. 트랙터에 치여."

"그럼 엄마는?"

"엄마도요. 트랙터에 치여서."

할아버지는 놀란 마음을 가라앉히고 다시 물었다.

"그럼 할아버지나 할머니는 안 계시니?"

"두 분 다 돌아가셨어요. 트랙터에 치여서."

"형이나 누나는?"

"있었는데 다 죽었어요. 트랙터에 치여서."

완전히 얼이 빠진 할아버지가 다시 물었다.

"에구 가엾은 것 같으니… 그래 온종일 도대체 뭣하고 지내니?"

"트랙터 몰고 놀아요!" 한겨레21 2000년 01월 20일 제292호 웃기는 세계

◎ 베트남 '서버 시리즈'

베트남에는 '서버'와 '네버'라는 말이 있다. 서버는 부인을 무서워한다는 뜻으로 공처가를 이르며, 네버는 부인을 존경한다는 뜻으로 애

처가를 지칭한다. 베트남 남성들에게 물어보면 대부분 "나는 네버가 아닌 서버"라고 답한다. 여성이 강한 사회, 베트남에는 서버 시리즈가 유행이다.

그 엄마에 그 딸

화가 난 아내: "오늘 밤, 난 엄마에게 돌아가겠어요!"

남편: "당신, 집에 가더라도 어머님을 뵐 수 없을 거요. 아버님이 방금 전화하셨는데, 어머님도 화가 나서 할머님께 가셨다고 하시던걸."

한겨레21 1998년 12월 31일 제239호 웃기는 세계

2. 표현방식을 바꾸되 같은 의미로

◎ 어느 길가, 새장이 하나 걸려 있었고 새장 속에는 앵무새가 한 마리 있었는데

늘 지나다니는 많은 사람 중에, 특히 한 아가씨만 지나가기만 하면 "못생겼다!"라고 했다.

그 아가씨는 앵무새주인에게 불편함을 호소했다.

그다음 날 아가씨가 그 길을 지나가는데 앵무새는 아무런 말을 하지 않았다.

아가씨가 신기하여 지나가다가 말고 새장 속의 앵무새를 자세히 보자 앵무새가

"말 안 해도 알지?" <small>유머 공화 웃음보 터진 대통령/태을출판사 편집부</small>

앵무새의 한결같은 주장인 "못생겼다"는 같은 의미의 다른 표현방식이다.

◎ 수녀원에서 앵무새를 키우고 있었다.

원장 수녀님은 꽤나 원칙주의였는데, 때문에 수녀님들은 늘 피곤해했다.

그래서 한 수녀님이 "원장 수녀님 죽었으면 좋겠다"라고 말했다.

그런데 앵무새가 수녀님들이 새장 가까이 지나가면
"원장 수녀님 죽었으면 좋겠다"라고 떠들어 댔다.

원장 수녀님은 그 앵무새를 다른 말로 길들이기 위해서 기도시간에 참석시켰다.

기도를 시작하자마자 앵무새가 먼저
"원장 수녀님 죽었으면 좋겠다"라고 하니
모든 수녀님이 "저희들의 기도를 들어주소서" 출처불명

앵무새의 소리에 같은 뜻의 다른 표현인 '저희의 기도……'로 표현한 수녀님들

◎ 걸인과 돈 많은 아버지

로스차일드 집안을 일으킨 로스차일드 남작은 대부호로 유명했다. 그는 많은 자식을 두었는데 그 아들 하나씩을 유럽의 수도에 살게 해서 로스차일드는 집안의 국제적인 네트워크를 형성해 놓았다.

어느 날 이 초대의 노부호가 베를린 거리를 걷고 있는데 한 걸인이 한쪽 손에 빈 깡통을 들고 나타났다.

"로스차일드 남작님! 로스차일드 남작님! 한 푼만 적선해 주십시오."

로스차일드는 인정이 많은 사람이라 지갑에서 소액 지폐 몇 장을 꺼내 걸인에게 주었다. 그러자 걸인이 말했다.

"로스차일드 남작님! 지난번 아드님께서는 배나 더 주셨는데요." 하니 로스차일드는 "아들에게는 돈 많은 아버지가 있지만 내게는 유감스럽게도 그런 아버지가 없어서 말이야." 임유진/세계인의 해학 Y담 351

걸인이 말하는 아버지와 아들 관계를 대칭적으로 답을 했다.

◎ 누구보다 끈질긴 공직 희망자 중 한 사람이 어느 날 관세청 책임자가 방금 숨졌다는 뉴스를 듣고 링컨을 찾아왔다. 그가 그 '자리'를 대체할 수 있었을까?

링컨이 말했다.

"장의사만 상관없다면, 저는 괜찮습니다." _{밥돌/위대한 대통령의 위트84}

It's fine with me if the undertaker doesn't mind: 관세청 책임자는 이미숨졌고, 그가 지금 있는 자리는 관속이다.

관세청 책임자가 숨졌다는 것을 대칭적으로 적용했다. 관세청 책임자는 장의사 소관이라는 의미다.

◎ 독설가 존슨

극작가이자 시인이며 평론가인 벤 존슨은 어디에 초대되어서도 내온 음식을 홍보하는 것이 버릇이 있었다. 그것도 아주 지독하게 깎아내리므로 언제나 그 집 주부는 뽀로통해지고 함께 식사하던 사람들이 모두 식욕을 잃을 정도였다.

어느 날 식탁에 나온 육개장을 보자 "이것은 영락없이 돼지 먹이"라고 혹평했다.

그런데 이 말을 들은 그 집 아주머니가 만만치 않은 사람이었다. 그집 아주머니가 싸늘한 표정으로 존슨에게 말했다.

"어머나! 그래요? 그렇다면 한 접시 더 드려야겠군요."

이 말은 '네가 돼지 같아 보이기에 준 음식이니 한 접시 더 먹겠느냐?' 는 뜻으로 들을 수 있었기 때문에 크게 망신을 당한 꼴이었다.

그 후로 벤 존슨은 자기의 독설을 삼가게 되었다. _{임유진/세계인의 해학 Y 담 327}

'돼지 먹이' 라고 하자 대답이 '어머나 그래요?' 라고 했는데 이는 '사람인 줄 알았는데 돼지였군요' 의 뜻이고 '그렇다면' 은 '돼지라면' 으로 해석된다.

일반적으로는 '돼지 먹이' 라고 하면 '저따위 인간이 다 있냐?' 로 기분이 상하면 원리추출에 실패하게 된다.

◎ 한 스님이 고향에 갔다.

사촌누이가 교회에 다니는데, 승려인 동생이 온다니까 마음의 전투 준비를 잔뜩 하고는 기다리고 있었다. 만나서 인사와 동시에

"하나님은 부처님 위에 계시다!"라고 힘을 주어 강하게 주장했다.

스님이 "맞다!"라고 소리치니,

사촌누이는 풀죽은 목소리로 "부처님은 너무 자비로워서……."

사촌누이의 주장을 스님은 "맞다"로 인정했다.

◎ 윈스턴 처칠 불독

어느 날 처칠의 비서가 일간신문을 들고 돌아와 처칠 앞에서 그 신문사를 맹 비난했다.

처칠을 시거를 문 불독으로 묘사한 만평을 실었기 때문이다.

처칠은 신문을 물끄러미 바라보더니 이렇게 말했다.

"기가 막히게 그렸군. 벽에 있는 내 초상화보다 훨씬 나를 닮았어. 당장 초상화를 떼어 버리고 이 그림을 오려 붙이도록 하게." _{daum블로그}

의미적으로 대칭성을 이룬다.

◎ 하늘과 땅을 꼭 막고 있는 것

평소에 수수께끼를 무척 좋아하는 도즈가 친구에게 물었다.

"위는 하늘을 받치고 아래는 땅을 받쳐서 하늘 땅을 숨도 못 쉬도록 막고 있는 것이 뭔지 알겠는가?"

"아니, 우선 대답하기 전에 나도 수수께끼를 하나 내겠네."

그러자 친구가 수수께끼라면 자신 있다는 듯이 얼른 문제를 내보라고 했다.

"음 그래. 그럼 머리는 서쪽을 향하고 꼬리는 동쪽을 향해 하늘 땅을 바람도 안 통하게 꼭 막고 있는 게 무엇인가?"

그러자 도즈가 곰곰이 생각하는 듯하다가 고개를 갸웃거리며 말했

다.

"글쎄, 그것은 도무지 모르겠는걸."

그러자 친구가 말했다.

"그건 다른 게 아니라 바로 자네의 수수께끼를 단지 옆으로 뉘었을 뿐이라네." 임유진/세계인의 해학 Y답 339

'숨도 못 쉬도록'을 '바람도 안 통하게'로 왜곡했지만, 전체 의미는 동일하게 유지하고 있다.

여기서 추가한 것은 머리와 꼬리인데, 추가한 것과 왜곡은 지엽적이라 중요하지는 않다.

그리고 앞의 사람은 이야기의 원리를 못 보는 사람이고 뒷사람은 이야기의 원리를 인식하는 사람으로 판단된다.

◎ 리틀 조니의 부모가 이혼했다. 리틀 조니는 엄마와 살고 있다. 어느 날, 엄마의 방을 지나다가 엄마가 침대에서 전신을 어루만지며 "남자가 필요해! 남자가 필요해!"라고 흐느끼는 것을 보았다. 그 뒤 몇 달 동안 여러 번 그런 장면을 목격했다. 그러던 어느 날, 우연히 문 구멍을 통해 엄마와 어떤 남자가 침대에 함께 누워 있는 것을 발견했다. 순간 충격을 받은 리틀 조니. 쏜살같이 2층 자기 방으로 뛰어 올라갔다. 급히 침대에 눕고는 온몸을 어루만지며 이렇게 흐느꼈다. "자전거가 필요해! 자전거가 필요해!" 한겨레21 1999년 10월 28일 제280호 웃기는 세계

'남자가 필요해'를 적용해서 '자전거가 필요해'로 문장을 구성했다. '필요해'가 같은 원리로 적용했다.

◎ 들판에 암소 두 마리가 서 있었다. 첫 번째 암소가 말했다.

"음매"

두 번째 암소가 말했다.

"나도 그런 거 하려던 참이었어" 리처드 와이즈먼/한창호/괴짜심리학213

무슨 이야기 끝에 "그럴 줄 알았다"라고 말하는 사람이 가끔 있다. 이런 사람은 참으로 얄미운 사람인데, 웃음도 나오지 않는 사람들이다.

"그럴 줄 알았다"라고 하면

"그 말할 줄 알았어!"라고 말해 주면 어떤 반응이 보일까?

◎ 난파선의 생존자가 어느 섬에 떠밀려 올라갔다.

한 무리의 원주민 전사들에게 포위당한 그는 절망하여 울부짖는다.

"이제 다 틀렸어."

그때 하늘에서 목소리가 들려왔다.

"아직은 아니야, 정신 차리고 시키는 대로 하거라. 창을 들고 저놈들의 대장을 찔러라"

남자는 시키는 대로 하고는 하늘을 향해 묻는다.

"이제 어떻게 되는 거죠?"

그러자 그 목소리가 대답한다.

"이제 넌 끝장이야." 리처드 와이즈먼/한창호/괴짜심리학229

처음 "이제 다 틀렸어"가 마지막에도 "이제 넌 끝장이야"가 되었다.

◎ 술집에서 나온 취객이 자동차 옆에서 노상 방뇨를 하다가 차에 4×4라고 적혀 있는 것을 발견하고는 칼을 꺼내 '=16'이라고 새겼다.

다음날 그것을 본 차 주인은 그 부분을 도색했다. 다음날 그 취객이 다시 그 차를 발견하고는 다시 '=16'이라고 새겼다. 화가 난 차 주인은 다시 도색을 하기 위해 정비공장에 갔다. 그리고는 "어떤 놈이 내 차를 긁어 놓았는데, 거기다 아주 '=16'이라고 칠을 해주세요."

다음날 취객은 '4×4=16'이라고 도색한 차를 발견하고는 칼을 꺼내어 다음과 같이 새겼다.

'정답' 한겨레21 2000년 06월 01일 제310호 웃기는 세계

16과 정답은 같은 의미의 다른 표현이다.

◎ 스님과 개고기

어떤 스님이 보신탕집에서 개고기를 배불리 먹고 나오는데 사람들이

"중도 개고기 먹나! 세상 말세다" 하면서 쑥덕거렸다.

스님은 요지로 이를 쑤시다가 말고 그 사람들을 보면서

" 멍! 멍!" 출처불명

일반 사람에겐 '스님은 개고기를 절대로 먹지 않는다' 라고 못이 박혀있다. 이러한 문화적 배경이 필요하다. 개고기 먹은 다음 '멍 멍' 개짖는 소리를 냈다는 관점에서 대칭성이 적용되었다. 대부분 이런 곤란한 상황에서 '중은 사람이 아닌가?' 라고 반응하는데 웃음으로 이어지지는 않는 듯하다.

◎ 미용사 왈, "손님 머리가 점점 하얗게 세고 있군요."

손님 왈, "당신 일 처리 속도를 보면 놀라운 일도 아니지." 한겨레21 1999년 11월 25일 제284호 웃기는 세계

미용사의 일 처리가 느렸는가 보다. 이 느림을 미용사가 한 말을 응용해서 했다. 의미상으로 대칭성이다.

◎ 미국의 보수주의자인 밥 도너 의원이 클린턴 대통령을 공격했다.

"당신은 병역기피자에다 바람둥이야, 그리고 완전히 쓰레기야!"

그러자 클린턴은 언론을 통해 도너 의원의 공격에 화답했다.

"밥 도너 의원을 볼 때마다, 이 친구에게 광견병 치료제가 필요하다는 생각을 했습니다" daum 블로그

모욕을 준 도너에게 클린턴은 광견병 치료제로 처방했다. 모욕에 모욕으로 대응했다. 하지만 "밥 도너의원을 볼 때마다 쓰레기 생각이 납니다."가 어떨까? 또는 "바람둥이 기피"는.

◎ 아버지의 돈으로 상원 의원 자리를 샀다는 소문의 케네디

1952년 어느 만찬 석상에서 케네디는 그러한 소문을 일축했을 뿐만 아니라, 우레와 같은 박수갈채까지 받았다. 그는 주머니에서 전보문을 꺼내 아버지에게서 온 것이라고 소개했다.

"사랑하는 내 아들 잭에게. 필요 이상의 표는 절대 사지 말아라. 압도적으로 승리하면, 내게 엉덩이를 맞을 줄 알아!" 로저드슨/박정숙/설득의 법칙p326

소문인 자신의 결점을 다시 사용했다. 승리는 허용하되 압도적이면 허용하지 않겠다고 한다. 승리를 두 가지로 분리하고 허용과 불허는 아버지가 결정한다고 한다.

◎ 고 정주영 현대그룹 회장이 전국경제인연합회 회장으로 있을 때, 한쪽 눈에 안대를 하고 회의에 참석한 적이 있었다.

그 모습을 보고 누군가가 "회장님, 많이 불편하시겠습니다"라고 했다.

정 회장이 답했다.

"아니, 오히려 일목요연하게 보이는데!" 조판일/이기는 유머 끝내주는 유머 p53

'많이 불편하시겠습니다.' 라고 한 말은 한쪽 눈임을 인식해서 한 말인데 이것을 '일목'으로 되받았다. 대칭적이다. 또한, 일목요연은 더 잘 보인다는 뜻이다. 하나의 용어를 두 가지 의미로 사용하였다.

그리고 왜곡10에서 레이건위트와 대칭 1에서 아이젠하워가 넘어진 일, 대칭성 2의 케네디, 정주영 회장, 뒷부분에 나올 융합에서 링컨과 더글라스에서 자신의 결점을 이용한 웃음으로 인

해서 인기가 더 올라간 것을 주시할 필요가 있다. 결점이라는 재료로 훨씬 더 큰 가치를 창출한 예다. 리더들은 자신의 결점을 사용할 줄 안다는 점이고 어떤 사람들은 자신의 결점이 뭔지 몰라서 사용할 줄 모른다는 점이다. 클린턴의 밥 도너의원에 대한 광견병 치료제는 오히려 마이너스 효과를 일으켰을 것이다.

◎ 정치가의 경력

정치가를 인터뷰하러 간 기자가 물었다.

"언제부터 정치가 경력을 시작하셨습니까?"

"초등학교 시절부터입니다."

"앗, 그렇게 일찍부터요?"

"하루는 아버지가 날 부르더니 '앞으로 시험에서 90점 이상을 받아올 때마다 천 원씩 주마'고 말씀하셨지요. 나는 담임선생님을 찾아가서 '선생님, 가끔씩 500원씩 벌고 싶지 않으십니까?' 라고 제안했습니다." 한겨레21 1998년 10월 15일 제228호 웃기는 세계

아버지가 아들에게 적용한 '점수와 돈의 관계'를 아이는 선생님에게 적용했으니 대칭적이다. 그리고 '시험에서 90점 이상을 받아올 때마다'의 일반화를 '가끔씩'으로 왜곡된 일반화 했다.

그리고 담임선생님께는 '시험'을 누락했다. 왜곡과 누락으로 인해서 더욱 웃게 할 수 있다.

◎ 일단 진료비부터…

톰이 정신과 의사에게 진찰을 받고 있었다.

"선생님, 1분 전의 일도 전혀 기억이 나지 않아요. 어쩌면 좋죠?"

의사가 말했다.

"일단 진료비부터 선불로 내시지요." 한겨레21 1999년 05월 27일 제259호 웃기는세계

'일단 진료비부터 선불로 내시지요'는 앞의 원리를 다시 사용한 다른 표현이다.

◎ 회교도 한 사람이 신에게 기도를 드리고 있었다. 그때 한 처녀가 그 앞을 무심코 지나갔다. 회교 율법에 기도하는 사람 앞을 지나가는 일은 금기로 되어 있었다.

그러나 처녀는 전혀 그것을 모르는 듯한 눈치였다.

처녀가 돌아왔을 때 회교도는 화를 내며 따졌다.

"참으로 무례하구나! 네가 무슨 짓을 했는지 알고 있기나 하느냐?"

"무슨 일이죠?"

처녀가 회교도에게 물었다.

"내가 아까 기도하고 있을 때, 내 앞을 지나갔다는 걸 몰라?"

"일부러 그런 건 아니랍니다. 그런데 당신은 무엇이 기도라고 생각하세요?"

처녀가 다시 물었다.

"나에게 기도란 신을 생각하는 일이지."

"아! 저는 그때 제가 사랑하는 사람을 만나러 가던 중이었습니다. 저는 그 사람 생각밖에 없었기 때문에 당신을 보지 못했습니다. 그런데 만일 당신이 오직 신만을 생각하고 계셨다면 저를 어떻게 볼 수 있었나요?" 1993/박광수/70일간의 우화여행 161

사랑하는 사람을 생각하면 그 외 다른 것은 보이지 않듯이, 진정한 기도를 하는 사람이라면 그 외에 다른 것이 보이지 않아야 한다. 위의 이야기는 대칭성이라기보다 비대칭성이다. 의미상 대칭성을 내포하고 있다.

3. 역으로 뒤집어도 같은 의미

◎ 신참 신부가 첫 번째 설교를 하던 날. 안 그래도 긴장하고 있는 참인데 제일 첫 줄에 앉아 딸꾹질해대는 술 취한 남자 때문에 더욱 신경이 쓰여 실수하고 말았다.

"예수님께서는 떡 오천 개로 다섯 사람을 먹이는 기적을 베푸셨습니다."

순간 당황했지만, 대부분 신도는 졸거나 다른 생각에 잠겨 있어 조용히 넘어가는 듯했는데 주정뱅이가 큰 소리로 말했다.

"떡 오천 개로 다섯 명을? 그거야 나도 하겠네."

다음 해 같은 내용의 설교를 할 시기가 돌아왔다. 이제는 경험도 쌓은 그 신부, 이날도 역시 술 취한 모습으로 첫 줄에 앉은 문제의 남자를 노려보며 한마디 한마디 똑바로 외쳤다.

"예수님께서는 떡 다섯 개로 오천 명을 먹이셨습니다."

주정뱅이 남자가 큰 소리로 말했다.

"그게 뭐 대단해? 작년에 남은 게 있었을 텐데." _{한겨레21 1999년 09월 23일 제}

276호 웃기는 세계

'떡 오천 개와 다섯 명'이 '떡 다섯 개와 오천 명'으로 역으로 뒤집힌 상황에서도 주정뱅이는 같은 원리로 반응하고 있다.

◎ 이혼 전과 이혼 후

어떤 여인이 이혼하려고 라비를 찾아왔다.

라비가 물었다.

"도대체 남편이 무슨 몹쓸 짓을 합디까?"

여인이 말했다.

"라비님. 그는 아직 제 남편인데 어떻게 나쁜 말을 하겠습니까?"

이혼절차를 마치고 라비가 다시 물었다.

"이제 말 좀 들어봅시다. 전 남편이 무슨 몹쓸 짓을 합디까?"

여인이 말했다.

"라비님. 이제 그는 남인데 어떻게 남에게 나쁜 말을 하겠습니까?"

한겨레21 1999년 06월 24일 제263호 지구촌/웃기는 세계

상황이 뒤집혔음에도 불구하고 "…. 어떻게 나쁜 말을 하겠습니까?"는 동일하다.

◎ 못 말리는 CF

로마 병정이 가라사대

못 공장을 경영하는 어느 포르투갈 사람이 회사 광고를 만들어 텔레비전에 내기로 하고 광고 제작회사와 계약을 맺었다. 일주일 뒤 회사로부터 전화가 왔다. 지금 바로 텔레비전에 광고가 나온다고 했다. 텔레비전을 켜니 예수가 골고다 언덕의 형장으로 십자가를 끌고 가는 장면이 나왔다. 이어서 예수를 십자가에 못 박더니 로마 병정이 카메라를 향해 이렇게 말했다.

"OOO표 못으로 박아두면 절대로 도망 못 칩니다!"

기겁한 사장은 광고회사에 전화해 누구를 망하게 하려느냐며 화를 냈다. 광고회사에서는 다른 광고로 당장 대체하겠다고 약속했다. 일주일 뒤 다시 광고회사의 연락을 받은 사장이 텔레비전을 켰다. 광고에는 황량한 골고다 언덕이 나오고 아무도 없는 빈 십자가가 보였다. 이때 로마 병정이 나타나 말했다.

"OOO표 못으로 박았더라면 도망 못 쳤을 텐데!" 한겨레21 1998년 08월 27일 제222호 지구촌

예수가 못 박혀있는 십자가와 텅 비어 있는 십자가인 반대현 상임에도 불구하고

"OOO표 못으로 박아두면 절대로 도망 못 칩니다!"

"OOO표 못으로 박았더라면 도망 못 쳤을 텐데!" 같은 원리인 대칭성이 적용되었다.

특정 종교에 반응하기 보다가 원리에 반응할 수 있어야 한다.

◎ 편집장의 고민

러시아의 한 지방신문 1면 머리기사로 다음과 같은 제목의 격분에 찬 기사가 실렸다.

"우리 입법가들의 절반은 도둑놈!"

이 기사가 나간 뒤 쉴 새 없이 협박 전화가 걸려왔다. 이에 겁을 먹은 편집장은 편집회의를 열어 대책을 논의했으나 별다른 뾰족한 수를 찾지 못했다. 고민 끝에 편집장은 다음날 신문의 1면에 이 기사를 다음과 같은 제목으로 바꿔 실을 것을 편집부에 지시했다.

"우리 입법가들 가운데 절반은 도둑놈이 아니다." _{한겨레21 2000년 04월 13일}
제303호 웃기는 세계

'도둑놈이다.'를 뒤집어 '도둑놈이 아니다.'라고 했지만 두 내용은 동일하다.

◎ 심리학 강의시간에 교수가 인간의 심리상태에 대하여 설명하고 있었다.

"인간의 심리는 크게 안정, 자극, 짜증의 3단계가 있습니다."

교수가 예를 들기 위해 휴대폰을 꺼내 들고는 무작위로 전화번호를 누르며 물었다.

"거기 게오르게네 집이죠?"

"아닙니다. 잘못 걸었어요."

교수가 설명했다. "이것이 안정단계입니다."

교수가 다시 같은 전화번호를 걸며 물었다.

"거기 게오르게 집 아니에요?"

"그런 사람 여기 안 산다니까요!!"

교수 왈, "이게 자극의 단계입니다."

또다시 같은 번호로 전화를 걸어서는

"거기 게오르게 집 정말 아니에요?"

"야 임마, 여기 그런 사람 없다니까!!!"

"이게 마지막 단계인 짜증의 단계입니다."

그 말을 듣고 있던 불라가 말했다.

"교수님, 그다음에는 허탈의 단계가 더 있습니다."

같은 번호로 다시 전화를 건 불라가 말했다.

"여보세요, 저 게오르게인데요, 저 찾는 사람 없었어요?" _{한겨레21 2000년}

06월 01일 제310호 웃기는 세계

게오르게의 위치를 역으로 바꾸었다. 그리고 게오르게를 찾는 동일한 전화로 질문한다.

◎ 학교에서 돌아온 리틀 조니. 정신없이 냉장고 문을 열고 아이스크림을 꺼내 막 입에 우겨 넣으려는 순간.

"안 돼! 리틀 조니! 곧 저녁 먹을 시간이야. 나가서 좀 놀다 오렴."

"엄마, 같이 놀 친구가 없어요." 불평하는 리틀 조니.

"그럼, 엄마가 너랑 놀아줄게. 뭘 하며 놀까?"

"부부 놀이하고 싶어요." 곤혹스러운 엄마, 내색하지 않고 말한다.

"그-래, 어쩌면 되니?"

"엄마는 아내니깐 일단 안방 침대로 가서 누워요." 별일이야 있을까 싶어 시키는 대로 하는 엄마. 우쭐해진 리틀 조니, 다용도실 문을 열고 아빠의 낚시 모자를 꺼내 쓴 뒤 재떨이에서 꽁초 하나를 집어 입에 문다. 그리고, 안방 문을 열고 들어간다. 아빠 차림을 한 리틀 조니를 보고 장단을 맞추는 엄마.

"여보, 제가 무엇을 해드릴까요?"

어깨를 으쓱거리며 퉁명스런 목소리의 리틀 조니.

"빨리 일어나 애들에게 아이스크림이나 갖다 주구려!" _{한겨레21 1999년 11}

월 18일 제283호 웃기는 세계

아들과 엄마와의 관계에서 아내와 남편 관계로 즉, 주장을 할 수 있는 관계로 바꾸고 동일한 주장을 한다.

　◎ 목사 부인이 나에게 "하나님을 믿으세요"라고 했다.

나는 "믿고 있습니다"라고 했다.

목사 부인이

"하나님을 믿는 자가 옷이 그게 뭐냐?"라고 했다. 나는 승복을 입고 있었기 때문이다.

나는

"이런 옷을 입고 믿으면 왜 안 되나요?"

'하나님을 믿으세요'에 '믿고 있습니다'로 반응했다. 목사 부인은 나의 옷은 아니라고 부정한다. 물론 옷 때문에 그 안에 들어있는 것도 아니라는 이야기다. 나의 믿음은 옷과는 무관하다고 반론했다.

◎ 엽기적인 버스 기사 아저씨

50대쯤으로 보이는 버스 기사와 역시 그 또래쯤으로 보이는 승객 한 명이 무엇 때문인지 욕을 섞어가며 말싸움을 하고 있었다.

그러던 중 그 승객이 버스 기사에게 한마디를 던졌다.

"넌 평생 버스 기사나 해라 새끼야!!"

그러자 버스 기사는

"넌 평생 버스나 타고 다녀라. 새까!!" <small>유머공화국의 웃음보 터진 대통령 18</small>

4. 같은 원리를 엉뚱한데 적용한다.

　◎ 2차 대전이 끝나고 영국의 노동당이자 사회주의자 애틀리는 대기업 국유화를 주장했다. 처칠은 그 반대 입장이었다고 한다.

한번은 처칠이 화장실에 들렀는데, 먼저 와서 소변기 앞에 서 있는 애틀리를 만났다. 처칠은 애틀리와는 멀리 떨어진 소변기로 갔다.

그런 처칠을 애틀리가 돌아보며 "내게 무슨 불만스런 일이 있소?" 하니

처칠은

"당신은 큰 것만 보면 국유화하려 하잖아!" naver 블로그

애틀리의 대기업 국유화 주장을 화장실에서 같은 원리를 적용해서 '큰 것?만 보면 국유화하려' 라고 되받았다.

◎ 소설 읽다 해고된 사람

영국의 에드가 워레스(1875~1932)는 추리소설의 작가로 유명하다. 어느 때 아는 사람이 찾아와 그에게 호소했다.

"워레스 씨, 나는 얼마 전에 당신이 쓴 소설을 읽었습니다. 어찌나 재미있는지 밤새워 읽었습니다. 그런데 소설에 취해 이틀날 회사 사무실에 나가는 것조차 잊고 말았지 뭡니까. 덕분에 나는 회사에서 해고되고 말았습니다. 그러니 어쩌면 좋을까요?"

"그것참 안되었습니다. 아 참, 좋은 수가 있습니다. 여기에 새로 쓴 소설이 있습니다. 이것을 읽기 시작하십시오. 아주 재미있는 이야기니까 아마 틀림없이 해고된 사실조차 잊고 말 것입니다." 임유진/세계인의 해학 Y답 322

'사무실에 나가는 것을 잊었다' 라는 것을 '해고된 사실을 잊을 것이다'로 잊은 것을 다른 곳에 적용했다.

◎ 절에서 다섯 명의 스님이 살고 있었다. 조금 떨어진 곳에 암자 하나가 있었고 절에서 제일 고참인 스님 한 분이 계시는데, 식사 때가 되면 식사하려고 온다. 암자 스님은 밥을 먹으면서 이런저런 잔소리급 이야기를 많이 한다.

한편, 절엔 식사규칙이 있는데, 스님들 다섯 분이 모두 모였을 때 식사를 시작한다. 한 분이라도 늦으면 나머지 넷은 밥상 앞에서 기다

린다.

어느 날 암자 스님이 식사시간에 조금 늦게 오게 되었는데, 넷 스님이 기다리다가 도루묵 스님이

"암자 중 밥 처먹다가 안 씨불이면 돈 백만 원 내놓겠다"고 말했다. (여기서 백만 원은 공용비로 사용할 수 있는 돈이다. 다르게는 맛있는 것을 실컷 먹게 한다는 뜻이기도 하다.)

그 말에 나는 "일러 줍니다"라고 웃으며 놀렸다.

조금 후, 암자 스님은 도착했고 식사를 마친 후, 나는 암자 스님을 따라 차를 한잔 마시러 갔다. 물론 이것을 도루묵 스님이 보았다.

차를 마시면서 암자 스님에게 "도루묵 스님이 말하길, 스님께서 밥 먹다가 말 안 하면 돈 백만 원 내놓겠다고 했습니다." 하니 암자 스님이 화를 냈다. 암자 스님은 화가 나면 며칠 동안 말을 하지 않는다. 이는 도루묵 스님도 잘 알고 있었다.

다음 식사 때, 식사 시작부터 끝날 때까지 암자 스님을 말 한마디 하지 않고 묵묵히 밥만 먹고 암자로 올라갔다. 뭔가 달라진 암자 스님의 태도에 도루묵 스님은 나에게 '그 이야기를 했냐?'고 물었다. 나는 '했습니다'라고 했다. 그러자 도루묵 스님의 "에이~!"하며 얼굴이 실망과 걱정으로 굳어졌다.

다음 날, 암자 스님과 도루묵 스님, 나는 밥상을 앞에 두고 다른 두 스님이 오기를 기다리고 있었다. 기다리는 시간에 암자 스님의 얼굴은 여전히 굳어있었고 침묵이 흐른다. 여느 때 같으면 암자 스님이 무슨 말이라도 했었다. 도루묵 스님은 얼어붙은 얼굴로 암자 스님의 눈치를 보며 신경을 곤두세우고 있었다.

시간이 조금 지나도 나머지 두 스님이 오지 않자 나는 혼잣말로.

"밥 처먹으러 안 오나?"고 했다.

그러자 도루묵 스님이 고개를 들어 나를 보며 눈이 휘 둥그레진다. 그러더니 암자 스님의 얼굴의 기색을 살핀다. 아무런 변화가 없자 나

를 보며 씩 웃는다.

◎ 운전사가 된 교황

어느 날 교황이 개인적인 여행을 위해 비행기를 타고 뉴욕의 케네디 공항에 내렸다. 수화물 찾는 곳에 손으로 "교황"이라고 쓴 팻말을 든 리무진 기사가 그를 마중하러 나와 있었다.

짐을 모두 차에 옮겨 실었는데도 교황은 차에 오르지 않고 인도에 계속 서 있었다.

"교황님, 왜 그러고 계십니까?"

인도 억양이 섞인 영어로 리무진 기사가 말했다.

"왜 여태 제 편안한 리무진에 드시지 않았습니까? 어서 타시지요."

"솔직히 말해도 될까요?"

교황이 대답했다.

"바티칸에서는 아무도 내가 운전을 하게 놔두지를 않아요. 그런데 나는 너무나 직접 운전을 해보고 싶거든요."

"안 될 말씀입니다. 그건 규칙에 어긋나는 일입니다."

인도 출신의 기사는 괜히 고향을 떠나와서 별 이상한 경우를 다 겪는다는 생각까지 들었다.

순간 교황이 말했다.

"사례는 충분히 해드리리다."

운전기사는 잠시 주저하다가 결국 교황에게 운전대를 넘겨주고 뒷좌석에 앉았다. 하지만 얼마 지나지 않아 기사는 자신의 정에 후회하지 않을 수 없었다. 교황이 공항을 벗어나기가 무섭게 시속 160km로 밟아대는 것이 아닌가.

"그렇게 빨리 달리시면 안 됩니다, 교황님!"

기사가 혼비백산하여 말렸지만, 교황은 부서져라 가속 페달을 밟아댔다. 잠시 후 두 사람은 뒤에서 경찰의 사이렌 소리가 울리는 것을 들었다.

"이런, 맙소사! 내 운전면허도 당장 취소되고 말겠군!"

뒷좌석에 앉은 기사가 계속 한탄을 늘어놓는 동안 교황은 차를 세웠다. 경찰이 다가오자 교황은 아무 일 없었다는 듯 유리창을 내리고 경찰관을 올려다보았다.

잠시 자동차 안을 들여다보던 경찰은 자신의 오토바이로 되돌아가서 무전기로 본부에 연락했다.

"무조건 경찰청장과 해야 할 얘기입니다. 당장 바꿔주세요."

경찰은 경찰청장에게 제한속도를 무시하고 달리는 리무진 한 대를 세워놓았다고 보고했다.

"그럼 당장 체포하면 되지, 왜 나한테 연락을 한 건가?"

경찰청장이 물었다.

"그런데 차에 타고 있는 사람이 아무래도 거물 같습니다."

경찰이 대답했다.

"그럴수록 더 체포해야 공정한 거 아닌가."

무전기 너머로 경찰청장의 목소리가 들렸다.

"그게 아닙니다, 청장님. 지금 그냥 거물 정도를 말씀드리는 것이 아닙니다."

경찰이 대답했다.

"자네 지금 대체 그 차에 누가 탔다는 거야? 시장? 아니면 주지사라도 돼?"

"더 굉장한 인물인 것 같습니다."

"아, 그러니까 대체 누구냐고?"

"누구신지는 저도 잘 모르겠습니다."

경찰이 대답했다.

"하지만 한 가지 분명한 건 교황을 운전기사로 부릴 만한 인물이라는 사실입니다." 롤프 브레드니히/이동준옮김/위트상식사전218

운전사와 교황과의 관계를 대칭적으로 보아 교황보다 더 큰 인물로 보았다.

◎ 명의

명의로 소문난 의사를 찾아간 사람이 비싼 진찰료를 내고 대기실에서 두 시간이 넘게 기다린 끝에 진찰실에 들어갔다. 의사는 1분도 채 안 돼 진단을 내렸다.

"선생은 에이즈에 걸렸소."

"아니, 무슨 소립니까? 제대로 검사도 안 하고 그런 엄청난 진단을 내리다니!"

"의심쩍으면 소변을 받아 내일 가져오시오. 원하는 대로 검사를 해드릴 테니."

화가 난 환자는 의사를 골탕 먹일 생각으로 집에 가서 아내와 딸과 강아지의 소변을 모두 받아 섞고 여기에 자동차 기름까지 넣어 다음날 병원으로 가져갔다. 소변이 담긴 컵을 잠시 불빛에 비춰본 의사가 말했다.

"당신 부인은 폐경기에 이르렀고 딸은 임신했고 강아지는 벼룩이 심합니다. 게다가 자동차는 엔진 점검을 받아야겠고 선생은 역시 에이즈에 걸렸소이다." 한겨레21 1999년 07월 29일 제268호 웃기는 세계

하나를 인정하지 않으려 하다가 오히려 더 많은 것들을 인정하게 되었다. 에이즈는 여전하다.

◎ 조종사가 되는 것이 평생소원인 요시가 신체검사에서 떨어졌다. 비통에 잠긴 채 뭔가 골똘하게 생각하던 그는 얼마 지나지 않아 비장한 눈빛으로 정비사가 되겠다고 다시 지원서를 냈다. 그의 평소 꿈을 알고 있던 친구가

"왜 하필이면 정비사냐"고 물었다.

"내가 비행기를 못 탄다면, 다른 사람들도 아무도 못 타게 해야
해!"

한겨레21 00년 02월 24일 제296호 웃기는 세계 조종사와 정비사

비행기를 못 타는 것을 자신에게서 다른 사람에게로 적용하
고 있다. 그리고 '아무도'는 일반화이다.

◎ "수입하면 되지…"

3명의 대학생이 카페에서 이야기하고 있었다. 각각 한국과 타이, 인
도네시아 학생이었다.

"우리나라는 이미 국가신용이 높아져서 다시 수출을 많이 하고 있
고, 외환 보유고도 증가했어." 한국 학생이 먼저 말했다.

"우리나라도 그래. 우리 농업생산물이 세계시장에서 잘 팔리고 있
어서 농민들이 한숨 돌리고 있단다." 타이 학생이 말을 받았다.

"너희 나라는 어떠니?"

한국 학생과 타이 학생이 인도네시아 학생을 보며 물었다.

"모르겠어… 근데 수입하면 되지 왜 수출을 해야만 되니?" 인도네
시아 학생이 되물었다.

"수입한다고?" 한국 학생과 타이 학생은 믿을 수가 없었다.

"응, 우리는 모두 수입해, 소금부터 시작해서… 뭐든지."

그들은 "이야… 돈이 어디서 나서?"하고 미심쩍은 듯 다시 물었다.
그러자 인도네시아 학생이 자랑스럽게 대답했다.

"그거야 수입하면 되지!" 한겨레21 1999년 01월 28일 제243호 웃기는 세계

◎ 함정단속을 즐기는 교통경찰관이 있었다. 경찰차를 숨기고 과속
차량을 잡는 장소는 가히 황금어장이라 할 만큼 운전자들이 눈치채기
어려운 위치였다. 따라서 언제나 평균 이상의 단속실적을 보장하는 곳
이기도 했다. 그런데 어느 날 퇴근 시간이 다 되도록 한 건의 실적도

올리지 못한 사건(?)이 발생했다. 모든 차량이 제한속도보다 약간 느리게 운행하는 것이었다. 이상히 여긴 경찰관이 도로를 거슬러 올라가 보니 10살 정도의 꼬마가 '전방에 스피드건'이라고 쓰인 표지판을 들고 서 있었다. 그 소년을 추궁한 결과, 소년에겐 친구가 있었다. 그 친구는 단속지점을 지나 200m쯤 되는 도로에서 '사례금'이라고 쓰인 표지판을 들고 단속을 피한 운전자들에게 돈을 받고 있었다. _{한겨레21 318회}

지구촌/웃기는 세계

함정단속을 즐기는 교통경찰관과 그것을 다시 이용하는 아이들

◎ **예수는 어느 나라 사람이었을까?**

예수가 흑인이었음이 분명한 세 가지 이유.

1.   모든 사람을 "형제 (brother)"라고 부른다.
2.   가스펠을 좋아한다.
3.   공정한 재판을 받지 못했다.

예수가 캘리포니아 사람이었을지도 모르는 세 가지 이유.

1.   머리카락을 잘라본 적이 없는 장발이다.
2.   항상 맨발로 다녔다.
3.   새로운 신앙공동체를 창설했다.

예수가 이탈리아인이었음이 분명한 세 가지 이유.

1.   말을 할 때마다 꼭 손으로 제스처를 취한다.
2.   식사할 때마다 포도주를 마신다.
3.   올리브 기름을 사용한다.

예수가 유대인이었음이 분명한 세 가지 이유.

1.   아버지의 직업을 물려받았다.
2.   서른 살까지 부모 집에 살았다.
3.   자신의 어머니가 처녀라고 확신했고, 어머니는 자기 아들이

신이라고 확신했다.

예수가 아일랜드 사람이었을지도 모르는 세 가지 이유.

1.   결혼한 적이 없다.

2.   끊임없이 이야기했다.

3.   녹색의 초원을 몹시 좋아했다 롤프 브레드니히/이동준옮김/위트상식사전194

특정 인물을 어느 한 인종 또는 국가나 민족의 일반화 된 내력과 유사한 점으로 문맥을 형성한다.

◎ **모로코인이 말했다.**

"나는 별 하나다. 왕별이다. 다들 머리를 숙여라."

그러자마자 맞받아치는 소리가 들렸다.

"내가 진짜 왕별이다." 요르단인이었다.

"왕별이면 뭐하냐? 나는 별 둘이다." 시리아인이 나섰다.

"그렇다면 내가 최고다. 나는 별 셋이다." 이라크인이었다.

그런데 이들 뒤에서 묵직한 소리가 들렸다.

"그럼 나는…."

그를 바라보고는 모두 뒤로 넘어갔다. 미국인이었다. 한겨레21 2000년 08월 01일 제320호 웃기는 세계

◎ 애꾸 사슴이 바닷가에서 풀을 뜯고 있었다.

사냥꾼이 나타날 것을 대비하여 잘 보이는 눈을 육지 쪽으로 향하게 하고 다친 눈은 바다 쪽으로 향하게 한 채 열심히 풀을 뜯고 있었다. 그런데 마침 배에서 내려 뭍으로 올라오던 사냥꾼이 총을 쏘아 사슴을 쓰러뜨렸다. 1993/박덕은/우화 천국 197

하나의 문제가 주변 상황이 바뀌어도 여전히 드러나게 이야기를 꾸민다.

◎ 명당

고을의 한 가문에 초상이 났다. 풍수 지관들이 찾은 명당은 절 옆이었고 그곳에 묘지를 쓰게 되었다. 조선 시대 당시 절 승려들의 의견은 물어볼 필요가 없었다.

절의 스님이 그곳에 가서 하는 말

"참으로 좋은 명당입니다. 여기는 후세에 임금님이 나올 터입니다."

스님의 말이 떨어지기가 무섭게 지관들이 모두 도망을 쳤다. 지관들이 도망을 친 까닭을 나중에 알게 된 상주들은 묘지를 쓰다 말고 관을 꺼내 갔다. 출처불명

왕조시대 때, 다른 성씨의 왕이 나온다는 말은 역적이 나온다는 말과 같다. 왕조시대와 명당이라는 믿음이 만들어낸 위트다. 지관들이 명당이라고 말 한 곳을 스님 역시 명당이라고 했다. 덧붙여 왕이 나올 터라고 했다. 의미상 대칭적이고 의미를 추가를 했다.

◎ 지난봄 교황 요한 바오로 2세가 요르단을 방문했다. 이때 나온 구호가 '존 폴 2, 압둘라 2'였다. 요한 바오로 교황도 2세고, 압둘라 왕도 2세라는 데서 착안한 것이다. 뭔가 동질성을 부각하려는 의도였다. 그런데 공교롭게도 그 뒤 교통 범칙금이 2배로 뛰어올랐다. 이런 말이 나왔다. '존 폴 2, 압둘라 2, 벌금 2'. 모든 것이 '따블'이라는 비아냥거림이었다. 한겨레21 2000년 08월 01일 제320호 웃기는 세계

동질성, 즉 대칭성이 엉뚱한 결과를 낳았다.

◎ 코끼리와 미녀

한 범선이 폭풍우에 난파되었다. 남자 한 사람만이 가까운 섬으로 밀려와 살아남게 되었다. 그 섬에는 과일나무와 숲 그리고 코끼리들뿐이었다. 오랜 세월을 살았다. 가끔 이성을 생각났다. 그때마다 코끼리를

잡아서 성욕을 해결해보려고 했으나 코끼리는 잡히지 않았다. 딱히 할 일도 없고 해서 코끼리 잡으러 다니는 일이 일상사가 되었다.

폭풍우가 지나간 어느 날도 여느 때와 같이 코끼리를 잡으러 좇아 다니는 중, 해변에 미녀 한 사람이 밀려와 있었고 그녀는 살아있었다.

남자는 미녀를 보자 너무 기뻐하며 그 미녀에게 다가가 도움을 청했다.

"아가씨! 저 코끼리 잡는 것 좀 도와주시겠어요?"^{출처불명}

뭔가를 해결하기 위해 이전의 방식에 고착되면 더욱 효율적인 것이 나타나도 이전 것을 고집하도록 문장을 구성한다. 또는 새로운 것을 과거의 것에 귀속시킨다. 대칭성이다. 다음의 예도 그러하다.

◎ 7이라고 했으면

남프랑스의 해변에서 벨기에 청년 하나가 플레이보이 프랑스인 친구에게 여자 꼬시는 법에 관해 물어보았다.

"그건 쉽다고. 내가 하는 걸 한번 봐."

그러더니 한 예쁜 여자가 지나가자 다가가 수작을 걸었다.

"아가씨 1에서 9까지의 숫자 중 하나를 대보세요." 아가씨가 7이라고 대답하자,

"부라보! 당신은 오늘 저녁 저와 저녁 식사를 같이하는 행운에 당첨되었습니다. 오늘 저녁 8시에 모시러 가죠." 그러곤 벨기에 친구에게

"봤지? 이렇게 하면 된다고" 하며 떠났다.

한참 뒤 또 한 아가씨가 나타나자 이번에는 벨기에인이 다가갔다.

"아가씨 1에서 9까지의 숫자 중 하나를 이야기해봐요."

아가씨가 3이라고 대답하자

"쯧쯧. 아깝네요. 7이라고 했으면 저녁 식사에 당첨됐을 텐데" 하며

그냥 보냈다.

다음날 벨기에인이 프랑스 친구에게 다른 방법을 가르쳐 달라고 조르자 프랑스 친구는 이번에는 수영복에 굵은 감자를 불룩하게 넣고 해변가를 어슬렁거리면 여자들이 따라붙을 거라고 했다.

한참 후 벨기에인이 씩씩거리며 프랑스 친구에게 따졌다. 그렇게 여섯 바퀴나 돌았지만 아무 일도 없었다는 거였다. 그러자 프랑스 친구가 껄껄거리며 하는 말. "당연하지. 감자를 수영복 앞춤에 넣어야지 너처럼 엉덩이 쪽에 넣으면 어떡해?" _{한겨레21 1998.08.06. 제219호 1지구촌/▲ 지구촌/웃기는 세계}

여자 꼬시는 것이 핵심이고 '7'은 수단이다. 벨기에 청년은 수단인 7을 대칭적으로 사용하고 있다. 목적과 수단의 왜곡이다. 또한, 감자 역시 마찬가지다. 이런 사람은 감자와 고구마가 있었다면 꼭 감자만을 고집했을 것이다.

◎ 모범 운전자

초보 운전자가 친구를 태우고 고속도로 주행을 나갔다. 너무 천천히 달리는 초보 운전자 때문에 답답해진 친구가 좀 더 빨리 달리라며 다그쳤지만 초보 운전자는 여전히 같은 속도를 내며 정속 주행을 했다. 친구가 포기할 무렵 고급 스포츠카가 옆으로 쌩~ 하며 그 차를 추월해 달리는 것이 아닌가?

그 스포츠카를 보던 초보 운전자는 갑자기 속도를 올려 맹추격하기 시작했다. 갑작스러운 행동에 당황한 친구가 하는 말

"야! 인마 왜 갑자기 속도를 올리는 거야! 너무 빨라!! 줄여! 줄이라고!"

이 말을 듣고 더욱더 속도를 올리던 초보 운전자가 하는 말

"안 돼! 앞차와의 간격을 100미터로 유지하라고 배웠단 말이야!" _{민현기,박재준,이상구/성공한 리더는 유머로 말한다 172}

앞차와의 거리를 100미터 유지를 엉뚱한데 적용하고 있다.

◎ 암만 근교 살트시에 사는 사람들은 밤에 농사를 짓는다. 한 사람이 밤에 씨를 뿌리는 모습을 의아하게 생각하고는 물었다.

"왜 군이 밤에 씨를 뿌리는 겁니까?"

살트 사람이 대답했다.

"밤에 뿌려야 검은색의 열매를 얻을 수 있지 않은가." 한겨레21 2000년 08월 01일 제320호 웃기는 세계

같은 원리를 적용한다면 겨울에 씨앗을 뿌리면 차가운 열매, 여름엔 뜨거운 열매가 되어야 한다.

◎ 절 옆 텃밭에 채소를 심어 두고

그 절 스님은 가끔 수돗물을 채소밭에 준다. 어느 날 비가 막 그치고 난 후에도 채소밭에 물을 주고 있었다.

저자가 옆에서 "스님, 조금 전에 비가 그쳤는데 또 물줍니까?" 하니 그 스님 왈 "물은 물이고 비는 비"

수돗물과 비는 단어가 다를 뿐, 채소 입장에서는 같은 물일뿐이다. 중국 송대의 청허선사가 남긴 '산은 산 물은 물'의 내용을 원리적으로 응용하려 한 것으로 보인다.

◎ '마하리지 곁의 어떤 사람도 발세카만큼 그의 가르침을 깊이 이해하지는 못했다. 내가 아는 마하라지의 몇몇 제자들은 20년 이상 그의 가르침을 들어왔다. 그러나 그들의 심리적 상태는 변화가 없었으며 20년이 지난 뒤에도 20년 전과 똑같은 존재로 남아 있었다.' 라메쉬 발세카/이명규·송영훈옮김/무위해공 감수.해설/담배가계성자 31

20년 전이나 후나 똑같은 상태라면 분명 대칭적이다. 하지만 본질은 변화에 있다.

◎ 왕의 거짓말

어떤 아이가 왕 앞에서 음악을 연주하였다. 왕은 돈 천 냥을 주기로 약속하였다.

아이가 왕에게 돈을 요구하였다. 왕은 주지 않고 말하였다.

"네가 아까 음악을 연주하였지만, 그것은 한낱 내 귀만 즐겁게 하였을 뿐이다. 내가 너에게 돈을 주겠다고 한 것도 다만 네 귀를 즐겁게 한 것뿐이다." _{불교 백유경}

'귀만 즐겁게 할 뿐이었다'는 대칭성이다.

7.
역설逆說 paradox

두 주장이 서로 대립하여
서로를 허용하지 않는 상황을 의미한다.

1. 어떤 법칙, 또는 문화에 의해서 만들어지는 경우

◎ "소크라테스는 사람들에게 '너 자신을 알라'고 말했는데, 한때 그의 제자가 '당신은 당신 자신을 압니까?' 하고 물으니 소크라테스가 뭐라고 했겠습니까?"라고 필자가 어떤 사람에게 질문했다. 질문을 받은 사람이 고개를 갸우뚱하며 잠시 생각하더니

"모르겠는데……." 하길래

나는 "그게 바로 정답입니다!"라고 했다.

'모르겠는데'가 '답'인 역설이다.

◎ 여기 세 명의 세계 정치 리더가 있다. 당신이라면 누구를 선택하겠는가?

후보1 : 점치는 것을 좋아한다. 두 명의 애인이 있었다. 지독한 골초이며 하루에 위스키를 10잔 이상 마신다.

후보2 : 두 번 회사에서 쫓겨난 이력이 있다. 정오까지 잠을 잔다. 대학 때 대마초를 피운 적이 있다. 매일 저녁 반병 정도의 브랜디를 마신다.

후보3 : 전쟁영웅이었다. 채식주의자다. 담배를 피우지 않으며 가끔 맥주 반병 정도를 마신다. 여자와 관련된 스캔들이 전혀 없다.

1번은 루스벨트 대통령이며 2번은 처칠 총리, 3번은 아돌프 히틀러이다. _{한겨레21 1999년 04월 22일 제254호 웃기는 세계}

리더들의 도덕성은 역설적이다.

◎ 국립병원과 호텔

베트남에서는 외국인 남자와 베트남 여자가 자는 것은 불법이다. 당연히 호텔에 함께 투숙하는 것도 금지돼 있다. 그렇다고 매춘단속을 피해 영업을 하는 미니호텔들이 없는 건 아니지만 아무래도 위험하다. 그래서 찾는 곳이 국립병원. 30달러만 주면 병동이 베드룸으로 바

뀐다. 밤에는 국립병원이 국립호텔로 둔갑을 하는 것이다. 등잔 밑이 어두운 법. 정부 기관에서 운영하는 게스트하우스도 단속의 눈을 피하기엔 안성맞춤이다. 한겨레21 1999년 04월 01일 제251호 웃기는 세계

　권력이 낮에는 순작용 밤에는 부작용

◎ 우리는 행복하기 때문에 웃는 것이 아니고 웃기 때문에 행복하다. -윌리엄 제임스

　행복과 웃음의 원인 결과 관계를 뒤집어 놓은 역설이다. 하지만 삶을 가만히 살펴보면 행복하기 때문에 웃기도하고 웃기 때문에 행복하기도 하다. 행복을 어디서 발견하느냐의 문제이기도 하고 어디서 웃음을 발견하느냐의 문제이기도 하다. 둘 다 발견자의 몫이다.

◎ 돼지 멱 따는 부인

　거창한 파티를 열어 손님을 많이 초대한 주인이 참석한 유명인사에게 다가가 말했다.

　"지금 피아노 연주에 맞춰 노래 부르는 사람이 우리 집사람이랍니다."

　"죄송합니다. 잘 못 알아들었습니다."

　"지금 피아노 연주에 맞춰 노래 부르는 사람이 우리 집사람이라고요."

　"뭐라고 그러셨지요? 저 돼지 멱 따는 여자 노랫소리 때문에 안 들리는데요." 한겨레21 1998년 10월 15일 제228호 웃기는 세계

　자랑하려고 하는 데 돼지 멱 따는 소리라니? 역설이다.

◎ 어떤 위대한 왕의 주위에는 온통 지혜로운 사람들로만 가득 차 있었다. 그러나 일이 잘 풀려 가지 않고 오히려 꼬여 들기만 했다. 뭔

가 좋은 수가 없을까 궁리하던 왕에게 퍼뜩 기가 막힌 생각이 스치고 지나갔다.

"그렇다! 바보를 데려오자. 그것도 완전한 바보로!"

현명한 사람들이 못 푸는 것을 바보는 잘 해낼 수도 있을 것이라는 엉뚱한 생각이 들었던 것이었다.

드디어 완전한 바보를 찾아서 궁궐로 데려왔다. 왕은 그 바보가 정말 쓸모있는 바보인지 시험해 보기로 했다.

왕이 바보에게 말했다.

"궁전에 있는 사람 중에서 열 사람의 바보를 말해보라. 내 칠일의 여유를 주마. 그때까지 바보를 찾아 가장 어리석은 바보의 순서대로 적어 주거라."

칠 일이 지난 뒤 왕은 바보를 불렀다.

"명단을 작성했겠지?"

"예. 폐하."

호기심이 무척 동한 왕은 즉시 물어보았다. "누가 첫째인가?"

바보는 "폐하입니다."라고 대답했다.

화가 치민 왕이 "왜 그런지 설명해 보라"고 다그쳤다.

"어제 아침까지는 첫 번째 자리를 메꾸지 못해 고민했습죠. 그런데 폐하께서는 어제 어떤 신하에게 수백만 금의 돈을 주시면서 먼 나라로 가 다이아몬드와 사파이어 황금 등 값진 보물들을 사 오라고 분부하셨습죠. 예, 소인이 생각키로 그 신하는 다시 돌아오지 않을 겁니다. 그러나 폐하는 그를 믿으셨습니다. 그건 바보나 믿을 일이거든요. 폐하는 바봅니다."

"그래? 그러나 그 신하가 오면 어떻게 할래?"

그러자 바보가 말했다.

"그러면 폐하의 이름을 지우고 그 자리에 대신 신하의 이름을 써넣겠습니다." 1993/박광수/70일간의 우화 여행 110

왕이 바보라고 하는 바보가 말하길 왕이 바보거나 신하가 바보라고 한다.

◎ 친한 사람의 비밀을 알게 될 때, 그 당사자가 없을 때 다른 사람들과 이야기 하다가 당사자에게 발각되는 경우가 있는데, 사람들은 이때

"양반 못 되겠구먼"하고 말한다.

그런데, 진짜 양반이 못 되는 건 누구인가?

◎ 기세등등한 음주운전

히드로공항에서 런던 시내로 들어오는 승용차가 경찰의 음주단속에 걸렸다. 경찰이 물었다 "약주 한잔 드셨지요?"

운전자는 목청을 높였다.

"아니, 법대로 양주 한 병만 샀고 법에 정해진 만큼만 마셨는데도 문제가 되나요?"

경찰이 알코올 측정을 하겠다고 하자 운전자는 다시 고집을 부렸다.

"당신이 알코올 전문가요? 전문가를 불러와요."

신사의 나라답게 경찰은 알코올 전문가를 불렀다. 전문가가 측정한 수치는 허용치의 무려 10배였다. 운전자는 혀 꼬부라진 소리로 다시 외쳤다.

"허허, 이 양반 많이 취했군. 내일 아침 술 깬 후에 다시 재보자고!"

한겨레21 1998년 11월 12일 제232호 웃기는 세계

◎ 옐친의 현장 지도

보리스 옐친 대통령이 시골로 내려갔다. 경제위기 상황 속에 농민들이 어떻게 사는지 직접 보기 위해서였다. 길에서 마주친 농민에게

물어본다.

"이렇게 어려울 때 어떻게 지내십니까?"

"모두가 엉망이죠, 물건값이 터무니없이 너무 많이 올랐어요. 어떻게 합니까, 닥치는 대로 아무거나 먹고살아야죠. 겨울 채비도 전혀 못했어요."

"그렇다면 지푸라기를 먹고살 것을 제안합니다."

그러자 농부는 기가 막힌다는 듯 이야기한다.

"보리스 니콜라예비치, 그렇다면 음매 하고 울지도 모르는데요."

"무슨 말을, 난 지난주 내내 꿀을 먹었지만, 윙윙거린 적 전혀 없었어요." 한겨레21 1998년 12월 17일 제237호 웃기는 세계

'지푸라기'에 '음매'는 같은 원리로 반응했다. 그리고 '꿀'에는 "윙윙거림"으로 반응했다. 대칭성이다. 그리고 상황적으로 볼때 지푸라기와 꿀과의 관계는 역설적이다.

◎ 세탁기는 괜히 있나?

어떤 스님이 신던 양말 한 켤레로 세탁기를 돌렸다. 같이 살던 여러 스님이 그 사실을 알고 회의에 들어갔다. 그 스님의 그러한 행동은 절약 정신에 위배된다는 것이다.

그 스님의 반론: "세탁기는 괜히 있나? 편하라고 있지!"

스님들은 아무 말도 할 수 없었다.

절약과 편함이 역설 관계가 될 줄은……

◎ 어느 친구가 친구인 핫산의 집을 방문했더니 핫산이 양복을 입은 채 그릇 씻기에 여념이 없었다. 두 번째 방문했을 때도 똑같은 정경을 본 그가 핫산에게 말했다.

"이보게 친구, 위엄을 지키기 위해서라도 부인에게는 단호한 태도를 취해야 하네."

"그럼 어떡하면 좋겠는가?"

"양복 위에 걸치는 행주치마를 부인에게 사 오게 하는 거야."

하산은 이런 일만이 아니라 완전히 생활 주도권을 뺏긴 채 아내에게 쥐여살고 있었다. 그래서 핫산은 매월 월급을 타면 고스란히 아내에게 바치고 담뱃값과 커피값으로 약간의 용돈을 타서 쓰고 있었다.

그러던 어느 날 핫산이 기뻐 날뛰며 집으로 돌아와 아내에게 큰 소리로 말했다.

"라일라, 됐어! 복권 추첨에서 5만 파운드짜리가 당첨됐단 말야."

아내는 잠시 생각하고 나서 물었다.

"그런데 복권을 산 1파운드는 어디서 났지?"

이렇게 사사건건 따지고 들자 친구들과 만난 핫산이 불평을 늘어놓았다.

핫산이 친구에게 말했다.

"어제 마누라와 싸움을 했어. 서로가 다툰 끝에 결국 내 앞에 무릎을 꿇게 한 거야."

그러자 친구가 말했다.

"거 참 잘했군. 그런데 자네 부인이 무릎을 꿇고서 뭐라고 말하던가?"

"응, 침대 밑에서 나오지 못하겠느냐고 했어." 임유진/세계인의 해학 Y 담/71

1파운드로 5만 파운드 복권이 당첨되었음에도 불구하고 1파운드로 트집이 잡힌다. 그리고 무릎을 꿇은 것 보다가 더욱 심각한 자신의 모습이다. 이것을 자랑하고 있다는 것이 역설적이다.

◎ 어느 웨이터의 고백

지난주 하루는 친구들과 직장 근처 식당에 점심을 먹으러 갔다. 그런데 우리 테이블에 주문받으러 온 웨이터가 윗도리 주머니에 숟가락을 꽂고 다니는 것이었다. 이상하다고 여겨 주위를 살펴봤다. 식당 안의 다른 웨이터들도 모두 윗도리 주머니에 숟가락을 하나씩 꽂고 다니고 있었다. 호기심이나 웨이터가 지나갈 때 붙잡고 물어봤다.

"왜 숟가락은 갖고 다니는 거죠?"

"네. 우리 식당 사장님께서 좀 더 능률적인 경영과 생산성 향상을 위해 경영 자문회사에 의뢰한 결과입니다. 몇 달간에 걸친 면밀한 관찰과 통계 분석에 따르면 식당 손님들이 숟가락을 땅에 떨어뜨릴 확률은 포크를 떨어뜨릴 확률보다 73%가 높은 것으로 나타났습니다. 또한 시간에 평균 3개의 숟가락을 떨어뜨리는 것으로 밝혀졌습니다. 따라서 종업원들이 모두 숟가락을 준비해서 다닌다면 새 숟가락을 가져오기 위해 부엌에 가는 시간을 절약할 수 있어 하루에 한 사람당 1.5시간의 일거리를 단축하게 된다 이겁니다."

이 설명을 듣는 동안 바로 옆 테이블에서 숟가락이 떨어지는 금속성이 들렸다. 웨이터는 재빨리 주머니에 있던 숟가락을 꺼내 손님에게 대령하고는 내게 말했다.

"다음 부엌에 가는 길에 새 숟가락을 하나 더 가져옵니다. 이렇게 하면 숟가락만을 가지러 부엌에 가는 수고를 더는 셈이지요."

우리 일행 모두 입이 딱 벌어졌다. 웨이터가 주문을 받는 동안 또다른 점이 눈에 띄었다. 웨이터마다 바지 지퍼 근처에 작은 끈이 늘어져 있었다. 다시 같은 웨이터를 불러 물었다.

"그런데 바지 지퍼 옆에 끈은 또 뭡니까?"

"아, 이거 말입니까?"

웨이터는 목소리를 낮추고 말했다.

"손님의 관찰력은 대단하시네요. 아까 말씀드린 경영 자문회사에서 추천했지요. 이렇게 끈을… 거시기에 묶어서 화장실 가서 꺼냄으로써 손 씻는 시간을 절약할 수 있고 종업원 1인당 화장실에서 보내는 시간의 67%까지 줄인다는 겁니다."

"대단하네요. 그런데 한 가지만 더… 꺼내는 데는 끈을 쓴다고 했는데 다시 집어넣을 때는 어떻게 하지요?"

"글쎄요, 다른 사람들은 어떻게 하는지 모르지만 저는 숟가락을 씁니다." _{한겨레21 1999년 01월 14일 제241호 웃기는 세계}

대단히 합리적인 상황들 가운데 그 합리성을 뒤집는 일이 역설적이다.

2. 문제를 해결하려 하지만….

◎ 어느 양피 의류 제조업체 사장이 극심한 불면증에 시달리고 있었다. 비서가 잠이 안 올 때는 마음속으로 양을 한 마리씩 세어보라고 했다. 다음 날 아침 사장은 한잠도 못 잔 피로에 찌든 얼굴로 출근했다. 비서가 물었다. "제 충고대로 했습니까?" 사장이 허탈하게 대답했다. "물론 양을 한 마리씩 세었지. 한 2만 마리 정도 세었나? 그 정도 수의 양이면 3만 야드 정도의 양피를 생산해서 1만2천 벌 정도의 코트를 만들 수 있다는 생각이 들더군. 그렇게 재고가 많이 쌓였는데 어떻게 편하게 잠만 잘 수 있었겠나?" _{한겨레21 1999년 04월 29일 제255호 웃기는 세계}

불면증을 해결하기 위해서인데, 오히려 불면증을 더하게 되었다.

◎ **차가 없었다면?**

한 남자가 자기에게 차가 있다는 것을 친구에게 자랑한다.

"차를 갖는다는 것은 삶을 편안하게 만들어주지. 난 오늘 정말 많은 일을 한꺼번에 해치울 수 있었지. 아침에는 스페어타이어 펑크를 때운 다음 목수를 싣고 집으로 가서 차고를 수리했지. 그다음에 자동차 부품을 샀고 광택 약을 샀지, 게다가 자동차에 기름까지 넣었어. 정말 차가 없었다면 이 일들을 다 어떻게 했겠어." _{한겨레21 1999년 05월 06일 제256호 웃기는 세계}

차를 소유하고 있다는 것이 차의 시녀 노릇을 하니 역설적이다. 차주가 차 자랑을 하고 있지만 차가 차주를 자랑하는 것이 정확한 표현이 아닐까?

3. 상황이 역으로 뒤집히는 경우

◎ 승용차 뒷좌석의 중앙엔 신부님이, 한쪽엔 예쁜 수녀님, 다른 쪽엔 못생긴 수녀님이 타고 있었다. 승용차가 급커브를 돌자 신부의 몸이 자연스럽게 못생긴 수녀님 쪽으로 기울었다. 그러자 신부님은 "주님, 저를 시험에 들게 하지 마소서"라고 기도를 했다.

그러다가 이번엔 승용차가 반대로 급커브 길을 돌게 되었는데, 신부님의 몸이 예쁜 수녀님에게로 기울게 되었다. 그러자 신부님의 기도는 "주님의 뜻대로 하소서" _{출처불명}

상황이 역으로 바뀔 때 용어의 선택 또한 역설적이다.

◎ 중국은 워낙 자전거를 많이 타고 다녀서 허다하게 가게 앞 담벼락에 자전거를 두고 출근을 한다. 이것이 갈수록 심해지자 주인은 담벼락에 자전거를 주차하지 말라고 온갖 경고문을 써 붙였다. 하지만 경고문도, 협박도 부탁도 모두 소용이 없었다.

그러던 어느 날, 주인에게 기발한 꾀가 생각났다. 그 후 모든 자전거가 담벼락에서 자취를 감추었다. 그 꾀란 것은 바로 이것이었다. '자전거를 공짜로 드리오니 맘에 드시면 언제든 가져가십시오. _{김병일/재미가 세상을 바꾼다 266}

이 꾀를 낸 사람은 '가져다 놓는다'와 '가져간다'라는 역의 기본 틀을 구상한 것으로 보인다. 그리고 '공짜로 드린다.'라는 말을 추가했고 '언제든 가져가라'는 일반화로 문장을 추가 구성했다. 가장 중요한 프레임은 사물을 역으로 보는 관점이다.

◎ 살 빼는 방법

몹시 살찐 한 남자가 신부를 찾아가 하소연했다.

"여자들이 아무도 나와 만나주지 않아요. 살 빼기 위해 별짓을 다 해봤지만, 소용이 없어요."

그런데 신부가 뜻밖의 제안을 했다. "내일 아침 여덟 시에 집에서 나올 준비를 하고 기다리게."

다음 날 아침 아름다운 아가씨가 운동복을 입고 찾아왔다.

"저를 따라잡으면 당신의 아내가 되겠어요." 그러고는 도망가기 시작했다. 남자는 숨을 몰아쉬며 여자를 잡으러 쫓아갔다.

다섯 달이 지나자 남자의 몸무게는 50kg이나 빠졌다. 그리고 이제 정말로 그 여자를 잡을 수 있을 거라는 생각이 들었다. 그러나 다음날 전혀 엉뚱한 여자가 찾아왔다. 몹시 살찐 여자였다.

"제가 만약 당신을 따라잡으면 저와 결혼할 것이라고 신부님이 그러던데요." _{한겨레21 1999년 05월 06일 제256호 웃기는 세계}

아름다운 아가씨와 뚱뚱한 여자, 따라다니다가 도망 다녀야 하는 상반된 상황으로 만들어졌지만, 몸무게를 빼기 위한 것은 여전하다. 역설 속에서 대칭성이다.

◎ 성직자(聖職者)가 성직자(性職者)

근엄한 성직자(聖職者)의 낯가죽을 한 겹 벗겨 보니 성직자(性職者)였다는 예가 많다. 아메리칸 크리스천 대학의 창시자이자 우익적인 전도사로 알려진 빌리는 로큰롤을 마르크스주의자가 발명한 것이라고 주장했고, 포르노 배척의 선도자이기도 했다.

그러한 그가 자기의 대학 학생들과 닥치는 데로라고 해도 좋을 정도의 난맥한 상태로 섹스를 즐겼던 사실이 <타임>지에 의해 폭로되었다. 더구나 그는 호모까지 즐기는 쌍 칼잡이였다. 즉 여학생과는 정상적인 섹스를 즐기고 남학생과는 동성연애를 즐겼다.

그런데 그러한 사실이 폭로된 이면이 더욱 흥미롭다. 즉 같은 대학의 남녀 대학생이 결혼한바, 두 부부가 서로 과거를 이야기하는 중에 둘 다 빌리와 관계가 있었던 것을 알게 된 것이다. 지킬 박사도 놀랄 일이었다. 임유진/세계인의 해학 Y담 236

한쪽이 첨예해질수록 그 반대쪽 성향 또한 첨예해진다. 근본적으로 자연에는 역설이 존재하기 때문이다.

◎ 돈을 물 쓰듯 하는 벼락부자 호엔이 서재를 호화롭게 꾸며 놓고 안에다가 서화와 골동품 등 온갖 진귀한 것들을 잔뜩 진열해 두었다.

그러던 어느 날 손님이 오자 물었다.

"이 서재에서 무엇이든지 어울리지 않는 것이 있으면 일러주시오. 즉시 치우겠소."

그러자 손님이 말했다.

"어느 것 하나 어울리지 않는 것이 없습니다. 그런데 한 가지만은 꼭 치우는 게 좋을 것 같습니다."

"그래 어느 것을 치우면 좋겠소?"

"바로 당신!" 임유진/세계인의 해학 Y담/279

완전하게 만든 사람을 치우라고 한다. 입을 치우는 것이 어떨지?

◎ 버나드 쇼가 미국의 발레리나 이사도라 덩컨 (1880~1927)의 사랑의 대상이었다는 설이 있다.

"나의 육체와 당신의 두뇌를 물려받은 아기란 얼마나 굉장할까요?"

덩컨의 유혹적인 이 말에 쇼가 대답했다.

"소생의 육체를 가지고 당신의 두뇌를 가진 아이가 태어나면 얼마나 불행한가를 생각해 보십시오. 임유진/세계인의 해학 Y담/315

"얼마나 굉장하겠는가?"가 육체와 두뇌를 바꾸어 놓고 보니

"얼마나 불행한가"로 바뀌었다.

◎ 카이로의 택시는 정말 재미있다. 유적지만큼 관광객들의 관심을 끄는 '명물'이다.

일방통행 도로를 거꾸로 달리는 차 뒤에 따라오는 경찰차. 그러나 앞에 달리는 차를 잡아 세우기는커녕 앞차를 추월해 거꾸로 달리는 데 앞장을 선다. 한겨레21 1998년 10월 29일 제230호 웃기는 세계

◎ 레이건이 말했다. "경제학자는 현실에서 발생하는 무엇인가를 보고 그것이 이론적으로 성립할지 여부를 궁금해하는 사람이다." 밥돌/ 위대한 대통령의 위트 90

원인과 결과를 뒤집었다. 역설 또는, 왜곡으로도 볼 수 있다.

4. 구체화 되면서 뒤집히는 경우
◎ 50년을 함께 산 노부부 이야기.

어느 날 할머니가 남편의 책상 서랍에서 사과 5개랑 돈 520마르크를 발견하고는 할아버지에게 물었다. 할아버지 왈

"당신과 함께 살면서 거짓말을 한번 할 때마다 사과 하나씩을 모았지."

"50년 동안 다섯 번이라…" 그쯤이면 눈감아줄 만하다고 판단한 할머니는 흐뭇해져서 부드럽게 다시 물었다.

"근데 520마르크는 또 뭐유?"

"서랍이 꽉 찰 때마다 사과를 다시 내다 팔았지!" 한겨레21 2000년 01월 20일 제292호 웃기는 세계

대략 알 때는 기분 좋았는데, 상세히 알고 보니 기분이 뒤집히는 상황을 만든다.

◎ 죽기 좋은 날

어느 마을에 미래를 예언할 수 있다는 라비가 있었다. 어느 날 그의 따지기 좋아하는 처가 말했다.

"정말 당신이 미래를 알 수 있다면 내가 언제 죽을지 말해봐요."

라비가 답했다.

"어느 좋은 날 저녁에 죽게 될 거네."

아내가 다시 물었다. "무슨 좋은 날이요?"

라비가 말했다. "나에게 아주 좋은 날 저녁이라네."

포기하지 않고 아내가 따졌다. "당신에게 좋은 날 저녁이 언제 시작되는데요?"

라비가 말했다. "나에게 아주 좋은 날은 자네가 죽은 다음 날부터 시작된다네…." 한겨레21 1999년 06월 24일 제263호 지구촌/웃기는 세계

처음에 '어느 좋은 날'에서 '어느'는 불명확한 일반화이다.

두 번째에서 '나에게 좋은 날'로 좁혀졌다.

그리고 좋은 날은 '자네가 죽는 날'로 더욱 구체화 되었다.

◎ 어느 고을 산중에 현자가 살고 있었다.

고을의 군수가 부임해 와서 현자가 살고 있다는 소문을 듣고 현자를 찾아왔다.

그 현자는 마침 따뜻한 햇살을 즐기고 있었는데 모습이 참으로 초라해 보였다.

그래서 군수는 실망하여 돌아서는데, 현자가 하는 말

"귀는 귀하게 여기는데 눈은 어째서 천하게 여기는가?" 출처불명

한 몸 붙어 있는 귀는 귀하게, 눈은 천하게… 역설적이다.

5. 고대철학자들에 의한

고대철학자들과 종교 성자들의 이야기는 일반적인 위트의 스

펙트럼을 벗어나서 웃음이 나오지 않을 수도 있다. 하지만 이 책의 소재로 넣은 것은 원리적으로 볼 때 앞의 농담 원리에서 쓰인 것을 그들도 쓰고 있기 때문이고, 또한 그들만의 즐거움을 느끼는 방식의 하나라고 보았기 때문이다. 일반적인 웃음에서 통찰에 대한 감탄으로 변해갈 수도 있다. 이 또한 즐거움을 줄 수 있다.

◎ 고대 그리스의 변론가 티시아스는 당대의 유명한 변론가인 코락스에게 "사람을 설득시키는 기술"인 논변술을 배웠다. 티시아스는 스승 코락스에게 더 이상 배울 게 없어지자 약속한 수업료를 떼어먹기로 작정했다. 결국, 이 문제는 소송으로 비화했다. 재판관들이 모인 자리에서 티시아스는 도리어 코락스에게 이렇게 추궁했다.

"코락스, 당신은 내게 무엇을 가르쳐주겠다고 약속했지요?"

"사람을 설득시키는 기술이었지."

"그래요? 만약 당신이 내게 그 기술을 가르쳐 주었다면, 내가 당신에게 수업료를 받지 말라고 설득할 수 있어야 하지 않겠어요? 만약 설득이 안 된다면 수업료를 지불할 필요가 없겠죠?"

딜레마에 빠진 코락스는 이렇게 반격했다.

"만약 내가 한 푼도 받지 말라는 자네의 말에 설득당한다면, 자네는 설득에 성공했으니까 내가 변론술을 제대로 가르친 것이고, 따라서 수업료를 내야겠지?"

재판관들은 아무런 판단도 내릴 수 없었다. 한겨레 21 2000년 10월 18일 제330호 이상 수의 동서 횡단

티아시스: 제대로 가르쳤다면 내가 당신을 설득할 수 있어야 한다. 수업료를 받지 않도록

코락스: 자네가 나를 설득할 수 있다면 제대로 배운 것이다. 그러므로 수업료를 내야 한다.

"★★ 하다면 ○ ○ 할 수 있어야 한다."

"○ ○ 할 수 있다면 ★★한 것이다"

코라스의 주장은 티아시스의 주장인 원인-결과를 뒤집어 놓았다. 역의 관계임에도 결과가 다시 원인으로 작용하여 순환하고 있다. 회전대칭이다.

[회전대칭 : 대칭이 정적인 것이 아닌 부단한 순환 운동] 프리초프 카프라/현

대물리학과 동양사상 123

◎ 궤변가 유아트루스

아테네에는 소크라테스 당시 피타고라스라는 철인이 있었다. 지혜 있고 말 잘하기 위해 노력하는 청년들은 그에게 배우려고 모여들었다. 피타고라스와 같이 이름난 소피스트 아래는 언제나 백여 명 가까운 청년들이 있었다. 그중에 유아트루스란 사람은 들어올 때 수사학(修辭學)과 웅변술을 배우기로 하고 수업료를 200냥으로 작정하였다. 그리고 그중 절반은 처음 약속할 때에 내고, 나머지 백 냥은 다 배우고 나가서 사회에 출세하여 성공할 때에 가져오기로 했다.

성공이란 것은 말로 사업을 하거나 일을 해서 돈을 모으거나 변호사가 되어 승소하거나 정치계에 나가서 고등관이 됐을 때를 말하는 것이었다.

유아트루스는 재간이 있는 청년이니만큼 피타고라스는 쾌히 승낙했다. 그리고 학문과 지식과 기술을 배웠다.

그는 웬만큼 배운 뒤에 독립하여 사회에 나갔지만, 고급 관리로 진출하지도 아니하고 변호사 개업도 하지 않고는 그것을 구실로 하여 피타고라스에게 가져올 잔금 100냥을 가져오지 않았다. 그래서 피타고라스는 기다리다 못해 독촉하고 급기야는 재판소에 고소를 제기하기에 이르렀다.

재판정에 원고와 피고가 출두하였다. 그 양쪽이 주장하는 문답은

다음과 같았다.

"유아트루스, 이제는 자네가 남은 돈 백 냥을 꼭 내게 됐네."

"왜 그렇습니까?"

"자네가 만일 패소하면 승소한 나에게 그 돈을 꼭 물어야지.

또 자네가 만일 승소하면 자네가 나보다 성공한 것이니 나와 약속한 대로 돈을 내야 하지 않겠나?"

이에 유아트루스가 피타고라스에게 말했다.

"선생님, 저는 어찌 됐거나 돈 백 냥을 내지 않게 됐습니다."

"아니, 왜 그러나?"

"그럴 수밖에 없지요.

내가 만일 승소하면 재판 판결 때문에 이긴 것이니 낼 필요가 없고 또 패소하면 아직 성공을 못 한 것이니 선생님께 약속한 대로 돈을 낼 수가 없지 않겠습니까?" 임유진/세계인의 해학 Y담 68

① "자네가 만일 패소하면 승소한 나에게 그 돈을 꼭 물어야지"

② "자네가 만일 승소하면 자네가 나보다 성공한 것이니 약속한 돈을 내야지"

③ "내가 만일 승소하면 재판 판결 때문에 이긴 것이니 낼 필요가 없다."

④ "내가 만일 패소하면 아직 성공을 못 한 것이니 낼 필요가 없다."

피타고라스의 ①의 주장은 재판의 기준만 적용

피타고라스의 ②의 주장은 재판에 성공의 기준을 추가적용

유아트루스의 ③은 ②에 대한 답으로 재판의 기준만 적용했다.

유아트루스의 ④는 ①에 대한 답으로 재판에 성공의 기준을 추가적용

피타고라스가 ①에서 재판만의 기준을 적용하고 ②에서는 재판기

준에 성공의 기준을 추가 적용한 것이 문제의 발단이 되었다. 유아트루스는 이를 뒤집어서 피타고라스가 재판만의 기준을 적용한 곳에는 성공의 기준을 추가했고, 재판과 성공의 기준을 적용한 곳에서는 성공의 기준을 누락시켰다.

피타고라스가 성공을 빼고 더한 것이 문제의 발단이 되었다. 그리고 이것이 유아트루스도 따라 한 것뿐이다. 따라 한 것은 대칭성이다. 뒤집어 적용한 것은 역설이다.

6. 종교에 의한 역설(공자, 장자, 기독교, 이슬람, 불교)

◎ 공자의 예

공자는 제례를 규정한 사람으로서 한때 어느 지방에서 하늘에 제사 지내는 곳에 참석했다. 향을 사르고 잔을 올리는 데 있어서 모든 동작을 주변 사람들에게 물어가며 제례를 행했다. 이를 지켜보던 주변 사람들은 적잖은 실망을 했다. 제례의 전문가가 제례의 절차도 모른다고 생각했기 때문이다. 이 소문이 공자 학당까지 퍼졌다. 당연히 제자들이 그 이유를 물었다.

공자가 말하기를

"매번 물어보고 행하는 것이 예다" 유교 2500년의 여행 3편 32:12

누군가에게 물어보는 것이 예라면 누군가는 다시 다른 누군가에게 물어야 예가 이어지게 된다. 만약 누군가가 답을 하게 되면 예가 끊어지게 된다.

그리고 묻는 것은 답을 구하기 위해서인데, 답을 하면 예가 아니므로 딜레마로 분류되어야 할 것이다. 공자의 예는 앞으로 다룰 역설과는 거리가 멀지만 가르침이라는 측면에서 이 부분에 넣었다.

◎ 언젠가 장주는 나비가 된 꿈을 꾸었다. 훨훨 날아다니는 나비가

된 체 유쾌하게 즐기면서도 자기가 장주라는 것을 깨닫지 못했다. 그러나 문득 깨어나 보니 틀림없는 장주가 아닌가. 도대체 장주가 나비가 된 꿈을 꾼 것인가 아니면 나비가 장주가 된 꿈을 꾸고 있는 것인가? 1987/윤제근/학의 다리가 길다고 자르지 마라 59

장자가 나비가 되는 꿈, 나비가 장자가 되는 꿈에서 장자가 나비로, 나비가 장자로는 역설이다. 꿈을 꾸는 것은 대칭이다.

◎ 종교에 접근하는 길은 언제나 두 가지가 있었습니다.

하나는 외적인 길로, 교리적이거나 정통적인 접근 방식이고, 다른 하나는 내면의 길로 영적이거나 신비주의적인 접근입니다. 킴 마이클즈/예수님의 선문답 59

외적과 내적은 서로 허용할 수 없는 역의 관계이고, 정통성과 신비주의 또한 역의 관계다.

◎ 에크하르트의 하느님

그리스도교 역사상 가장 신비로운 성자는 에크하르트이다. 그는 교리를 초월한 신의 신비를 체험했었다. 그는 언젠가 이렇게 기도한 적이 있다.

"하느님 저는 당신께 의지하고 있습니다.

그러나 당신 또한 저에게 의지하고 계십니다.

만일 제가 없었다면 누가 당신에게 예배드리며 기도드리겠습니까?" 1993/박광수/70일간의 우화 여행 166

사람이 신에게 의지하듯이 신 또한 사람에게 의지한다면 같은 원리가 적용되는 대칭성을 띤다. 하지만 일반적으로 말하는 믿음의 대상으로서 외적인 신으로 본다면 역설이기도 하다.

에크하르트(Eckehart) : 중세 독일의 신비주의자. 원래 그는 가톨릭의 사제였으나 신과 신비로운 합일체험으로 영적인 깨달음을 얻었다. 그는 정통 기독교와의 교리와는 다른 가르침을 전했다는 죄로 순교했다.

◎ 이슬람의 성자 마울라나 잘랄 앗딘 무함마드 루미의 시
내가 지나온 모든 길은 곧 당신에게로 향한 길이었습니다.
내가 거쳐온 수많은 여행은 당신을 찾기 위한 여행이었습니다.
내가 길을 잃고 헤맬 때조차도 나는 당신을 향해 걸어가고 있었습니다.
그리고 마침내 내가 당신을 발견했을 때, 나는 알게 되었습니다.
당신 역시 나를 향해 걸어오시고 계셨다는 사실을…. 봄의 정원으로 오라 [메블라나 잘랄루딘 루미의 시모음 34편/naver 블로그]
나의 모든 길은 당신에게로 향한 길이고 당신 역시 나를 향해 걸어오고 계시다는 대칭성인 동시에 에크하르트의 예와 같은 역설이다.

*잘랄루딘 루미: 1200년경 이슬람의 대표적인 수피 신비주의로서 관용과 용서를 주장

◎ 나는 있습니다, 그리고 없습니다.
아직 내리지 않은 큰비에 흠뻑 젖었습니다.
아직 세우지 않은 감옥에 갇혀 있습니다.
아직 두지 않은 장기에 장군을 부릅니다.
아직 마시지 않은 당신 술에 벌써 취했습니다.
아직 터지지 않은 전쟁에 상처 입고 죽었습니다.
상상과 현실 사이의 다른 점을 나는 더 이상 모릅니다.
그림자처럼, 나는 있습니다.
그리고 없습니다. 잘랄루딘 루미/모든 것을 사랑에 걸어라/이현주 옮김, 꿈꾸는 돌, 2003/naver 블로그
'나는 있습니다.' 동시에 '없습니다'는 역설이다.
아직 내리지 않은 비에 젖었다는 것은 원인 결과가 뒤집혀

있다. 일반적으로는 왜곡으로 볼 수 있으나 엄밀히는 시간의 역설이다. 이하 넷 문장이 모두 그러하다. 상상과 현실이 서로 의존하고 있어서 대칭을 이루고 있다. 첫 문장인 내가 있는 동시에 없다는 역설을 다시 사용하고 있다. 대칭이다.

(시간의 역설: 물리학의 기본적인 방정식은 역시간 대칭의 특징이 있습니다. 시간을 거꾸로 돌릴 수도 있다는 것이고 시간의 흐름이 거슬러 올라가는 모든 과정이 가능하다는 것입니다. 지금 내가 하는 행위가 미래에 영향을 미칠 수 있는 것처럼 과거에도 똑같이 영향을 미친다는 뜻입니다. What The Bleep Do We Know_Down the Rabbit Hole)

시간의 역설은 불교 화엄경의 開花天地微分前의 내용과 같다. 하늘과 땅이 나누어지기 전에 이미 꽃은 피었다는 내용이다.

또한, 성경 히브리서에서 '예수 그리스도는 어제나 오늘이나 영원토록 동일하시니라' 와 불교 화엄경의 三世如來一體同(과거 현재 미래의 부처는 하나의 몸)이 시간의 대칭성을 이룬다. 루미의 시와 화엄경은 시간 역설로서 대칭성, 히브리서와 화엄경에서는 시간의 동시로 대칭성을 보인다. 각각 종교의 해석을 살펴보면 공간과 시간에 대한 고차원적 이해가 따르지 않아 각자 자기식 해석으로 인해서 종교가 다르다는 '다름'이 자리 잡게 되었다. 물론 다름은 우월의 왜곡된 표현이다.

◎ 더 이상 찾아 헤매지 말라
그대 집 뜰에 활짝 피어 있는 꽃을
자지레한 방울을 찾아다니는
그대 몸 안에서
보석 궁이 그대를 기다리고 있다
도대체 괴로울 까닭이 무엇이랴

신이 여기 계실진대 _{잘랄루딘 루미/모든 것을 사랑에 걸어라/이현주 옮김, 꿈꾸는 돌, 2003/naver 블로그}

찾아 헤매는 것은 외부의 일인 반면, 그대 몸 안에는 내면을 의미한다. 외부와 내면은 역설적이다. 또한, 이 내용은 불교 법화경과 성경 누가복음의 탕자의 이야기와 의미적 대칭성을 이룬다.

◎ 동서 스님이 물었다.

"물고기는 물을 생명으로 삼는데 무슨 까닭에 물속에서 죽는가?"

한 노파가 말하기를

"강물 속에서 잃은 돈을 강물 속에서 주웠노라." _{불교 어록}

'물을 생명으로 삼는다'와 '물속에서 죽는다'는 역설의 관계다. 그리고 '물속에서 잃다'와 '물속에서 찾았다.' 역시 역설이다. 역설의 질문에 역설로 대답을 했다. 그래서 대칭성이다.

◎ 어떤 사람이 물었다.

"지혜는 큽니까?"

"크다"

"얼마나 큽니까?"

"끝이 없다."

"지혜는 작기도 합니까?"

"작다"

"얼마나 작습니까?"

"찾아도 보이지 않는다."

"어디가 그렇습니까?"

"어디가 안 그렇더냐?" _{선문답/불교}

질문하는 사람은 범주화를 넓히다가 다시 좁혔다. 큰 동시에 작다가 역설이다.

'어디가 그렇습니까?'는 앞의 역설에 대한 반론이자 일반화이다.

'어디가 안 그렇더냐?'는 반론에 대한 반론이고 일반화이다. 두 일반화가 역설 관계다.

◎ 마조스님이 무속 스님에게

"몸은 우람한 법당인데 그곳에 부처가 없구나."라고 하니

"교학으로는 선문에서 말하는 마음이 부처라는 말을 모르겠습니다."라고 무속 스님이 말하자 마조 스님이

"알지 못하는 그 마음이 바로 그것이지, 다른 것은 없다." 했다. 선문답/

불교

"모르겠다"는 것이 답인 역설이다. 철학자들과 종교의 성자들이 즐거워하는 기준은 일반 사람들과는 다른 영역임에 분명하다.

◎ 유식을 강의하는 도광이라는 강사가 물었다.

"선사께서는 어떤 마음을 써서 수행하십니까?

선사가 대답했다.

"노승은 쓸 마음도 없고, 수행할 것도 없다."

"쓸 마음도 없고, 수행할 것도 없다면 어째서 날마다 사람들을 모아 놓고 선을 배우고, 수행하라 하십니까?"

"노승에게 송곳 꽂을 자리도 없는데 어디에다 사람들을 모았다 하며, 노승에게 혀도 없거늘 언제 사람들을 권했다 하는가?"

"선사께서는 마주 보면서 거짓말을 하십니다."

"노승은 사람에게 권장할 혀도 없는데 어떻게 거짓말을 하겠는가?"

"저는 선사의 말씀을 이해하지 못하겠습니다."

"노승 자신도 이해하지 못한다." 불교어록

처음 대화는 3번의 역설이다. 마지막에는 "이해하지 못한다." 는 대칭으로 반응했다.

8
·
딜레마

dilemma: 이러지도 저러지도 못하는
난처한 지경이 웃게 하는 경우다.

◎ 호랑이 꼬리와 등산객

바위 주위 따뜻한 곳에서 호랑이가 낮잠을 자고 있었다. 등산객이 그 옆을 지나다가 지레짐작으로 호랑이가 깨어나면 큰일이라는 생각에 호랑이의 꼬리를 바위틈 사이로 끌어당겼다. 호랑이는 깨어났으나 꼬리가 사람에게 잡혀 꼼짝할 수가 없었다. 사람 역시 마찬가지가 되었다. 출처불명

불투명한 판단인 지레짐작이 딜레마를 낳았다.

◎ 어느 국립공원 관리인이 자신만의 고민을 토로했다.

"멸종위기에 있는 동물이 멸종위기에 있는 식물을 먹는 것을 발견하면 어떻게 해야 하나?" 한겨레21 1999년 04월 29일 제255호 웃기는 세계

◎ 부패한 정치가

부정부패 혐의로 기소된 한 정치가가 판결 결과를 알려줄 변호사의 전화를 초조하게 기다리고 있었다. 마침내 전화벨이 울렸다.

"어떻게 됐습니까?"

"마침내 정의로운 심판이 내려졌습니다."

"알았소. 당장 항소합시다." 한겨레21 1998년 10월 15일 제228호 웃기는 세계

정의로운 심판에 항소를…….

◎ 사장이 근무시간에 미용실에 다녀온 직원을 불러

"근무시간을 그렇게 낭비하면 되나"라고 호통을 쳤다.

그러자 직원은 "내 머리카락은 근무시간에도 자라니까 그럴 권리가 충분히 있습니다"라고 되받아쳤다. 이에 화가 난 사장이

"당신 머리카락이 근무시간에만 자라는 것은 아니지 않은가"라고 반문하자

직원이 하는 말. "그래서 반만 잘랐는걸요." 한겨레21 2000년 07월 13일 제316호

◎ 한 스님이 여자 신자와 눈이 맞았다. 방에서 둘은 뽀뽀를 열심히 하고 있는데, 다른 신자 한 사람이 찾아와 밖에서 "스님"하고 부른다. 스님은 얼떨결에 방에서 급히 뛰어나왔다. 밖에서 부르던 신자가 스님을 향해 "스님, 입이나 좀 닦고 나오시죠!"

◎ 지나친 개종이 낳은 딜레마

한 아가씨가 결혼을 목적으로 개신교교회에 충실한 한 남자를 만나기 시작했다. 더욱 가까워졌을 때 남자친구를 자신의 부모님에게 인사를 시켰다. 그런데 아가씨 부모는 독실한 가톨릭 신자가 아니면 허락해줄 수 없다는 황당한 말이 있었다. 아가씨는 그때부터 남자친구의 개종을 치밀하게 시작했다. 다행히 남자친구는 잘 따라 주었는데, 어느 날 남자친구가 더욱 황당한 말을 하는 것이 아닌가? 신부가 되겠다고 한다. 너무 많이 개종한 것이 문제가 되었다. 출처불명

◎ 사제 수업을 받는 세 젊은이가 성적 욕구를 자제하는 시험을 치르게 되었다. 주임 사제가 세 명에게 각각 흥분하면 벨이 '딸랑' 울리도록 장치를 하고는 어여쁜 아가씨를 방에 들어오도록 했다. 여자가 웃옷을 다 벗기도 전에 첫 번째 학생에게서 '딸랑' 하는 소리가 울렸다. 실망한 주임사제는 "얼른 가서 찬물로 샤워를 하거라"라고 명령했다. 여자가 속옷을 다 벗기도 전에 두 번째 학생에게서 '딸랑' 하는 소리가 울렸다. 화가 난 사제가 "너도 가서 찬물로 샤워를 해라" 하고 목소리를 높였다. 이제 다 벌거벗은 여자가 세 번째 학생 앞에서 춤을 추었다. 그러나 아무런 반응이 없었다. 감격한 사제가 "네가 제일 먼저 사제가 될 거야. 시험이 다 끝났으니 어서 가서 다른 친구들과 함께 샤워하렴" 하고 말하자마자 '딸랑 딸랑 딸랑' 벨이 잇따라 울리기 시

작했다. 한겨레21 2000년 07월 13일 제316호 웃기는 세계

마지막 학생은 여자를 보며 흥분하는 것이 아니라 함께 샤워하라는 말에 흥분하고 있다.

◎ 교회와 절이 가까이에 있어서 나는 가끔 교회에 갔었는데, 교회 집사님이 승려인 내 앞에서 불교를 비방한다. 대부분 그렇듯이 자신의 종교 가치 기준으로 다른 종교를 비방하고 있었다.

나는

"만약 당신이 당신의 종교를 제대로 이해를 했다면 남의 종교를 비방하지 않을 것이다"

◎ 한 사람이 여러 사람 앞에서 자기 아버지의 덕을 자랑하길

"우리 아버지는 인자하여 남을 해치지 않고 말이 진실하다."

그때 이 말을 듣고 있던 한 어리석은 사람이 곧 이렇게 말하였다.

"우리 아버지의 덕행은 네 아버지보다 낫다."

사람들이

"어떤 덕행이 있는가?"

그는 대답하였다.

"우리 아버지는 어릴 때부터 음욕을 끊어 조금도 더러움이 없다" 불교 백유경

자랑할 때 대부분 비교 대상에서 시작한다. 지나친 자랑이 아이러니를 초래했다.

◎ 신혼여행을 떠나게 되는 딸 벤야민에게 어머니가 열심히 타일렀다. 그도 그럴 것이 벤야민은 타고난 플레이 걸이라 임신중절까지 한 전과자였기 때문에 여간 신경이 쓰이는 것이 아니었다. "알겠니? 일생이 걸린 중대사이니 잘 처신해야 한다."

"참, 어머니두, 처녀막 같은 거 신경 쓰는 것은 구식이에요. 더구나 톰은 그런 것엔 개의치 않을 거예요."

"그래서 넌 숙맥이라는 거야. 사내란 처음에는 대범한 체하지만, 한 1년 지내봐라. '제기랄! 난 헌 물건을 떠맡았다'라고 입을 삐죽이 내밀고, 네 기를 죽인 후 마음 놓고 바람을 피울 게 분명해. 그러니 잘해 보라구."

"그래서 저보고 사기를 치라는 거예요?"

"네 행복을 위해서 그러는 거야. 옛날 일들일랑 없었던 거로 생각하고, 새로운 출발이라고 생각하는 거야."

"걱정하지 마셔요, 엄마. 나 연기력 하면 그만이잖아요."

"중대한 일이니 정신 차려야 한다."

"네에, 잘 알았습니다."

어머니의 걱정스러운 얼굴을 뒤로하고 벤야민은 신혼여행을 떠났다. 그로부터 닷새 후 벤야민이 신혼여행에서 돌아왔다. "엄마, 만만세야!"

"그게 무슨 말버릇이냐, 어린애처럼……."

"작전이 크게 성공했어요. 내가 아픈 척했더니 톰이 진짜 신용해 버리지 뭐예요. '당신이 25년간 고이 간직했던 것을 갖겠소'라고 말하는데 혀가 날름 나오데요."

"그래, 톰은 조금도 의심치 않던?"

"그럼요. '아픈 것도 처음뿐'이라고 위로해 주던걸요."

"흐흥…… 그랬었구나."

어머니는 얼른 이해가 가지 않았다.

"왜 그러셔요, 어머니? 무난히 속여 넘겼는데 말이에요……."

어머니는 잠시 생각에 잠겼다가 입을 열었다.

"그야 잘된 일이지. 네 아버지도 그랬었단다. 그러나 그렇게 쉽게 넘어가는 사내는 출세하기 어렵다는 게 내 경험이야. 숙맥 같은 사위

녀석." _{임유진/세계인의 해학Y 담/211}

　결혼의 관문인 처음엔 속아 넘어간 것이 다행이긴 하지만 앞으로 살 일이 어려워 보인다. 만약 처음에 속아 넘어가지 않았다면 그것 또한 심각한 문제다. 이러지도 저러지도 못하는 딸의 어머니다.

　◎ 어떤 마을 사람들이 남의 소를 훔쳐서 잡은 뒤 모두 나누어 먹었다. 소를 잃은 사람이 그 흔적을 따라 이 마을까지 찾아와 마을 사람들을 불러 놓고 사정을 말하면서 물었다.

　"너는 이 마을에 있지 않으냐, 너는 소를 훔치지 않았는가?"

　그는 대답하였다.

　"내게는 마을이 없습니다."

　"너희들 마을 복판에 못이 있는데 그 못 가에서 소를 나누어 먹지 않았는가?"

　"못이 없습니다."

　"못 곁에 나무가 있지 않은가?"

　"나무가 없습니다."

　"소를 훔칠 때 이 마을 동쪽에 있지 않았는가?"

　"동쪽이 없습니다."

　"소를 훔친 때는 한낮이 아니었는가?"

　"한낮이 없습니다."

　…그 외 무엇이 없었는가? _{불교 백유경}

　◎ 불교에서는 '무아(無我)' 즉 내가 없음을 최상의 상태인 부처님이 되었다고 믿는다.

　한때 불교에 정통한 스님이 무아(無我), 공(空), 아공(我空), 법공(法空)을 설했다. [여기서 법공이란 모든 부처님이 주장한 진리도 원래는 없

다는 것이다.]

　설법이 끝나자 설교를 듣던 분이

　"그럼 내가 없는 것을 아는 것은 누구인가?"

　◎ 환자의 상태가 매우 나쁘다고 판단한 의사가 고민 끝에 환자에게 말했다.

　"이제 며칠을 넘기기가 어렵겠습니다. 누구 만나보고 싶은 사람은 없습니까?"

　의사의 말을 들은 환자는 감았던 눈을 힘겹게 살짝 떴다. 그러고는 의사의 귀에 입을 대고 낮은 목소리로 속삭였다.

　"있습니다."

　"누굽니까?"

　의사가 묻자 환자가 대답했다.

　"제발 다른 의사 좀 만나게 해주세요." <small>조관일/끝내주는 유머 이기는 유머 37</small>

　◎ 어떤 스승이 제자에게 말했다.

　"절대적인 확신은 하지 마라. 그건 바보나 하는 짓이야."

　제자가 물었다.

　"스승님, 스승님은 그것을 절대적으로 확신합니까?"

　"그럼!" <small>1993/박광수/70일간의 우화 여행 26</small>

　◎ 한 객 스님이 어느 절에 하룻밤을 머무르고 아침이 되어서 절을 떠났다. 그런데 다음 날 저녁때가 되어 다시 그 절로 돌아와 하룻밤을 더 머물러 갈 것을 주지 스님에게 요청했다.

　주지 스님은 "어제 하룻밤을 머물고 간 스님이 아닙니까?"

　객스님 "어젯 중은 어젯 중이고 오늘 중은 오늘 중이고…!"

9
· 융합

이 장에서는 이제까지 추출된 원리가
두 개 이상으로 꾸며진 농담들이다.

◎ 한 남자가 정신분석가를 찾아갔다. 정신분석가는 잉크 반점이 들어있는 한 묶음의 카드를 꺼내서 한 장씩 그 남자에게 보여주며 무엇이 연상되는지 물었다. 남자는 첫 번째 카드를 보고 "섹스"라고 말했다. 그는 두 번째 카드를 보고도 "섹스"라고 말했다. 그는 모든 카드에 "섹스"라고 대답했다.

정신분석가는 걱정스러운 표정을 지었다.

"당신 마음속에는 섹스가 가득하군요."

그러자 남자가 깜짝 놀란 표정을 지으며 말했다.

"아니, 그 지저분한 그림은 모두 당신 거요?" 리처드 와이즈먼/한창호/괴짜 심리학 221

"마음속에는 섹스가 가득하군요"는 왜곡과 일반화이다.

"그 지저분한 그림은 모두 당신 거요?"는 왜곡과 일반화이다. 또한, 정신분석가의 주장을 역설했다.

◎ 처칠의 수염

처칠이 보수당을 탈당하고 자유당에 입당했을 때, 여태까지 그의 팬이었던 많은 사람이 노발대발했다. 그 주의 한 젊은 여성이 그에게 이렇게 말했다.

"당신에게는 내 마음에 들지 않는 점이 꼭 두 가지가 있습니다."

"호오, 그래요. 그게 무엇입니까?"

"당신의 새로운 정책과 수염입니다."

그녀가 말하자 처칠이 차가운 표정으로 말했다.

"당신은 그 두 가지와 절대로 쉽사리 가까이할 수 없을 것입니다."

그리고 노발대발하던 사람들을 향하여 소리 질렀다.

"영국의 배는 파도에 휩쓸리지 않고 방향키를 제대로 잡고 항해 중입니다." 임유진/세계인의 해학 Y담 320

새로운 정책과 수염이 뭘 의미하는지 이 글만으로는 분명치 않다. 하지만 처칠은 그 둘의 관계를 그녀가 처칠을 보는 시각으로 표현했다고 본다면 대칭성이다.

그리고 자신의 행방을 '영국의 배가 항해'로 은유했고, 동시에 보수당과 자유당을 모두 포함하는 범주화를 높인 영국의 배로 은유했다고 볼 수도 있다.

◎ 절 가까이에 사는 할머니 두 분은 오후에 절에 오신다. 할머니 두 분은 이런저런 이야기로 꽃을 피우는데, 나는 가끔 듣게 되었다. 한 할머니는 한문 지식이 높다. 다른 할머니는 저승사자 이야기가 주메뉴다. 한때 한문에 능통한 할머니만 보인다. 나는 그 할머니께

"저승 할머니는 안 보이네요."

하니 배를 잡고 웃는다. 그 후로 가끔 이런저런 일로 웃겼는데, 나는 일상적인 이야기를 하는데도 불구하고 그 할머니는 웃기만 한다.

저승 이야기를 잘하는 까닭에 '저승 할머니'라고 부르기 시작했다. 왜곡이다. 나의 이야기라면 무조건 웃는 할머니가 되었다. 일반화되었다.

◎ 한 시각장애인이 미국 여행을 하게 되었다. 비행기 좌석에 앉으며 그는 감탄스럽게 말했다.

"의자가 크기도 하군."

"미국에선 모든 게 큽니다." 옆좌석의 여행객이 대답했다. 그는 뉴욕에 도착해 바에 들어가 맥주를 주문했다. 맥주잔을 두 손 가득히 잡고 감탄조로 말했다.

"맥주잔이 크기도 하군."

"미국에선 모든 것이 큽니다." 웨이터가 대답했다. 맥주잔을 바닥까지 비우고 나서 그는 자연적인 욕구에 따라 화장실이 어딘가를 물었다.

"쭉 앞으로 가서 오른쪽으로 두 번째 문입니다."

불행히도 그는 두 번째 문을 지나쳐 수영장으로 통하는 세 번째 문을 열었다. 당연히 그는 물에 첨벙 빠졌다. 사람들이 그를 건져내려고 애쓰는 동안 그가 외쳤다.

"우선 제발 소변을 참아주세요." 한겨레21 1999년 07월 08일 제265호 웃기는 세계

"모든 게"는 일반화이다. "우선 제발 소변을 참아주세요."는 앞의 일반화로 인한 왜곡이다.

◎ 경찰모독

경찰학교 조교가 수십 명의 학생을 훈련하던 중이었다.

"모두 일렬로 섯!" 모든 학생이 절도 있게 한 줄로 섰다.

"왼발 들어!" 그러자 모두 왼발을 들었는데 한 학생만이 오른발을 들었다. 한참을 유심히 쳐다보던 조교가 말했다.

"거기 양발 모두 든 놈 나와!" 한겨레21 2000년 03월 02일 제297호 웃기는 세계

모두가 왼발을 들은 것으로 일반화된 현상이다. 오른발이 하나 보이자 양쪽 발 모두 들었다고 판단했는가 보다. 일반화에 의한 왜곡이다.

◎ 취리히 증권가 직원의 좌우명

"스위스 주주들은 경기가 좋을 때는 양과 같지만, 경기가 나빠지면 호랑이가 된다. 그러나 둘 다 짐승임은 틀림없다." 한겨레21 1998년 11월 26일 제234호 웃기는 세계

양과 호랑이는 역의 관계이고, 양과 호랑이 모두 짐승에 속한다. 범주화 up이다. 틀림없다는 일반화이다.

◎ 미국에서는 클린턴의 섹스 스캔들을 소재로 한 농담이 여전히 인기다.

역대 대통령과 클린턴의 차이

조지 워싱턴과 리처드 닉슨, 빌 클린턴의 차이점은 무엇일까?

워싱턴은 거짓말을 할 줄 몰랐고, 닉슨은 진실을 말할 줄 몰랐고, 클린턴은 그 차이를 모른다는 것이다. 한겨레21 1998년 12월 10일 제236호 웃기는 세계

워싱턴과 닉슨은 역의 관계이고, 셋 모두 '모른다.'를 동일하게 사용했다. 두 상반되는 현상과 두 쪽 모두에 해당하지 않는 현상을 하나의 어휘로 꿰었다. 대칭성이다.

◎ 블레어와 마르크스

토니 블레어 총리 집무실의 백열전등이 끊어졌다. 블레어는 시장경제 만능주의자인 하이에크 교수에게 물었다.

"백열전등이 고장 났는데 어떻게 할까요?"

하이에크가 대답했다.

"국가가 절대로 개입하면 안 됩니다. 그냥 시장 메커니즘에 맡겨두면 언젠가는 세상이 저절로 환해지게 돼 있어요."

그러나 오래 기다릴 수 없었던 블레어는 마르크스를 찾아가 자문을 구했다. 마르크스는 쓰고 있던 <자본론>에서 눈도 떼지 않고 대답했다.

"전등이 어찌 되건 나는 관심이 없소.

우리는 전기 시스템 자체를 갈아치우는 게 목적이니까." 한겨레21 1998년 11월 12일 제232호 웃기는 세계

시스템에 모든 것을 맡기는 것과 시스템을 갈아치우는 것은 역의 관계이다. 시장 메커니즘의 범주화 하위에 전기 시스템이 위치한다. 전기 시스템 하위에 전등이 위치한다.

◎ 예수가 여자였을지도 모른다는 가장 설득력 있는 세 가지 증거.

1. 재료가 없음에도 불구하고 아주 짧은 시간 안에 수많은 사람을 먹여 살렸다.
2. 많은 사람에게 자신의 복음을 전달하려고 애썼지만, 사람들은 그를 이해하지 못했다.
3. 이미 죽었음에도 아직 해야 할 일이 많이 남아 있어서 부활해야 했다. 롤프 브레드니히/이동준옮김/위트상식사전195

위의 문장에서 '불구하고… 했다. 죽었음에도… 살아났다. 상반된 상황을 만들었고 '수많은 사람을', '많은 사람에게', '할 일이 많아' 일반화가 적용되었다.

◎ 신부: 당신의 죄를 용서해 드릴 테니 죄를 솔직하게 고백하십시오.

테리: 실은 다른 사람 집에서 기르는 닭을 몰래 훔쳤습니다.

신부: 매우 나쁜 죄를 저질렀군요.

테리: 신부님께서 그 닭을 받아주시겠습니까?

신부: 절대로 안 됩니다. 당신은 그 닭을 주인에게 돌려주어야 합니다.

테리: 하지만 닭 주인이 닭을 다시 돌려받으려 하지 않는데요.

신부: 음… 그래요. 그렇다면, 당신이 그 닭을 가지도록 하십시오.

테리 : 감사합니다. 신부님.

테리는 고백성사를 끝내기가 무섭게 자리를 떴다. 하지만 신부는 왠지 꺼림칙한 기분이 들어 성당 안 닭장으로 달려가 안을 들여다보았다. 가까이 가서 세어보았더니 닭 한 마리가 감쪽같이 사라지고 없었다. 한겨레21 2000년 02월 17일 제295호 웃기는 세계

다른 사람 집이란 구체적이지 않은 불명확함의 일반화를 사용했다. 훔치는 시간의 왜곡이 있다.

◎ 모세, 예수 그리고 흰 수염의 노인이 골프를 치고 있었다. 먼저 모세가 우아하게 공을 쳤으나 공이 호수로 떨어졌다. 모세가 이에 당황하지 않고 골프채를 들어 올리자 물이 두 쪽으로 갈라졌다. 모세는 그 사이로 걸어가 두 번째 스윙했다.

그다음 차례로 예수가 공을 날렸으나 호수에 떠 있는 연꽃 위에 떨어졌다. 예수는 미소를 지으며 물 위를 유유히 걸어가 두 번째 스윙했다.

골프를 해본 적이 없는 노인이 마지막으로 공을 날렸으나 나무에 걸렸다. 그러나 곧 공이 나무 옆 주택의 지붕으로 날아가더니 빗물이 빠지는 관을 통해 하수구로 밀려 나와 호숫가에 있는 바위 앞에 멈췄다. 그러자 커다란 두꺼비가 공을 덥석 물더니 골프장으로 뛰어와 정확히 구멍에다 공을 토해냈다. 노인이 승리를 거두자 모세가 예수를 향해서 하는 말.

"다시는 네 아빠와 골프 안 칠 거야." _{한겨레21 2000년 07월 06일 제315호 웃기는 세계}

모세와 예수는 이미 잘 알려진 구체적인 인물이다. 반면 '흰 수염의 노인'은 구체적이지 않은 인물이다. 모세와 예수의 골프는 실력자이지만 노인은 처음이다. 그리고 모세와 예수는 그들 자신의 신비의 능력이지만 불확실한 노인의 능력은 공이 알아서 날아가는가 하면 동물이 와서 도와준다. 그리고 과거의 신화에 골프인 현재가 결합되어 있다. 몇 가지 대비 효과로서 문맥을 구성하였다.

문장 처음 '흰 수염의 노인'으로 불명확함인 일반화이다. 불투명한 흰 수염의 노인에 대한 정체가 나중에 구체적으로 밝혀진다. 물 위로 걷는 것과 공이 알아서 날아가거나 동물이 와서 문제를 해결하는 방식은 왜곡에 해당한다.

◎ 신참 스님이 언덕 위에 서 있는데 고참 스님이 아래에서 걸어오

는 것을 보고는 신참 스님이 두 손을 모으며 먼저 인사를 했다. 그러자 고참 스님이 말하길

"인사를 위에서 내려다보며 하는가?"라고 불만으로 말하니

신참 스님이

"본질엔 높고 낮음이 없지 않습니까?"라고 반문했다.

그러자 고참 스님이

"높고 낮음이 없으면 왜 산은 높고 물은 아래로 흐르는가?"라고 다시 반문하니

신참 스님이 아무런 대답을 못 했다.

이 일을 두고 고참 스님은 다른 스님들 앞에서 자랑스러워했다. 옆의 어떤 노스님이 하는 말이 "참 심오한 질문이었네" 하고 맞장구를 쳤다.

인사를 하는데 높낮이와 물이 높은 곳에서 낮은 곳으로 흐르는 것은 전혀 별개의 관계다. 만약 두 관계를 연관 짓는다면 왜곡에 해당한다. 그리고 산과 물을 이야기하면 어디에서나 통하는데, 이는 일반화의 오류다.

위 같은 경우 왜곡된 일반화의 오류를 고참 스님의 믿음으로 형성된 경우인데, 어떻게 질문하면 고참 스님의 오류적 믿음을 깨뜨릴 수 있을까?

◎ 유럽대륙 사람을 깔보기 좋아하는 영국 장군이 폴란드에 갔다. 공항에서 택시를 타고 시내로 들어가면서 장군이 운전사에게 말했다.

"폴란드 군대는 역사상 전투에서 이겨본 적이 없다던데…."

운전사가 대답했다.

"이긴 적도 있고 진 적도 있지요."

"아니, 내가 더 정확할걸. 폴란드 군대에 입대하면 후퇴부터 가르친다면서요?"

약간 기분이 상한 운전사는 묵묵히 운전만 했다.

조금 뒤 장군이 또 물었다.

"폴란드군 탱크는 많이 다르다면서요? 전진 기어가 1단이고 후진기어가 4단이랍디다."

기분이 더욱 나빠진 운전사는 아무 대꾸도 하지 않았다. 한참을 달리다 운전사는 깜빡이 등이 제대로 작동하지 않는 것 같아 장군에게 말했다.

"손님, 잠깐 내리셔서 오른쪽 깜빡이 등이 괜찮은지 한번 봐 주시겠습니까?"

길가에 내린 장군은 깜빡이 등을 유심히 보더니 큰 소리로 말했다.

"불이 잘 들어와요. 아니, 꺼졌는데… 아니, 다시 들어왔소. 아니, 잠깐만 또 꺼졌소. 이거 고장 났구먼." _{한겨레21 1999년 02월 04일 제244호 웃기는 세계}

장군이 영어로 general이다. 일반화된 눈을 가진 사람을 꼬집는 위트라고 본다. 폴란드는 모든 전쟁에서 졌다는 일반화된 시각으로 인해서 모든 전쟁 도구들이 거꾸로 작용한다는 왜곡과 일반화이다. 더구나 택시의 깜빡이마저 고장으로 보게 되었다. 일반화의 위력이다.

◎ 여선생님이 학생들에게 장래희망이 무엇이냐고 물었다. 수지가 말했다.

"저는 배우가 되고 싶어요."

클리프가 말했다.

"저는 우주비행사가 될래요."

"모두 좋아요. 근데 리틀 조니, 넌 무엇이 되고 싶니?" 선생님이 물었다. 리틀 조니는 섹스 치료사가 되고 싶다고 자랑스럽게 말했다. 황당한 선생님.

"그게 대체 무슨 일을 하는 직업인지나 알고 있니?"

그러자 리틀 조니는

"저 창밖을 보세요. 여자 셋이 아이스크림을 먹고 있지요. 왼쪽 여자는 핥고, 가운데 여자는 빨고 오른쪽 여자는 씹어먹고 있어요. 누가 결혼했는지 아시겠어요?"

순간 무안해진 선생님. 화가 난 목소리로 외쳤다.

"리틀 조니! 당장 부모님 모시고 와!"

그러나 리틀 조니는 웃으며 말했다.

"선생님, 그 세 여자 중 기혼자는 결혼반지를 끼고 있는 가운데 여자예요.

내가 치료하고 싶은 사람이 바로 선생님처럼 매사에 이상한 상상을 하는 사람들이에요." 한겨레21 1999년 10월 28일 제280호 웃기는 세계

조니는 "저 창밖을 보세요. 여자 셋이 아이스크림을⋯⋯"에서 결혼반지 이야기는 누락되었다. 누락된 것으로 '매사'로 일반화했다.

◎ 콜 총리의 뉴욕방문을 앞두고 그의 참모진들은 그에게 노련한 미국 기자들을 조심하라고 거듭 주문했다.

이에 대해 콜은 '아무 걱정하지 말라'고 우쭐댔다.

존 에프 케네디 공항에 콜이 도착하자마자 기자들이 그를 에워쌌다.

한 기자의 질문:

"뉴욕에서 스트립 바에 가보실 예정입니까?"

다소 의외라는 듯 한참을 생각하던 콜이 물었다.

"여기에도 스트립 바가 있습니까?"

다음날 콜은 호텔 방에서 조간신문을 받아들었다.

기사의 제목은 다음과 같았다.

[뉴욕 도착 이후 콜이 던진 첫 질문: 여기도 스트립 바가 있나요?] 한

'아무 걱정하지 말라'고 하고서는 엉뚱하게 당했다. 이와 같은 농담이 만들어진 것은 아마도 콜 총리가 '아무 걱정하지 말라'는 말을 자주 했는가 보다. 아무 걱정하지 말라는 예외 없는 보편적인 표현으로 일반화이다. 이처럼 같은 말을 자주 하게 되면 그것으로 왜곡해서 놀림감으로 만들어질 수 있다.

그리고 조간신문 기사에서는 기자가 콜에게 먼저 질문한 "뉴욕에서 스트립 바에 가보실 예정입니까?"가 누락되었다. 마치 콜이 "여기에도 스트립바가 있느냐?"라고 기자들에게 먼저 질문을 한 것으로 실렸다. 누락으로 인한 왜곡이다.

◎ 아랍사람들에게 있어서

'인샬라'라는 말은 많은 사람들이 알고 있듯이 "신의 뜻이라면…"이라는 뜻이다. 아랍사람들은 모든 일을 '신의 이름으로' 행하고 일의 성사 여부도 '신의 뜻'이라고 생각한다. 그래서 약속을 할 때도 '인샬라'라는 말을 항상 덧붙인다. 여기까지는 좋다. 종교심이 강한 걸 탓할 수는 없으니까. 문제는 아랍사람들은 약속을 잘 안 지킨다는 점이다. 약속할 때면 항상 끝에 '신의 뜻이라면'이라는 말을 붙이고, 그래서 약속을 이행하지 못해도 그것 역시 그 지긋지긋한 "신의 뜻"이지 자기는 책임이 없다고 한다. '인샬라'로 골탕을 먹은 외국인이 한두 명이 아니다. 한겨레21 1999년 08월 05일 제269호 웃기는 세계

약속할 때도, 깨고도 그 말을 사용한다면 대칭성으로 볼 수 있다. 또한, 책임을 면하기 위한 상투적인 용어로 볼 수도 있다. 종교의 특정 어구와 민중의 도덕성이 결합 된 경우다. 왜곡된 일반화이다. 한국의 예로 "업이려니", "복이다", "모든 게 팔자소관"과 같은 용어인데, 어디에 가져다 붙여도 말이 되는 듯하다. 한때 '모든 것이 조상 탓'이란 상투구가 유행한 적이 있었다.

그리고 골탕을 먹일 용도라면 웃음과는 거리가 먼듯하다. 하지만 가끔은 다른 사람의 골탕이 웃음거리가 되는 예도 있다.

◎ 아랍사람들의

부크라(Bukra)는 '내일'이라는 뜻이다. 모든 일에 느긋한 아랍인들은 이 내일이라는 말을 무척이나 좋아한다. 그러나 이들이 말하는 내일은 '하루 뒤'가 아니다. 그것은 막연한 미래다. 내일이 될지 모레가 될지 아니면 일주일 뒤 또는 한 달 뒤가 될지, 아니 어쩌면 영원히 오지 않을 미래일 수도 있다. 그래서 가령 "내일까지 사업에 관한 모든 서류를 준비해 두겠습니다"라고 했을 때 그것을 곧이곧대로 믿고 일을 진행하면 낭패를 당하기 십상이다. 한겨레21 1999년 08월 05일 제269호 웃기는 세계

내일은 오늘 이후에 모든 시간이니 왜곡이다. 물론 아랍인들에게는 왜곡이 아닐 수도 있다. 이러한 특정단어에 대한 고유한 인식이 문화권의 범주에서만 존재하지는 않는듯하다. 개인에게도 존재한다.

◎ 아랍인들의

말레시(Malleshi)는 한국어로 표현하기가 참 모호하지만, 비슷하게나마 풀어보면 "괜찮다, 참아라… 그럴 수도 있지"라는 뜻이 있다. 그런데 문제는 아랍사람들은 잘못하고도 이 말 한마디면 모든 것이 다 해결된다고 생각하는 것이다. 언젠가 한 한국인이 차를 타고 가다가 뒤에서 오던 차에 받힌 적이 있었는데, 그때 뒤차 운전을 하던 이집트인이 내려서 차의 상태를 둘러보고는 "말레시"하고 가버렸다고 한다. 한겨레21 1999년 08월 05일 제269호 웃기는 세계

'괜찮다, 참아라, 그럴 수도 있지'로 모든 것이 해결된다고 생각하면 왜곡이다. 그리고 모든 곳에 적용된다면 일반화이다. 농담에서뿐만 아니라 일반적으로도 왜곡을 무의식적으로 사용빈

도가 높은 사람이 있다. 또한, 일반화나 누락도 마찬가지다. 무의
식적으로 사용하고는 사용하지 않았다고 잡아떼는 사람도 있
다. 잡아떼는 경우는 기억에 없을 수도, 변명일 수도 있다. TV 드
라마나, 사극을 보면 푼수 역할을 하는 사람이 하나쯤은 있기
마련인데, 이 역할을 하는 사람들을 잘 살펴볼 필요가 있다.

◎ 어떤 어부가 어마어마하게 큰 물고기를 잡았다. 그 고기는 큰 송
아지만 했다.
　신기하게 여긴 사람들이 고기를 구경하러 몰려들었다.
　어떤 바보가 눈만 껌뻑거리면서 그 고기를 쳐다보았다.
　"이것은 고기가 아니야. 이렇게 큰 고기란 있을 수 없어."
　바보는 고기를 손으로 직접 만져 보았다. 그래도 믿을 수 없었다.
평생 그런 고기는 듣지도 보지도 못했기 때문이다. 화가 난 바보가 소
리를 질렀다.
　"이것을 바다로 집어넣어야겠어요. 이건 고기가 아니란 말이에요.
용왕이에요. 이것을 잡아먹으면 벌 받을 거예요" 1993/박광수/70일간의 우화 여행
122
　'내 평생'은 일반화이다. '이건 고기가 아니다.'와 '벌 받는
다'는 왜곡이다. 특정 크기만이 물고기라는 믿음이 작용하고 있
다.
　신기한 것이나 비일상적인 상황을 알고 있는 어떤 것에 짜
맞추되 알려진 특정 믿음에 근거해서 짜 맞추어간다.

◎ 딸이 아빠에게 결혼을 통보하고 있었다.
　"아빠, 나 결혼할래요!"
　"그래. 그런데 너 그 사람을 안 지가 얼마 안 되었잖니?"
　"그건 제 일이에요."

"그가 너를 사랑하기는 하는 거냐?"

"그것도 제 일이에요."

"그건 그렇고, 경제적으로는 어떻게 살아가려고 그러니?"

"그건 아빠 일이죠!" 한겨레21 2000년 08월 29일 제324호 웃기는 세계

'그건 제 일'을 두 번이 했으니 대칭이다. 하지만 마지막엔 '묻는 사람의 일'이 되어 왜곡이다.

◎ 이른 봄, 텃밭에 씨앗을 파종해야 하는 시기다. 절 내부와 주변의 여러 가지 일을 하는 분(처사)이 텃밭의 일을 하기 싫어서인지 핑계가 "모기가 물어서 텃밭 일은 할 수 없다"라고 한다. 하지만 봄이라 텃밭에 모기가 있을 리가 없다.

이 일을 두고 주지 스님은 약간 화가 나서

"아니, 모기가 물어서 텃밭 일을 할 수 없다는 게 말이 되냐?"고 투덜거렸다.

주지 스님과 나는 텃밭에 씨앗을 파종해 두었는데, 봄의 가뭄 때문에 며칠이 지나도 싹이 나지 않고 있었다.

어느 날, 주지 스님과 나는 밭일을 추가로 하고 있을 때였다. 주지 스님은

"처사가 모기 때문에 밭일을 할 수 없다는 것이 말이 되지 않는다"라는 이야기를 되풀이하고 있었다. 그러다가 며칠 전에 파종해 놓은 곳을 바라보며

"뿌려놓은 씨앗 싹은 왜 나오지 않는 거야?"라고 불만으로 이야기를 했다.

이때 나는

"모기가 물어서 싹이 나지 않는다"라고 했다. 당연히 폭소 거리였다.

그 후로 주지 스님은 처사에 대해 투덜거림이 사라졌다. 물론 나만

보면 웃는 건 당연한 일이 되었다.

　주지 스님의 두 가지 별개의 주장을 연결해서 "모기가 물어서 싹이 나지 않는다"라고 했다. 대칭과 왜곡이다.

◎ 얼빠진 목수

　어떤 목수가 대문의 빗장을 달다가 그만 잘못하여 문 바깥쪽에다 달았다. 그래서 주인이 화가 나서 호통을 쳤다.

　"너는 눈도 없느냐?!"

　그 말이 귀에 거슬린 목수가 외려 윽박질렀다.

　"눈 없는 사람은 바로 당신이오."

　"내가 왜 눈이 없느냐?"

　주인이 할 말을 잃고 서 있자,

　"눈이 있다면 나 같은 목수는 쓸 리가 없잖소!"

　하고 목수가 끌고 온 다리가 성치 않은 당나귀에 연장을 싣고 집으로 절뚝절뚝 돌아가는 길이었다. 그런데 마침 저쪽에 팔팔한 말을 타고 오는 사람을 보고는 정중한 인사를 하고 목수가 말했다.

　"실례지만 한 가지 청이 있소."

　"무슨 일이요?"

　하고 상대가 말을 세우고 물었다.

　"나의 이 당나귀와 당신의 그 말과 바꿔서 타지 않겠소?"

　"당신 머리가 돌지 않았소?"

　하고 그 사람이 말하자 사내가 말했다.

　"천만에. 나는 당신이 머리가 돈 사람인 줄 알고 한번 시험해 본 거라오." _{임유진/세계인의 해학 Y담 110}

　빗장을 잘못 단 데 대해서 "너는 눈도 없느냐?" 하니 오히려 주인이 눈이 없다고 한다. '눈이 없다'라는 말을 다시 사용했으니 대칭적이다. 그리고 눈 없는 사람이 오히려 상대방이라고 했으니 왜곡 또는 역설이다. 주인은 아무런 말도 못 했으니 딜레마에 빠진 것이다. 하지만 노동 대가는 포기해야 할 것 같다.

두 번째 "돌았소?" 하니 상대에게 "돈 사람인 줄 알고 시험해…"에서 '돌았다' 라는 말을 다시 사용했으니 대칭적이다. "시험해 보았소"에 딜레마에 빠졌다.

절름발이 당나귀를 대칭적으로 보아 "절름발이 당나귀로 만들려고?"라고 반문을 생각할 수도 있다.

◎ 선교사와 표범

아프리카 오지에서 선교 활동을 하던 선교사가 어느 날 표범을 만나 쫓기게 됐다. 목숨을 걸고 도망쳤으나 막다른 길에 몰린 선교사는 무릎을 꿇고 하늘을 우러러 기도했다.

"하나님, 이 표범이 기독교인으로 변하게 해주십시오."

그러자 표범이 무릎을 꿇더니 말했다.

"하늘에 계신 아버지, 오늘도 일용할 양식을 주셔서 감사합니다." 한

겨레21 1998년 08월 27일 제222호 지구촌/웃기는 세계

표범이 기독교인이 될 수 있도록 기도한다는 건 왜곡이다. 사람이 하나님께 소원을 기도하는 것을 왜곡해서 표범이 감사의 기도하는 대칭적으로 문맥을 구성했다.

상황은 선교사의 기도와는 역설적이다.

◎ 꼭 여자만 밝히지

레이건, 부시, 메이저, 클린턴이 오즈의 마법사에게 갔다. 부시가 먼저 마법사에게 소원을 말했다.

"모든 사람이 말하기를 저는 감정도 눈물도 없다고 합니다. 저는 인간미를 갖기를 바랍니다."

"그렇게 될지어다." 마법사가 말했다.

두 번째로 레이건이 말하기를

"사람들은 제가 지적이지도, 박식하지도 않다고 합니다. 그래서 좋은 두뇌를 가졌으면 합니다."

마법사가 "그렇게 될지어다"라고 말했다.

세 번째로 존 메이저가 말했다.

"사람들은 제가 자신감과 확신이 부족하다고 합니다. 저는 용기 있는 사람이 되길 바랍니다." 오즈의 마법사는 소원을 들어주었다.

마지막에 클린턴이 마법사에게 다가갔다. 마법사는 그를 보더니

"글쎄, 너도 원하는 게 있느냐?"라고 물었다.

"아무것도 없습니다. 저는 단지 도로시(동화 <오즈의 마법사>의 여주인공)를 보러 왔습니다." 한겨레21 1998년 09월 03일 제223호 지구촌/웃기는 세계

앞의 사람들은 부족한 것을 채우러 왔다. 클린턴도 소원이 있기는 한데, 다르다면 그가 잘하는 것을 하러 왔다. 클린턴의 여전함은 대칭성이다. 앞의 사람들과는 대비 효과로 문맥을 구성했다.

◎ **금붕어는 돈을 모른다.**

한 은행장이 금붕어를 무척 좋아했다. 틈만 나면 금붕어들이 놀고 있는 수족관 앞에 앉아 넋을 놓고 있는 이 은행장을 답답하게 여긴 한 고객이 물었다.

"그렇게 금붕어만 쳐다보고 있으면 업무에 지장이 많지 않습니까?"

은행장은 고개를 돌리며 무뚝뚝하게 이렇게 말했다.

"금붕어들은 이 사무실에서 부지런히 입을 열면서도 내게 돈을 요구하지 않는 유일한 친구들이랍니다." 한겨레21 1998년 09월 24일 제226호 웃기는 세계

금붕어가 입을 여는 것과 돈을 요구하는 관계는 별개의 관계다. 이 두 관계를 연결한 것은 왜곡이다. 입을 연다는 것만으로 일치시켰다. 대칭성이다.

◎ 마술 램프

상파울루 어느 해변에서 여자 세 명이 마술 램프를 발견했다. 램프를 문지르자 거인이 나타나 말했다. "한 명에 하나씩 소원을 들어주겠소."

첫 번째 여자가 말했다. "지금보다 10배 더 똑똑해지고 싶어요." 거인이 소원을 들어줬다.

두 번째 여자가 말했다. "나는 지금보다 20배 더 똑똑해지고 싶어요." 역시 소원이 이뤄졌다.

세 번째 여자가 말했다. "나는 이 두 여자를 합친 것보다 30배 더 똑똑해지고 싶어요."

거인은 세 번째 여자를 남자로 만들었다. _{한겨레21 1998년 08월 27일 제222호 지구촌}

30배에 30배는 비약에 해당한다. 비약으로 인해서 현명한 여성이라면 화가 날 수도 있을 것이다. 다만 여성과 남성이라는 이미 형성되어 있는 대비 효과를 이용한 농담이다.

◎ 제노바의 구두쇠

이탈리아에서 제노바사람들은 부자이면서도 구두쇠로 유명하다. 이들을 비꼬는 유머.

제노바의 부유한 상점주인 임종이 다가와 온 가족이 모였다. 마지막 힘을 내 그는 아내를 불렀다.

"여보."

"네, 저 여기 있어요." 손을 잡는 아내에게 자식들 이름을 대며 물었다.

"큰아들 마르코는…?"

"네, 당신 옆에 있어요."

"둘째, 루치아노는?"

"네, 당신 옆에 있어요."

"막내, 루카는?"

"네, 우리 모두 당신 옆에 있어요."

그 순간이 제노바 상인이 벌떡 일어났다.

"아니 그럼 지금 가게는 누가 보고 있는 거야?" _{한겨레21 1998년 10월 01일 제}

227호 웃기는 세계

상점주인이 죽어가는 상황, "네 옆에 있어요"가 반복된다. 하지만 죽어가는 사람이 상황파악을 하고는 '벌떡…'은 죽어가는 상황과는 역의 관계다.

반복효과는 기대를 어떤 방향으로 굳어지게(또는 약간의 지루함), 또는 이완 효과를 낳는다고 볼 수 있다. 그리고 마지막은 굳어진 것을 유연하게, 이완을 경직으로 전혀 다른 방향으로 내용을 구성하고 있다.

◎ 선생님이 비너스상을 가리키며 어떤 면을 가장 좋아하느냐고 학생들에게 묻는다.

"예술미요." 로버트의 말.

"아주 좋아요. 피터야! 너는 어떠니?"

"저는 젖가슴이 제일 좋아요."

"뭐라고? 피터! 뒤로 가 손들고 서 있어!"

"브라운, 너는?" "저는 젖꼭지가 마음에 들어요."

"브라운, 당장, 이 교실에서 나가!"

화가 난 선생님, 마지막으로 리틀 조니에게 묻는다.

질문을 받은 리틀 조니, 책가방을 주섬주섬 챙기고 일어나면서 한마디.

"알았어요. 나가면 되잖아요." _{한겨레21 1999년 11월 11일 제282호 웃기는 세계}

아이들의 대답이 점점 범주화 down 되어간다. 여기에 대해서 선생님의 반응은 점점 범주화 up되어 간다. 리틀 조니가 선생님께 대답해야 할 것은 더욱 구체적인 것으로 누락하고는 '나가면 되잖아요'라고 했다. 대칭이다.

◎ 집안으로 달려들어 온 리틀 조니. 엄마에게 물었다.

"엄마, 엄마! 꼬마 여자애가 아기 가질 수 있어요?"

엄마가 말했다. "없어. 물론 가질 수 없고말고."

대답을 들은 리틀 조니. 다시 뛰어나가 친구들에게 소리치며 하는 말.

"거봐, 괜찮다잖아! 이제 마음 놓고 하자!" _{한겨레21 1999년 10월 28일 제280호 웃기}
_{는 세계}

조니가 자신의 행위에 대해서 누락을 적용한 질문을 엄마에게 했고, 엄마는 왜곡되게 해석을 한 결과 엄마의 대답을 일반화를 했다. 마지막으로 '하자' 역시 구체적으로 무엇이 빠졌다. 누락이다. '마음 놓고'는 일반화다.

◎ 글래머와 신상 황금상

뭄바이에 있는 가네샤(코끼리 형상을 한 신)를 섬기는 한 사원은 신통력으로 유명했다. 그 사원에 참배할 때 조금이라도 불경한 생각을 한 사람은 그 자리에서 사라져버린다는 것이다. 하루는 유명한 배우 '샤루 칸'이 참배를 왔다. 마침 배가 고팠던 그는, 사원 안에 파는 피타이(설탕 친 경단)를 사 먹으려 했다. 그런데 하필 지갑을 깜빡해 돈이 없었다. 배고픈 칸은 하나 훔쳐 먹을까 하고 생각했다. 그러자 그 순간 그는 사라져버렸다. 한편 이 소식을 들은 그의 친구 글래머 여배우가 이 사원으로 찾아왔다. 글래머 여배우답게 노출이 심한 옷차림으로 사원에 그녀가 들어서는 순간…, 가네샤 신상이 사라져버렸다. _{한겨레}
_{21 1999년 09월 09일 제274호 웃기는 세계}

예외 없는 사라지는 일반화, 두 번이나 사라져버리는 대칭의 원리이다. 또한, 역으로 사라졌으니 역설이다.

◎ 기분이 별로 좋지 않은 여교사가 아이들에게 분풀이하기로 했다.

그녀는 아이들에게 "스스로가 바보라고 생각하는 사람은 모두 일어나볼까!"라고 말했다.

아무도 반응이 없다가 조금 후, 한 아이가 천천히 일어났다. 여교사가 그 아이에게 물었다.

"너는 스스로가 바보라고 생각하니?"

아이가 대답했다.

"그게 아니라…… 선생님 혼자 서계시면 창피할 것 같아서요." 리처드
와이즈먼/한창호 옮김/괴짜 심리학 193

선생님이 말한 "… 사람은 모두 일어나볼까!"의 범주화는 일반적으로 선생님을 제외한 학생들에게만 적용하지만, 이 아이의 범주화는 선생님도 포함하고 있다. 예외 없는 일반화이다.

그리고 선생님이 말한 '서 있는 사람은 바보' 역시 예외 없이 적용했다. '혼자 서 있으면 창피할 것 같아서'는 다른 사람의 마음속을 읽는 왜곡이다.

2001년 영국과학진흥협회에서 전 세계적으로 농담을 긁어모았고, 인기를 얻은 내용이다.

◎ 책임

카로도수 대통령에게 다시 태어난다면 누구와 결혼하겠느냐고 물었다.

"당연히 나의 조국 브라질을 신부로 선택할 거요."

이 말을 들은 사람들, "신세를 망쳐놨으니 책임을 져야겠지." 한겨레21

1999년 05월 20일 제258호 웃기는 세계

브라질과 신부는 왜곡에 해당한다. 또는 은유다.

"신세를 망쳐놨으니"에서 신부 또는 브라질이 누락 되었다. 그리고 '신세를 망쳐 놓았으니 책임져야겠지'는 앞의 은유에 일반화된 문장을 대칭적으로 적용했다.

◎ 시험문제

어느 유명한 경제학자가 20년 전 박사학위를 받았던 모교를 방문했다. 은사인 노교수를 만난 그는 우연히 채점 중인 경제학 시험문제지를 발견하고는 깜짝 놀라 이렇게 물었다.

"선생님, 어떻게 시험문제가 20년 전과 똑같을 수가 있습니까?"

노교수는 웃으면서 말했다.

"경제 문제는 변함이 없지. 다만 항상 그 답이 바뀔 뿐이지." 한겨레21

1999년 03월 18일 제249호 웃기는 세계

"전과 똑같을…"에 "변함이 없지"로 일반화에 일반화로 받았다. "항상 답이 바뀌지"는 일반화이다. 두 일반화는 역설의 관계다.

◎ 스위스 사람은 유머 감각이 없고 고리타분하고, 돈밖에 모르는 사람으로 알려져 있다.

이에 불만을 느낀 스위스 정치가가 외국에서 말하기를

"당신들은 스위스 사람들이 유머 감각이 없다고 말합니다.

그러나 우리는 그런 말들이 전혀 웃긴다고 생각하지 않습니다." 한겨

레21 1999년 01월 07일 제240호 웃기는 세계

'유머 감각이 없다' 라는 것이 웃기지 않는다. 대칭적으로 받았다. 외국의 주장을 역으로 뒤집어 보려고 '그러나' 로 시작한 것으로 보이는데, 같은 주장을 하고 있다.

◎ 경찰모독

경찰은 왜 에이즈에 걸리지 않을까? 아무도 경찰을 좋아하지 않을 뿐만 아니라 심지어 자기들끼리도 서로 좋아하지 않기 때문에. 한겨레21 2000년 03월 02일 제297호 웃기는 세계

"아무도"라는 일반화가 "자기들끼리도"에 여전히 연결되어 있다. 범주화 down이다. "좋아하지 않는다"는 대칭성이다.

◎ 누구는 과거가 없을까?

만일 과거가 없다면 그것은 이제 막 태어난 아기뿐일 것이다. 그러나 혼기에 다다른 여자가 아름답지 못 한은…… 아니다. 그때는 즐거웠던 과거가 있다면 그것은 치명상이다.

이 여자도 그런 과거가 있기에 그리고 너무도 정직하고 양심적이기에 이런저런 올드미스가 되어 버렸다. 이번 혼담도 확실히 고민을 안고 왔다.

"아버지. 난 거짓말은 못 해요."

"누가 거짓말을 하랬니. 그저 말을 안 하면 되는 것이지"

"아버지, 평생을 함께할 그이에게 숨기는 것이 있으면 벌을 받을 것 같아요. 책을 읽듯이 있는 그대로 마음속을 다 털어놓고 심판을 받고 싶어요."

아버지는 한참 만에 대답했다.

"그 사람 말이다. 네가 책 얘기를 하니까 말이다만, 그 사람은 책 내용보다는 표지에 신경을 쓰는 사람이더라." 2001/태울출판사/유머 공화국의 웃음보 터진 대통령 121

딸이 책을 비유하니 아버지는 책의 표지로 은유한다. 비유에서 은유는 범주화 down이다. 대칭적으로 볼 수도 있다.

◎ 어느 날, 한 나무꾼이 숲에서 나무를 베다가 그만 도끼를 연못에

빠뜨리고 말았다. 그는 밤새 슬피 울었다. 그러자 천사가 불쑥 나와 말했다.

"왜 이렇게 구슬피 울고 있나요?"

나무꾼은

"하나밖에 없는 도끼가 연못에 빠져 앞으로 살아갈 일이 막막해서 그래요."라고 말했다.

나무꾼의 처지를 가엾게 여긴 천사는 물에 빠진 도끼는 물론, 금, 은도끼까지 합쳐 3자루를 건네주었다. 다음날 이야기를 들은 나무꾼의 부인은 천사가 나온 곳을 보고 싶다며 따라나섰다. 그런데 이제는 그만 나무꾼의 부인이 미끄러져 연못에 빠지고 말았다. 나무꾼은 또 슬피 울기 시작했다. 그랬더니 또 천사가 나타났다. 천사는 나무꾼의 진실성을 시험해 보기 위해 '소피아 라추바'(인도네시아의 인기 있는 여배우)를 데리고 나와

"이 사람이 당신의 부인입니까?"라고 물었다.

나무꾼은 약간 망설이더니

"예…, 맞습니다"라고 말했다.

천사는 실망했다.

"왜 당신은 거짓말을 하는 겁니까?"

나무꾼이 당황하며 말했다.

"그건…, 행여 제가 거짓말을 안 하면 나중에 아내를 3명이나 줄까 봐서." <small>한겨레21 2000년 02월 17일 제295호 웃기는 세계</small>

원래 마누라 보다가 소피아 라추바가 나무꾼의 마음에 더 들어서 얼른 "예" 했다고 보면, 천사가 도덕성을 거론하자 변명한다는 것이 앞의 도끼 사건의 원리를 적용해서 아내를 3명이나 줄까 봐서라고 핑계를 댔을 수도 있다. 앞의 원리를 뒤에 적용한 대칭성이다.

◎ 나무꾼과 도끼의 다른 버전에서는

나무꾼이 도끼를 연못에 빠뜨리자 천사가 빠뜨린 원래 도끼만 들고 나왔다.

나무꾼이 "아니, 금도끼, 은도끼는 왜 안 들고나오는 겁니까?" 하니

천사가 "내가 그렇게 하면 온 마을 사람들이 도끼를 모조리 연못에 집어 던질 게 아니냐?" 출처불명

천사가 금도끼 은도끼를 들고나오는 것으로 이야기가 전개된다는 것으로 대부분 알고 있다. 일반화된 이야기다. 그런데 원래 도끼만 가지고 나오는 것으로 일반화된 이야기를 왜곡했다. 일반화된 이야기를 왜곡하는 이유를 물으니 '모조리 연못에'로 일반화했다.

◎ 한 아일랜드 남자가 더블린에 있는 술집에 들어오더니, 흑맥주인 기네스 석 잔을 주문하고 조용한 구석 자리에 가서 앉았다. 남자는 석 잔을 차례대로 돌려가며 한 모금씩 술을 마셨다. 마침내 석 잔을 모두 비우고 난 남자가 맥주 석 잔을 새로 주문했다. 남자의 모습을 지켜보던 술집 주인이 그에게 말했다.

"손님, 잘 아시겠지만, 맥주는 시간이 지나면 김이 빠지지요. 한 잔씩 주문하시면 맥주 맛을 더 잘 즐기실 수 있을 텐데요."

맥주 석 잔의 사나이가 대답했다.

"우리는 원래 삼 형제입니다. 지금은 한 명은 미국에, 또 한 명은 오스트레일리아에 있고, 나는 보시다시피 이곳 더블린에 살지요. 집을 떠나면서 우리는 함께 했던 나날을 기억하기 위해, 떨어져 있더라도 항상 이렇게 술을 마시기로 약속했답니다."

술집 주인은 아름다운 약속임을 인정하지 않을 수 없었고, 더는 할 말이 없었다. 남자는 그 후에도 규칙적으로 그 술집을 찾아 한결같이 맥주 석 잔을 주문해서 같은 방식으로 마셨다.

그러던 어느 날 남자가 맥주를 두 잔만 주문하는 것이 아닌가. 술집에 있던 모든 손님이 무슨 일이 일어났는지 짐작했다는 듯 일제히 조용해졌다. 남자가 다시 맥주를 주문할 때 술집 주인이 그에게 말을 건넸다.

"손님이 겪으신 그 큰 슬픔을 어떻게 말로 위로 드릴 수 있겠습니까만, 부족하나마 제 애도의 뜻을 받아주십시오."

남자는 잠시동안 어리둥절해 있다가, 어떻게 된 일인지 깨닫고 갑자기 웃어대기 시작했다.

"아, 그게 아닙니다."

남자는 대답했다.

"우리 삼 형제는 모두 탈 없이 잘 지내고 있어요. 다만 내가 오늘부터 술을 끊었거든요." 롤프 브레드니히/이동준옮김/위트 상식 사전 117

석 잔이 두 잔이 된 이유가 없는 것이 누락이다. 누락으로 형제 셋 중 한 사람이 죽은 것으로 판단 즉 왜곡이 만들어졌다. 하지만 죽은 게 아니라 한 사람이 술을 끊었다고 한다. 앞의 누락으로 인한 왜곡이 오류임을 밝혀진다. 그리고 술을 끊은 사람이 나머지 형제들의 몫인 두 잔을 마신다. 왜곡 또는 궤변이다.

누락으로 인한 왜곡된 상황이 구성되었으나 왜곡은 오류임이 밝혀지고 첫 번째 누락은 또 다른 왜곡 또는 궤변으로 이어진다. 처음 누락이 두 가지 왜곡을 일으키도록 문장이 구성되어 있다. 누락이 대칭적으로 적용되었다.

◎ 결혼문제는 뒤로 미루고, 직업여성으로서 자립해보겠다는 젊은 여자에게 선배가 충고했다.

"좋은 신랑감을 고르기란 어려운 법이야. 세월을 놓치고 있다가는 나중에 울게 될걸"

젊은 여성은 코웃음을 치면서,

"물속에서는 고기가 우글우글 헤엄치고 있는데 무슨 걱정이에요?"
하고 말하자,

선배는 곧 그 말을 받아서 말했다.

"하지만 너의 미끼도 거침없이 시들어간다는 걸 잊어선 안 돼" _{태을}

출판사/유머 공화국의 웃음보 터진 대통령 151

'고기가 우글'로 은유하자 '너의 미끼도……'를 대칭적으로
사용했다.

◎ **진짜 터프가이!**

이웃에 사는 쥐 세 마리가 모여 누가 더 터프한지에 대해 격론을
벌이고 있었다.

첫 번째 쥐가 앞에 있던 위스키 잔을 단숨에 비우더니 빈 잔으로
식탁을 탁하고 내리치며 말했다.

"난 말이야, 쥐덫만 보면 거기에 벌렁 눕고 싶더라고! 나를 덮치는
쥐덫을 이빨로 물어뜯어 걸레처럼 만들지 않고는 식욕이 동하지 않
아. 그런 다음 미끼로 쓰인 치즈 덩어리를 물고 유유히 사라지는 쥐가
바로 나야."

이 말을 들은 두 번째 쥐가 럼주를 두 잔이나 거푸 비우고 벽에 빈
잔을 던져 박살 낸 뒤 첫 번째 쥐를 바라보며 가소롭다는 듯 대꾸했
다.

"난 말이야, 쥐약만 보면 사족을 못 쓰지. 보이는 대로 모아 집으로
가져와서 가루로 만들어두었다가 매일 아침 커피에 타 먹어야 하루가
개운하다니까."

가만히 듣고 있던 세 번째 쥐는 따분하다는 듯 하품을 하고는 동료
쥐들에게 조용히 말했다. "난 이렇게 노닥거릴 시간이 없는 몸이야. 빨
리 집에 가서 고양이하고 뜨거운 밤이나 보내야지." _{한겨레21 1998.07.30 제218호.}

웃기는 세계

쥐덫을 걸레처럼, 쥐약을 커피와, 고양이와 뜨거운 밤 모두가 상반된 대립의 상황이다. 이 세 가지가 처음부터 끝까지 대칭적으로 흐르고 있다. 쥐덫에서 쥐약으로, 고양이로 바뀌었다.

◎ 진지한 표정의 리틀 조니, 선생님에게 질문한다.

"선생님! 제가 하지도 않은 일 때문에 처벌받을 수도 있나요?"

"그럴 수야 없지"라고 잘라 대답하는 선생님.

안심한 듯 리틀 조니가 하는 말.

"숙제를 안 했거든요." 한겨레21 1999년 11월 04일 제281호 웃기는 세계

'제가 숙제를 하지 않는 것 때문에'를 '제가 하지도 않은 일 때문에 …'로 바꾸었다. '숙제'가 누락되어 구체적으로 무엇을 하지 않았는지 불분명한 일반화이다.

또한 '남이 한 일 때문에……'라는 뉘앙스가 있는 왜곡이다. 누락과 왜곡으로 인해서 '남이 잘못 한 일 때문에'라는 뉘앙스를 선생님은 받는다. 선생님의 대답에서 '그럴 수야 없지'는 일반화다.

누락과 왜곡의 안개투성이로 만드니 선생님은 일반화로 대응하고 있다. 그런 상황에서 '숙제를 안 했거든요.'로 분명하게 밝혀지면서 위트의 가치가 주어지는 경우다.

조니는 불분명한 안개 상황을 만들었고 선생님이 장단을 맞추자 조니는 분명하게 한다.

어떤 원리가 숨어 있는지 찾아보자.

◎ 못 말리는 조종사와 정비사

비행을 끝내고 나면 조종사들은 소원 수리서라고 부르는 서류 한 장을 작성해야 한다. 이 서류를 보고 정비기술자는 비행 중 일어난 문제나 수리가 필요한 기술적 문제에 대해 알게 된다. 정비기술자들은

결함을 제거하기 위해 취한 조치를 같은 서류에 적어 넣어야 한다. 조종사들은 다음번 비행을 하기 전에 기술자들이 기록한 내용을 받아보게 된다. 아래는 오스트레일리아 항공사인 퀘인타스의 지상 근무 직원들과 조종사들 사이에 오고 간 재미있는 농담을 간추려본 것이다.

문제점 : 기체 왼쪽 안쪽의 타이어가 거의 다 닳아서 교체할 때가 되었음
처리사항 : 기체 왼쪽 안쪽의 타이어를 거의 교체했음.

문제점 : 자동비행 장치를 이용해서 착륙했는데, 그 과정이 상당히 거칠었음을 빼면 시험 비행에서 특별한 이상은 발견되지 않음.
처리사항 : 이 비행기에는 자동비행 장치가 설치되어 있지 않음.
문제점 : 조정실의 무엇인가가 느슨하게 풀려 있음.
처리사항 : 조정실의 무엇인가를 단단하게 고정시켰음.
문제점 : 조종실 앞 유리에 죽은 파리가 달라붙어 있음.
처리사항 : 살아있는 파리를 주문해 놓았음.

문제점 : 거리측정 장치의 소음이 믿을 수 없을 정도로 큼.
처리사항 : 거리측정 장치의 소음을 믿을 만한 수준으로 떨어뜨렸음.

문제점 : 마찰식 브레이크를 작동시키면 조종간을 움직일 수 없음.
처리사항 : 브레이크는 원래 그렇게 움직이지 못하게 하려고 있는 것임.

문제점 : 앞 유리에 흠집이 생긴 것으로 추측됨
처리사항 : 추측이 맞음.

문제점 : 왼쪽 날개에서 3번 모터가 사라졌음.
처리사항 : 찾아본 결과 그 모터는 오른쪽 날개에서 발견됨.

문제점 : 비행기를 손으로 조종하는 일이 약간 재미있게 느껴짐.
처리사항 : 방정 떨지 말고 똑바로 비행하며 좀 더 진지해질 것을 경고함.

문제점 : 조정실에 쥐가 있음.
처리사항 : 고양이를 투입하였음.

문제점 : 계기판 뒤쪽에서 소음이 들림. 난쟁이가 망치로 두드리는 소리처럼 들림.
처리사항 : 난쟁이에게서 망치를 빼앗았음. 롤프 브레드니히/이동준옮김/위트상식사전 134

◎ 링컨이 상원의원 선거에 입후보하여 더글러스 후보와 겨루게 되었을 때 일이다.

두 사람이 합동 연설을 하던 날, 더글러스가 링컨의 과거 경력을 들먹이며 그를 공격했다.

"링컨 후보는 그가 전에 경영하던 상점에서 팔아서는 안 될 술을 팔았습니다.

이것은 법을 어긴 일이고, 이런 사람이 당선된다면 이 나라의 법과 질서가 어떻게 되겠습니까? 그러므로 링컨은 절대로 상원의원이 되어서는 안 될 사람입니다."

그러나 링컨은 당황하지 않고 이렇게 답변했다.

"예, 더글러스 후보가 말한 것은 사실입니다.

그러나 제가 그 상점을 경영하던 당시 더글러스 후보는 저의 가게에서 가장 술을 많이 사 먹은 최고의 고객이었습니다.

　그리고 더 확실한 사실 하나는, 저는 이미 술 파는 계산대를 떠난 지 오래되었지만, 더글러스 후보는 여전히 그 상점의 충실한 고객으로 남아 있다는 것입니다."

　청중들은 링컨의 대치 있는 답변에 손뼉을 치면서 열광했다.

　얼굴이 벌겋게 달아오른 더글러스가 다시 공격했다.

　"링컨은 말만 그럴듯하게 하는, 두 얼굴을 가진 이중인격자입니다."

　링컨은 이번에도 당황하지 않고 차분하게 응수했다.

　"나는 두 얼굴을 가진 사나이로 몰아세우고 있군요.

　좋습니다! 그의 말이 사실이라면 여러분께서 잘 생각해보시기 바랍니다.

　만일 제가 두 얼굴을 가졌다면,

　오늘같이 중요한 날 왜 제가 이렇게 못생긴 얼굴을 가지고 나왔겠습니까?" naver 블로그

　링컨 자신이 장사한 것을 인정하고 상대가 고객이었다고 범주화 동등 또는 down으로 추가했다. 자신은 장사를 그만두었지만, 그는 아직 고객이라고 추가했다. (누락의 반대인 추가) '두 얼굴의 이중인격자'를 '잘생긴, 못생긴'으로 분리 왜곡하고 못생긴 얼굴을 드러내었다. 이렇게 중요한 날과 못생긴 얼굴을 대비시켰다.

　◎ 스님 노릇 처음 행자를 하면서 한 큰 스님을 시봉했었다.

　그러다가 승려로서 교육을 마치고 큰 스님을 찾아가서 인사를 올렸다. 큰 스님께서 하시는 말씀이 "앞으로 그 누구의 말도 믿지 말라" 하셨다. 순간 나는 '스님(바로 앞의 큰스님)의 말도 믿지 말라는 말입니까?' 라는 생각이 떠올랐다. 하지만 놀려먹는다고 생각이 들었다. 대신 한 차원 더 넓게 높여서 "부처님의 말도 말입니까?"라고 하니 큰

스님의 얼굴이 약간 굳어지면서 화난 쪽으로 기울어 갔다. 그런데, 잠시 후 "그래"였다.

큰스님이 만약 화를 냈다면 나에게 처음 한 자신의 말을 스스로 부정한 꼴이 되니, 하는 수 없이 울며 겨자 먹기로 '그래'였다고 판단된다. '그 누구의 말도 믿지 말라'는 일반화에 예외 없는 일반화로 접근하려다가 도덕성의 충돌을 감지하고 범주화를 한 단계 높여서 예외 없는 일반화로 접근했다.

◎ 어떤 절 주지 스님은 군 장교 출신이었단다.

한때 절에 근무하는 종무원들과 주지 스님은 회의 중이었다. 회의하는 도중 나는 종무실에 들어갔는데, 마침 주지 스님이 종무원들에게 종무원들의 옷을 통일할 것을 제안하고 있었다.

나는 혼잣말로 '군복으로 통일하지' 했다. 그러자 종무원 여럿 중에서 아주 일부분만 웃었다. 조금 후, 다른 스님이 문을 열고 들어오고 있었다. 나는 막 들어오는 스님에게로 조금 급하게 다가가면서 빅 뉴스라도 되는 것처럼

"스님, 스님. 이 절 스님들의 옷이 모두 군복으로 바뀐답니다"

그러자 일부만 웃던 종무원들이 모두 웃음의 도가니가 되었다. 일부 절 신자들의 옷의 스타일은 스님들의 옷과는 다르지만, 회색 옷을 입는 경우가 종종 있다. 그리고 종무소의 직원들은 이 색깔의 옷으로 통일하는 경우도 있다.

주지 스님이 군인 출신이라서 옷을 통일하려는 것을 간파하고 있었다. 그것을 염두에 두고 군복을 떠올린 것이었다. 대칭적이자 왜곡이다. 그리고 '이 절 스님들의 옷이 모두 군복으로……'는 왜곡된 것을 또다시 적용했다. 처음 왜곡을 다른 곳에 적용했으니 왜곡을 대칭적으로 사용했다. '모두 군복으로'는 일반화다.

◎ 하루는 간디가 대학 식당에서 점심을 먹고 있는 피터스 교수 옆으로 다가가 앉았다. 피터스 교수는 거드름을 피우며 말했다.

교수 : "이보게, 아직 잘 모르는 모양인데,

돼지와 새가 함께 앉아 식사하는 경우란 없다네."

간디 : "아, 걱정 마세요. 교수님. 제가 다른 곳으로 날아갈게요." naver블로그

인도인과 영국인의 관계를 돼지와 새로 은유한 것을 당연하게 생각할 수도 있다. 하지만 관계가 구체적으로 드러나 있지 않은 모호함 또한 있다. '당연하게 생각할 수도'와 모호함을 간디는 역으로 뒤집어서 은유했다. 은유에 은유로 받았으니 대칭성이다.

◎ 한번은 백악관 비서실 사람들 사이에 어떤 다리가 더 보기 좋은지를 놓고 논쟁이 붙었다. 키 큰 사람들은 긴 다리가 보기 좋다고 우겼고, 키 작은 사람들은 통통하고 짧은 다리가 더 낫다고 우겼다. 그때 마침 링컨 대통령이 비서실로 들어왔다. 그러자 다리가 긴 비서가 키가 큰 링컨이 자신의 편을 들어줄 것으로 생각하고 재빨리 그에게 물었다.

"대통령 각하, 사람의 다리가 긴 것이 보기 좋은가요, 아니면 짧은 것이 보기 좋은가요? 아무래도 긴 다리가 낫겠지요?"

링컨은 웃으면서 이렇게 대답했다.

"그야, 사람의 다리가 엉덩이에 붙어 있고, 땅에 닿을 수 있으면 다 보기 좋지요. 없는 것보다는 낫질 않습니까?" naver블로그

길고 짧음의 문제를 '… 다 보기 좋지요'에서 '다'로 일반화했다. 또한, 길고 짧음의 문제를 '없는 그것보다는 낫질 않습니까?'로 대응했는데, 대립으로 접근했다. 불필요한 논쟁을 일반화로 종식시켰다.

◎ 맥아더 사령부가 일본의 전범을 처리하러 가는 영화다.

일왕이 미국에 항복하면서

일왕이 쓴 단어는 '항복'이란 단어 대신에 "견딜 수 없는 것에 견디라"라고 했다. 영화 Emperor 2012. 03:57

'견딜 수 없는 것에 견디라.'에서 앞의 상황과 뒤의 말은 역의 관계다. 이 방송을 듣고 일본사람들은 '전쟁을 그만할 거야'(항복)로 모두 알아들었다고 한다. 일본인들에게 항복이란 말은 절대 금기로 여겨져 있다는 것을 영화를 통해서 알 수 있다.

'견딜 수 없는……'에서 또 하나의 가능한 해석은 '죽을 때까지 전쟁을 계속할 거야'라고 해석할 수도 있다.

일반적으로 절대치를 가한 특정단어나 상황은 역으로 해석이 가능해진다. 이미 역의 기능을 내포하고 있기 때문이다. 역설1에서 '하나님은 유일하다.'와 대칭성 1에서 '나도 유일하네요.' 그리고 뒷부분에 나올 '만약 당신이 처음부터 알라신을 믿었다면…'이 같은 예에 해당한다.

◎ **맥아더와 부하인 펠레스 장군과 대화**

맥아더 "천황이란 자의 운명은 어느 정도 정해진 셈이지. 하지만 나는 신경 쓰지 않아. 워싱턴 바보 놈들에게 휘둘릴 수는 없지. 내 임무는 일본을 재건하는 것이네"

펠레스 "그렇습니다."

맥아더 "내가 천왕을 체포하면 집단 자살이 벌어질지도 모르네. 폭동의 가능성도 있지. 전범 재판에 보냈다간 그야말로 폭탄 더미에 불을 붙이는 셈이지. 자네 생각은 어떤가? 펠레스"

펠레스 "늘 그렇듯 정의의 문제입니다만 현실적으로는 스탈린(일본의 공산화 위협)의 문제입니다."

맥아더 "그 망할 자식! 일본에 공산주의자를 들일 순 없지. 하지만 워싱턴은 천왕에 대한 보복을 원해. 그러라고 투표해서 **뽑**혔으니까. 그 걸(미국 대통령) **뽑**은 놈들(미국국민)은 뭐가 이익인지도 모르는 거고" (일왕을 전범 처리하면 일본이 공산주의가 되는 걸 모르니 뽑은 놈들은 뭐가 이익인지 모르는 거고'라고 했다. (맥아더와 펠레스는 이 아이러니에 웃는다)

맥아더 "일왕이 사라지면 빨갱이들이 올 거야."

펠레스 "공산주의자들을 막는 것이 시대의 임무입니다".

맥아더 "평생의 임무지, 펠레스" 영화 Emperor 2012 12:38

"그(대통령)걸 **뽑**은 놈(국민)들은 뭐가 이익인지도 모르는 거고"에서 맥아더와 펠레스 장군은 웃는다. 어떤 웃음일까?

일왕이 전범에서 제외된 건 공산주의 위험 때문이니 힘의 관계란 아이러니한 구석이 있다. 펠레스 소장은 이 임무를 마치고 미국으로 돌아갔을 때 대령으로 강등되었다고 한다. 맥아더 장군은 일본 재건에는 성공했지만, 지휘권을 박탈당한 이후 군 생활을 마감했다고 한다.

◎ 맥아더

"우리가 여기에 온건 일본을 재건하기 위해서이지 스테이크나 먹자고 온 것은 아니네.

이 나라는 굶주리고 있는데, 우리가 포식한다는 얘기라도 새나가면 우리의 도덕적 권위가 실추되고 말 거네. 도덕적 권위야말로 우리에게 가장 필요한 것이지."

바로 식사가 나왔는데, 스테이크다.

맥아더 "용감히 해치우게" 영화 Emperor 2012 37:36

맥아더 자신이 말한 내용과 상반된 현상이 일어나자 '용감하게 해치우게"라고 하고는 맥아더 자신과 부하 장군들과 여인은 웃는다.

◎ 2008년 총선 당시, 늘 그렇듯이 국회의원 후보자 공천을 두고 여야가 몸살을 앓고 있었다. 돈 공천, 계파 공천 운운, 온갖 추문이 들리고 있을 때다. 특히 이 당, 저 당을 기웃거리는 소위 '철새 정치인'에 대한 공천 여부가 초미의 관심사였다. 이때 한나라당의 윤리위원장은 잘 알려진 인명진 목사다.

'사람에게 공천을 줘야지, 새에게 공천을 줘서 되겠느냐?"_{조관일/끝내주는 유머 이기는 유머209}

사람과 새를 상반되게 보고 있다. 그리고 이 당 저 당 기웃거리는 정치인을 일반적으로 '철새 정치인'으로 왜곡되었고 또한, 일반화된 용어였다. 여기서 '철'을 누락 적용하여 '새'로 왜곡 사용했다. 또한 은유이기도 하다.

◎ 케네디가 미국의 대통령이었을 때다. 우주비행사에게 공로 메달을 수여하게 됐는데 메달을 건네다가 그만 실수로 훈장을 떨어뜨리고 말았다. "쨍!" 하는 소리가 크게 들렸고 동시에 주변은 찬물을 끼얹은 듯 조용해졌다. 그러나 그는 허리를 굽혀 태연하게 훈장을 주워들었다. 그리고 우주비행사에게 메달을 건네며 한마디 던졌다.

"하늘의 용사에게 땅으로부터 이 영광을 건넵니다."_{조관일/끝내주는 유머 이기는 유머 92}

성경의 흔한 내용 중에서 '하늘로부터 영광'을 응용했다. 이 경우 문화적 배경이 중요하다. 땅에 떨어진 훈장에 '…….으로부터 영광'을 결합시켰다. 대칭성이자 왜곡이다. 그리고 앞의 결합에서 빠뜨린 '하늘'을 우주비행사에게 결합시켜 '하늘의 용사'로 원래부터 그렇게 불러야 할 것에 일치시켰다. 대칭성이다.

◎ 캐비지와 보일러

어느 날 오랜만에 친구 도즈와 멜바가 만났다.

"자네, 새 직업으로 바꿨다며?"

도즈가 멜바에게 물었다.

"그렇다네."

"그래, 그 새 직업이라는 게 뭔가?"

"농업이야."

"무슨 농사를 짓는데?"

"여러 가지 야채를 지배하고 있어. 아마 믿지 못하겠지만 캐비지 같은 것이 엄청나게 커서 지난번만 하더라도 일개 연대가 행진해 오다가 비가 갑자기 쏟아지는 바람에 일개 연대 전원이 캐비지 한 잎밑에서 비를 피하고 간 일이 있었지 뭔가. 그런데 자네는 뭘 하고 있나?"

이번엔 멜바가 도즈에게 물었다.

"난, 보일러를 만들고 있어. 아마 믿지 못하겠지만 지난번 우리가 만든 보일러가 세로 2마일에 가로 1만일 반이나 되었었지."

"아이구 대단도 하구만. 그런데 그런 큰 보일러를 도대체 뭣에 쓰려는가?"

"지금 자네가 말한 캐비지를 삶는 데 쓰려고 그러지." 임유진/세계인의 해학

Y답 195

앞사람이 크기로 왜곡하니 두 번째 사람도 크기로 왜곡한다. 대칭적이다. 그런데 뒷사람의 크기가 조금 더 큰가 보다. 또한, 두 이야기가 전혀 상관관계가 없는 듯 시작되지만 결국 하나로 묶어지는 데서 위트의 가치를 더한다. 왜곡5에 해당하기도 한다.

◎ 나쁜 소식, 더 나쁜 소식

의사가 심각한 얼굴로 환자에게 말했다.

"나쁜 소식과 더 나쁜 소식이 있습니다."

긴장한 환자는 나쁜 소식부터 말해 달라고 했다.

"당신은 24시간밖에 살 수 없습니다."

절망에 빠진 환자가 더욱 걱정스러운 표정으로 물었다.

"그럼 그보다 더 나쁜 소식은 대체 뭐죠?"

의사가 담담하게 말했다.

"실은 어제(24시간 전에) 밝혀진 사실입니다." 한겨레21 1999년 05월 27일 제259

'나쁜, 더 나쁜'은 같은 방향인 대칭성과 시간상으로 왜곡 적용했으며 두 가지가 같은 일을 두고 한 말이다.

◎ 학교 선생님이 비투스에게

"비투스, 카이로 사이로 흐르는 강 이름 정도는 알고 있겠지?"

비투스 "모르겠는데요, 하지만 책을 보고 말해 줄 수 있는데요."

선생님 "고맙구나, 하지만 난 이미 답을 알면서 물어본 거잖니"

비투스 "그럼 선생님은 언제나 학생들보다 더 많이 아신다는 거네요"

선생님 "그래, 대부분은 그렇지……"

비투스 "그럼 처음 스팀 엔진을 발명한 게 누군지도 선생님은 아시겠네요?"

선생님 "당연히 알지. 제임스 와트였지"

비투스 "선생님의 논리대로 라면 제임스 와트의 스승님은 왜 증기기관을 발견하지 못했나요?" 영화 Vitus 2006 66:48

비투스는 '선생님은 언제나 학생들보다 더 많이 아신다는 거네요?'에 일반화에 선생님은 '대부분 그렇지'로 일반화에 받았다.

'그 논리라면……'은 대칭적이다.

그리고 선생님의 일반화를 비 일반화했다.

◎ 린든 존슨(36대 대통령이 된다)이라는 이름의 젊은 의원이 처음

으로 백악관 집무실에서 루스벨트 대통령을 만났다. 자신의 가난한 텍사스 지역구를 위해 지방전력화 행정 기금을 타고 싶어 마련한 자리였다. 존슨은 시작된 세상잡사 이야기에 한마디도 못 끼어들다가

　루스벨트가 입을 열기도 전에 존슨은 자신의 계획을 설명했다.

　"물, 물은 어디에도 있으나 먹을 물은 한 방울도 없습니다. 공공 전력은 어디에도 있으나 제 가난한 시민들을 위한 전력은 한 방울이 안 됩니다."

　그리고 다음 10분 동안 존슨은 대화를 독점했다. 이 잠깐의 필리버스터*는 성공적이었다. 그는 REA 기금을 얻었다. 더욱이 그는 루스벨트에게 잊혀 지지 않는 인상을 심어주었다. 루스벨트는 들으면 이야기의 명수를 알아볼 줄 알았다. 밥 돌/위대한 대통령의 위트 114

　*filibuster: 의사진행 방해 연설. 의회 안에서 합법적·계획적인 의사진행 방해 행위. 주로 소수파 의원들이 다수파의 독주를 견제하는 목적 등에서 시도된다.

　'어디에도'는 일반화다. '한 방울도 없다'는 앞의 문장과 역설관계다. 같은 원리(대칭)로 전력에 대한 이야기를 한다. '전력은 한 방울이'는 앞의 말에서 전력과 물을 연결한 왜곡이자, 대칭이다.

　◎ 1987년 성패트릭 축일에 레이건은 이 이야기를 소개했다. "제 사랑하는 아버님이 언젠가 한 친구 얘기를 들려줬습니다. 그는 술집에 걸어 들어가 카운터를 내려치면서 큰 소리로 외쳤습니다. 아일랜드 사람을 데려와, 그럼 내가 겁쟁이가 뭔지를 보여주지."

　그가 그러는 동안 6.5피트의 아일랜드인이 앞으로 나와 양셔츠 소매를 걷어 올리며 말했습니다. "내가 아일랜드인이다." 그러자 이 친구가 말했습니다.

　"저, 제가 겁쟁이인데요." 밥 돌/위대한 대통령의 위트 90

　'내가 겁쟁이가 뭔지를 보여주지'라고 한 말에서 마지막 '제가 겁쟁이인데요'는 역설로 볼 수도, 대칭으로 볼 수도 있다. 까

닭에 왜곡4에서 한 가지에서 두 가지 이상의 의미를 동시에 가질 때로 분류될 수도 있지만, 이 경우는 원리 그 자체로서 이중성이다.

레이건은 사실 마음만 먹으면 매우 신랄했다고 밥 돌은 말한다. 미국대통령의 웃기는 순서 2위에 레이건으로 꼽았다. 위트란 대단히 날카로운 시각이 필요한 동시에 양날의 검은 필수인 것으로 보여진다.

◎ 레이건은 소련인들이 자기들끼리 주고받는 이야기들을 즐겨 말했다. 자동차를 사려면 의무적으로 10년을 기다려야 하고, 또 구매자는 10년치 비용을 미리 내야 한다는 강제 조건에 관한 것도 그중 한 이야기였다. 레이건이 말했다.

"마침내 할 일을 다 해낸 젊은이가 있었습니다. 그는 거쳐야 할 모든 관청과 기관들을 다 통과했고, 또 모든 서류에 서명했습니다. 그리고 최종 도장을 찍는 기관에 도착했습니다." 그가 돈을 내밀자 관리들은 말했습니다.

"10년 후에 와서 차를 갖고 가십시오."

그가 물었습니다. "오전입니까, 오후입니까?"

그러자 관리가 대답했습니다. "잠깐만요. 우리가 지금부터 10년 후를 얘기하고 있는데 그게 중요합니까?"

젊은이는 대답했습니다.

"배관공이 그날 오전에 오기로 했거든요." 밥 돌/위대한 대통령의 위트93

10년 후의 오전과 오후는 시간적으로 무의미할 만큼 작다. 비약의 역에 해당한다. 또는 범주화down에 해당하기도 한다. 자신이 먼저 말한 오전오후를 '배관공이 그날 오전'을 대칭적으로 말하고 있다.

◎ 한 졸업식에서 부시 대통령이 30분간을 이야기하고 45분을 더 하려다가 빌리 그레이엄 목사가 한 이야기가 생각나 연설을 그쳤다고 한다. 장광설을 늘어놓는 연사에 관한 내용이었다. 그 연사의 연설은 주절주절 끊임없이 계속됐는데, 헤드 테이블에 앉아 있던 한 남자가 신발 한 짝을 집어 들어 연사의 연단에 던졌다. 신발은 목표를 벗어나, 대신 맨 앞줄에 있던 여성이 맞았다. 그 여성이 말했다.

"나 좀 다시 한번 맞춰주세요. Hit me again. 아직도 그 사람이 말하는 게 들립니다." 밥 돌/위대한 대통령의 위트 264

처음 던진 신발이 연사를 빗나가 한 여성이 맞았다. 어쨌거나 주절주절하는 이야기가 그쳐졌을 것이다. 그런데 다시 한번 집어던져야(대칭성) 이번엔 듣는 사람이 그쳐질 것이라는 이야기다. '아직도 그 사람이 말하는 게 들립니다.'는 누락의 역인 추가를 해서 주절주절을 연장했다. 역시 대칭성이다.

위트를 만들기 위해서, 말하는 것과 듣는 것을 하나의 상황으로 보려 하지 않고 분리해서 보면 뭔가 번득이는 재치가 개입할 수 있는 여지가 보이게 된다. 다른 예에서 '좋은'과 '나쁜'으로 분리하고, 육체를 다양하게 분리해서 만들어진 농담들이 그 예다.. 이 분리는 범주화 down에 해당하기도 한다.

◎ "의원들은 다릅니다." 태프트는 말했다. "그렇지만 행정부에 반대할 때는 자세나 발언에서 매우 똑같습니다." 밥 돌/위대한 대통령의 위트268

'모두 다르다'는 일반화이다. '똑같다'는 일반화다. 두 일반화는 역의 관계다. 다음은 태프트가 말한 두 일반화가 역으로 뒤집어진 예다.

◎ 한 기독교인이 승려인 나에게 '하나님이 유일하다'라고 했다. 나는 "만약 하나님을 믿는 사람 100명에게 A4용지 한 장을 각자에게 나

누어주어 하나님에 대한 글을 쓰게 한 후, 100명의 내용이 똑같 으면 유일하다는 증거가 되겠죠? 그때 나는 믿을 것입니다."

그는 나뿐만 아니라 누구에게나 '하나님은 유일하다'라고 주장 했을 것이다. 나는 모든 사람에게 하나님은 다르게 유일한 것(다르게 이해)이라고 일반화를 했다. 두 일반화는 역설이다. 자신의 종교를 객관적으로, 섬세하게 관찰해보면 같은 종교라는 것은 명분일 뿐이고 모두 각자의 방식으로 이해하고 믿고 행동한다는 것을 볼 수 있다. 그러면서 같은 믿음이라고 믿고 싶어할 뿐이다.

◎ 하루는 서당 스님이 길을 가다가 황제의 시자를 만났다. 시자가 식사를 같이하자고 하여 식사를 하고 있는데 마당에 당나귀가 '히 힝 ~'하고 울었다. 시자가 서당 스님을 놀려 주려고 나귀를 보며 말했다.

"예끼, 이놈의 중이"

선사가 시자를 바라보니 시자는 손가락으로 나귀를 가리키고 있었다.

이에 서당 스님은 시자를 바라보며.

"이놈의 당나귀가!" 불교 어록

시자가 당나귀를 중(서당 스님)으로 왜곡했고, 서당 스님은 시자를 당나귀로 왜곡했다. 왜곡에 왜곡을 사용했으니 대칭성이다.

◎ 남편: 여보, 당신이 우리 아기를 키우는 데 얼마나 큰 고생을 하고 있는지 잘 알고 있소. 하지만, 이 말을 명심해요. '요람을 흔드는 손이 세상을 움직인다.!'

아내: 물론 잘 알고 있어요. 그런데, 내가 쇼핑하러 갈 동안 이 세상을 좀 맡아 주시겠어요? 한겨레21 1999년 04월 29일 제255호 웃기는 세계

알려져 있기로는 '요람에서 무덤까지'인데, '요람을 흔드는 손이 세상을 움직인다.'로 바꾸었다. 왜곡이다. '세상을'은 대칭적으로 사용했다.

◎ 승복을 입고 있는 나에게 한 기독교인이 "오직 예수"라고 단호하게 주장했다.

나는 "만약 당신이 처음부터 알라신을 믿었다면 오직 알라라고 할 것이다"

하나님을 알라로 왜곡 적용했고 '오직'을 '오직'으로 적용했다. 왜곡과 대칭을 적용했다.

◎ 뚱뚱이와 홀쭉이

두 명의 대단한 종교인이 있었다. 둘은 만날 때면 늘 종교적 비유로 대화를 나누었다. 한 사람은 뼈만 앙상했고, 반면 다른 한 사람은 뚱뚱했다. 앙상이가 뚱뚱이를 만났을 때 뚱뚱이가 건강은 어떠냐고 하니 앙상이는 비유로 대답했다.

"육신은 신이 거주하는 신당, 그곳에 살은 오욕락에 불과하다네. 뼈만 남아 있는 것이 모든 오욕락에서 초탈했다는 것이 아니겠는가?"

그러면서 "자네는 참 좋아 보이는군"이라고 말했다. 그러자 뚱뚱이가 비유로 말했다.

"님을 만나기 전 나 역시 앙상했다네. 하지만 님을 만나고 풍만해졌다네." 박광수/70일간의 우화 여행 89

앙상이는 자신과 다른 사람과 비교로서 대립적인 관계에서 종교를 찾지만, 뚱뚱이는 자신 스스로의 극적인 변화에서 진리와 함께하고 있다.

◎ "적십자 성금 냈다니까?"

각종 성금을 걷는 자선단체들도 풍자의 대상이다.

어느 날 탄광촌에 광이 무너지며 일부 광부들이 그 안에 묻히는 사고가 일어났다. 병원의 앰뷸런스와 경찰, 적십자 사람들이 몰려왔다.

무너진 광을 수색하는데 안에서 사람들 소리가 들려왔다. 구호작업을 나온 적십자 요원들은 안도의 한숨을 쉬며 소리 질렀다.

"안에 누구 계세요? 계시면 대답하세요. 저희는 적십자에서 나왔습니다."

그러자 안에서 들리는 말

"우리는 이 광 무너지기 전에 이미 돈 다 냈어요." _{한겨레21 1998년 10월 01}
_{일 제227호 웃기는 세계}

적십자의 집요한 성금 걷기가 믿음이 되어 버린 경우다. 일반화된 믿음으로 인한 왜곡된 반응이다.

◎ 불교 수행의 주된 목적은 '태어남과 죽음의 반복으로부터 해방'을 목적으로 한다. 그런데 해방을 방해하는 근본적 요소가 '나' 라는 존재다. 내가 없으면 태어남도 죽음도 없을 거라는 가설을 하고 있다.

한편, 절의 살림을 도맡아 보는 스님을 원주라고 한다.

그리고 부엌일을 도맡아 하는 분을 공양주라고 한다.

공양주가 때론 싱싱하지 못한 반찬을 상위에 올려놓는 때가 있다.

절에 거주하는 한 스님은 밥을 먹다가 그것이 불만이었는가 잔소리가 시작되었다.

"이봐라! 반찬이 싱싱해야지 다 죽었다."고 한다.

원주인 나는 "싱싱한 반찬도 뱃속에 들어가면 죽을 텐데, 그때는 어떻게 하시렵니까?"

특정 믿음에서 일반화된 개념으로 역설한다.

◎ 비싼 혀와 싼 혀

어느 날 랍비가 자신의 하인에게 시장에 가 맛있는 것을 골라서 사 오라고 주문했다. 그랬더니 하인은 혀를 사 왔다. 며칠 뒤 랍비는 또 하인에게 오늘은 좀 값이 싼 음식을 사 오라고 명했다. 그런데 하인은 이전과 같이 또 혀를 사 왔다.

랍비는 언짢아 그 까닭을 물었다. "며칠 전 맛있는 것을 사 오라 했을 때 혀를 사 왔는데, 오늘은 싼 음식을 사 오라 했는데도 어째서 또 혀를 사 왔느냐?"

그러자 하인은 이렇게 대답했다.

"좋은 것으로 치면 혀만큼 좋은 게 없고, 나쁜 것으로 치면 혀만큼 나쁜 것도 없기 때문입니다." 토론 탈무드 양동일/24

'가장 좋은'과 '가장 나쁜'은 역의 관계다. 동시에 비유다.

◎ 중국은 워낙 자전거를 많이 타고 다녀서 허다하게 가게 앞 담벼락에 자전거를 두고 출근을 한다. 이것이 갈수록 심해지자 주인은 담벼락에 자전거를 주차하지 말라고 온갖 경고문을 써 붙였다. 하지만 경고문도, 협박도 부탁도 모두 소용이 없었다.

그러던 어느 날, 주인에게 기발한 꾀가 생각났다. 그 후 모든 자전거가 담벼락에서 자취를 감추었다. 그 꾀란 것은 바로 이것이었다. '자전거를 공짜로 드리오니 맘에 드시면 언제든 가져가십시오.' 김병일/재미가 세상을 바꾼다 266

이 꾀를 낸 사람은 '사람들이 가져다 놓는다'와 '사람들이 가져간다'라는 역의 기본 틀을 구상한 것으로 보인다. 그리고 '공짜로 드린다.'라는 말을 추가했고 '언제든 가져가라'는 일반화로 문장을 추가 구성했다. 가장 중요한 프레임은 사물을 역으로 보는 관점이다.

◎ 아내의 나이

거울을 볼 때마다 아내는 묻는다.

"여보, 나 몇 살처럼 보여?"

하루 이틀도 아니고 끊임없는 이 질문에 아무리 대답을 잘해도 본전이다. 제 나이를 줄여서 말하면 아부라 할 것이고 제 나이를 말하면 삐치기 때문이다. 그래서 이번에는 머리를 써서 이렇게 말했다.

"응. 피부는 25세, 주름은 27세, 몸매는 23세 같아."

아내는 함박웃음을 머금고 나를 꼭 껴안아 주었다. 나는 씁쓸한 웃음을 짓고 돌아서며 혼자 중얼거렸다.

"여보, 안됐지만…. 그걸 다 합친 게 당신 나이라고…." _{김병일/ 재미가 세상을}
_{바꾼다 265}

육체를 분리해서 범주화 down이다. 분리된 것에 각각 왜곡이 적용되었다. 잘해야 본전은 아마도 아내의 질문에 똑같은 단어로 반응했기 때문이 아닐까? 늘 새로운 단어를 구상하는 것도 어휘력증가에 도움이 될 것이다.

마지막에 혼자 중얼거리는 내용은 왜곡에 왜곡이 되거나, 왜곡에 비 왜곡이 적용된 경우다. 어쨌거나 함박웃음에 초를 쳐서 아내의 함박웃음을 쏘시개로 더 크게 웃어보겠다면 마지막 말을 아내가 충분히 들을 수 있도록 하는 것도 좋겠다는 생각이다.

◎ 두 개의 언어

김수환 추기경이 외국인들과 이야기하는 모습을 본 신부가 물었다.

"추기경님께서는 몇 개의 말을 할 수 있습니까?"

신부의 물음에 김수환 추기경은

"나는 두 개의 말을 잘하는데, 그 말이 무엇일까?"

하고 말했다. 그러자 같이 있던 신부들이 대답했다.

"추기경님께서 독일에서 유학하셨으니 독일어를 잘하실 거 같습니다."

"추기경님께서는 일제 강점기를 사셨으니 일본어를 잘하실 것 같습니다."

그런 신부들의 대답에 추기경은 고개를 좌우로 흔들며 말했다.

"둘 다 아닙니다. 저는 두 가지 말을 잘하는데 그게 뭐냐면 하나는 거짓말이고 다른 하나는 참말입니다." 김병일/재미가 세상을 바꾼다262

두 가지 말에 대한 범주화 down의 문제다. 그리고 거짓말과 참말은 역의 관계다.

◎ 대원군 때 청나라에서 사신이 왔는데 통사 김지영이 사신을 맞이하여 서울 이곳저곳을 구경시키고 있었다. 경복궁에 이르자 사신이 물었다.

"이 궁전을 짓는 데 얼마나 걸렸소?"

"글쎄요, 한 3년은 걸렸을 것입니다."

김지영의 말에 청나라 사신은 헛기침하면서 말했다.

"저 정도는 우리 청나라에서는 1년이면 충분한데."

창덕궁 앞에 이르자 또 물었다.

"이 창덕궁은 짓는 데 얼마나 걸렸습니까?"

한 1년 걸렸을 것입니다."

"1년?! 우리 청에서는 석 달이면 충분할걸요?"

청의 사신 허풍에 김지영은 은근히 부아가 치밀었다. 남대문에 이르러 김지영은 고개를 갸우뚱하며 사신이 들을 정도의 큰 소리로 말했다.

"어? 거 참 이상하네! 이 문은 어제 아침까지만 해도 분명 여기 없었는데 언제 세웠을까?" 김병일/재미가 세상을 바꾼다.261

청의 사신이 두 번이나 시간을 왜곡한다. 그러자 김지영은 세 번째는 묻지도 않았는데 건물을 하룻밤 만에 지은 이야기 한 것은 앞의 두 가지 일로 인한 같은 방향으로 추가다. 대칭성과 누락의 역인 추가가 동시에 적용되었다. 또한, 시간의 왜곡을 다른 방식으로 표현했다. 청의 사신이 말문이 막혔는데, 그럴 필요는 없다. "어? 거 참, 청에서 올 때 가져온 물건을 진정 모르는 척하시겠다는 말이지요?!"

◎ 엘리너 여사의 사랑

미국 32대 대통령인 프랭클린 루스벨트는 노후에 관절염에 걸려 어쩔 수 없이 휠체어 신세를 지게 되었다. 휠체어에 앉은 루스벨트가 부인 엘리너 여사에게 농담을 던졌다.

"몸이 불편한 나를 아직도 사랑하오?"

그러자 그녀는 이렇게 대답했다.

"나는 당신의 다리를 사랑한 것이 아니라 당신을 사랑했습니다." _김

병일/재미가 세상을 바꾼다109

육체를 분리해서 범주화 down하고, 다시 '당신을'로 전체적인 범주화up으로 반응했다. 또한 '사랑한 것이 아니라'와 '사랑했습니다.'의 대비 효과다.

◎ 레이건 대통령이 세제 개혁을 추진할 때 가장 상대하기 힘들었던 정치인이 팁 오닐 하원 의장이었다. 레이건은 오닐 의장에게

"팁, 나는 천국행 티켓이 있는데 당신은 있소? 만약 없다면 나는 내가 가진 티켓을 버리고 당신을 따라 지옥으로 가겠소" 조갑제닷컴 2010-10-17

레이건 자신의 입지와 상반되는 팁의 입지를 은유적으로 말하고 있다. 천국과 지옥에 대비시켰고, 나는 천국으로 갈 수 있지만 티켓이 없을 수도 있는 당신의 방향으로 같이 가겠다는, 결국은 같이 천국으로 갈 수밖에 없다는 역설이다. 티켓으로 '양쪽 모두 선택할 수 있는'와 '한쪽만 선택할 수밖에 없는' 범

주화 구조다.

◎ 모방하지 않는 것이 닮았다.

어느 마을에 한 아버지와 아들이 있었는데 동네 사람들은 아들이 아버지를 전혀 닮지 않았다고 입을 모았다. 이 말을 들은 아들이 말했다.

"그게 대체 무슨 소리입니까?" 사람들 앞에서 아들은 더욱 힘을 주어 말했다.

"정반대입니다. 저는 아버지를 제대로 닮았습니다. 제 아버지는 아무도 모방하지 않았고, 저 또한 아무도 모방하지 않으니까요." 토론 탈무드

양동일/144

'아무도 모방하지 않았다'는 대칭성이다. 닮지 않는 것이 닮았다는 역설이다. 역으로 뒤집어도 처음 마을 사람들의 주장과 같은 의미이다. 여기서, 마을 사람들이 말한 의미는 단순하지만, 아들이 말한 의미는 개념적이다. 단순에서 개념으로는 범주화 up에 해당한다. 유대인들의 교육관을 비유한 내용으로써, 선생이 주장한 것과는 다른 답을 요구하는 교육환경이다.

그리고 "그게 대체 무슨 소리입니까? 정반대입니다."는 앞의 문장과 뒤의 문장을 역으로 연결하고 있지만 같은 의미다. 다만 한 차원 높은 범주화 up이다. 이는 대립의 관계이지만 한 차원 올라가면 대립이 아닌 경우가 되기 때문이다.

일반화 1에서 '그렇군요. 몸무게도 틀리게 나왔네요.'에서는 순접으로 앞뒤 문장을 역의 관계로 구성했고, 일반화 2에서 '엄마는 항상 나쁜 쪽으로만 생각해!'는 역접으로 앞뒤 문장을 같은 관계로 구성했다. 융합에서 '스위스 사람은 유머 감각'은 역접으로 앞뒤 문장을 같은 관계로 구성했다. 일상의 대화에서도 굳이 역접을 쓰고 싶은 감정적, 또는 습관적 욕구를 옆으로 미

루어 두고 순접을 쓸 수 있다면 두 사이가 경직에서 이완으로, 위트로 이어질 수 있다.

◎ 진정한 효자

어느 날 임금님이 민심을 살피기 위해 궐 밖으로 암행을 나왔다. 산골 어느 동네의 소문난 효자 집을 방문했다. 효자는 나무를 하러 가서 집에 없었다. 일흔이 넘은 어머니가 방문객을 맞이했다. 얼마 있다 효자가 돌아왔다. 그냥 길가는 객으로 생각한 효자는 나뭇짐을 내려놓고 쪽마루에 앉았다. 어머니가 이내 대야에 물을 받아 아들의 발을 씻겨 주었다. 이를 본 임금님 자신의 신분을 감추고 있다는 사실도 잊어버리고 호통을 쳤다.

"네 이놈 천하의 불효자식, 걸음도 제대로 걷지 못하는 노인에게 너의 발을 씻게 하는 네놈이 무슨 효자란 말이냐"

그러나 효자는 담담하게 말하였다.

"나는 한 번도 효자라고 생각해 본 적이 없습니다. 그렇다고 불효를 한다고 생각하지도 않습니다. 어머니가 좋아하시고 즐거워하시는 일을 하고자 할 뿐입니다."

청년의 대답에 일행은 부끄러움과 경애심을 동시에 갖게 되었다.^잡

아함경 中 민현기, 박재준, 이상구/성공한 리더는 유머로 말한다 170

효에 대한 일반적 관점이 뒤집어 졌다. 일반화가 뒤집힌 상태에서도 여전히 효로 작용하고 있다. 역설과 대칭성이다. 역설과 대칭성이 경애심을 일으킨다고 볼 수도 있다.

10
·
그 외

다음의 내용을 별도로 다룬 것은
저자가 분류하고 추출한
어떤 원리로도 해석할 수 없기 때문이다.
하지만 하나의 이야기만의 독특성으로 보고
그 독특성으로만 응용할 수도 있을 것이다.

◎ 처음 휴대전화기가 출시될 때다. 도루묵 스님이 휴대전화기를 처음으로 구했다. 신기해서 머리맡에 두고 자다가 일어나서 보고, 자다가 일어나서 보곤 했다. 그러다가 다른 호기심이 발동하여 휴대전화를 공중전화 박스까지 가져가서 공중전화로 자신의 휴대전화기에 전화해 보았다. 그러고는 나에게 하는 말이 "전화 오더라" 하면서 신기해한다. 그리고 나에게

"적연 스님의 전화로 해도 내 전화에 벨이 울리나?"

필자가 그 스님에게 말하길

"법당의 부처를 떼 버리고 그 휴대전화기를 모셔 놓는 게 어떻겠습니까?"

◎ 필자의 도반 스님이 의과대학에 다니고 있었다. (도반: 불교에 같이 입문한 동료 스님)

한때 도루묵 스님이 필자에게

"적연 스님 도반에게 부탁하면 의대에 들어갈 수 있나?"

◎ 썰렁한 시아버지

고향을 떠나 도회지에서 돈을 꽤 번 아들이 시골에 있는 부모를 위해 고향 집에 전화한대 놓아 드렸다. 어느 날, 아들 생각이 난 부친이 아들 집에 전화를 걸었다. 며느리가 전화를 받았는데 전화 음질이 좋지 않았다.

"아버님 소리가 왜 이렇게 잘 안 들리죠?"

멀리서 울리는 시아버지의 목소리가 들렸다.

"내가 지금 밥을 먹는 중인데 입안의 음식이 너희한테 튈까 봐 전화기에서 멀리 떨어져 이야기하는 중이란다." 한겨레21 1998년 09월 24일 제226호 웃기는 세계

◎ 오래된 시골 TV

TV가 시골에 시판되기 시작하는 처음, 한마을에 한 집 정도에 있을 때다.

한 마을에서 TV의 특정 드라마를 본 영감이 옆 마을에 놀러 갔다가 TV의 특정 드라마를 역시 보게 되었다. 그 드라마를 보면서 하는 말이

"어~, 저 사람 이 마을에도 있네!" (실화)

◎ 고대 연기자들이 들어야 하는 말

TV의 연기자는 여러 드라마에 출연한다. 한 여배우가 어떤 드라마에서는 이 사람의 아내로, 또 다른 드라마에서는 다른 사람의 아내로….

옷과 모든 것을 바꾸지만 얼굴만은 알아보는 시골 영감이 드라마를 보다가 말하길,

"저…. 저 화냥년, 이 남자하고 살다가 저 남자와도 살다가……."

같이 TV를 보던 사람이 드라마가 어떻게 만들어지는지를 설명하자 고개를 끄덕이며

"알았네" 했다.

다음에 TV를 볼 때 또다시

"저…. 저 화냥년, 이 남자하고 살다가 다른 남자하고 살다가……."

(실화)

오스트레일리아에는 '리틀 조니'가 있고 인도에선 '사타 선생', 한국엔 '이프로 선생'이 있다.

◎ 이프로 선생이 사람들과 대화를 하는데 끼어 있었다. 한국의 일부 사람들이 그러하듯이 대화에서 OO대학교 △△학과를 약방의 감초처럼 이야기하고 난 후, 다른 이야기가 나열되고 있었다. 그런데 OO대

학교 △△학과를 나온 사람들조차도 부러워하는 사람들이 있었는데, 외국 유학 갔다 온 사람들이다.

어느 날, 이프로 선생은 패키지로 미국 여행하는 기회에 따라가서 어느 학교 정문에서 사각모를 쓰고 그럴싸한 백인과 함께 사진을 촬영하고 와서는 사진을 표구해서 자기 방에 걸어놓고 늘 흡족해했다.

◎ 한번은 외국 여행 이야기를 하는데, 패키지여행이 주제였다. 이야기 도중에 이프로 선생이 끼어들어 미국 갔다 온 이야기를 한다. 이때 옆의 사람이 "패키지로 다녀왔구먼" 하니 이프로 선생은
"패키지는 아니고!"라고 아주 자연스럽게 말한다.
또 다른 사람이 이프로 선생에게 '여럿이 다녀왔느냐?'고 물으니
"그렇다"라고 말한다.

◎ 이프로 선생이 사람들에게 자신을 딱히 내세울 것이 없어서 고민 중이었다. 그러다가 찾은 것이 은행 신용등급을 높이는 것이었다. 학벌 보다가 더 큰 자랑거리가 될 수 있다고 확신을 했다.

그래서 여러 곳에 전화로 알아보던 중 신용등급을 올릴 수 있다는 어떤 메시지가 왔다. 메시지에서는 반드시 이프로 선생 주변의 여러 사람이 몇백만 원씩 입금해서 모두 천만 원이 입금된다면 이프로 선생의 신용을 인정하게 된다고 했다. 그럴듯하게 들려서 이프로 선생은 자신의 돈을 몇백만 원씩 나누어서 몇 사람에게 주어 동일한 계좌로 입금을 했다.

그런 후 '돈을 모두 입금했다'라는 확인 전화를 하자 신용등급 올려준다는 사람이
"이프로 고객님, 이제까지 사기였습니다"라고 하자
이프로 선생이 "내 돈은?" 하고 반문하니
상대 쪽에서 "다 쓰고 없습니다."

화가 난 이프로 선생이 경찰서에 가서 신고했다.

◎ 사람들이 이야기하는 곳에 이프로 선생이 옆에 앉아 있었다.

사람들의 이야기 처음엔 현실 이야기를 한다. 이때 이프로 선생은 '○○전문가', '◇◇액화', '★★박사'라는 단어를 쓰며 이야기에 부지런히 끼어든다.

늘 그렇듯이 이프로 선생의 말은 주제에 충실하기보다 자신이 많이 알고 있는 척하는 데 중점을 두고 있었다. 그리고 그 내용은 누구나 다 알고 있는 내용이다. 말을 지속하게 그냥 두는 건 시간 낭비였다. 그래서 추상적이고 시사적인 이야기로 바꾸어버렸다.

그러자, 이프로 선생은 끼어들 여지가 없음을 눈치채고 이야기에 적극적 자세를 취하던 몸을 벽에 기대면서 다른 사람의 입만 쳐다본다.

나중에 다른 장소에서 만나서 하는 말이

"나는 그때 묵언 수행 중이었습니다."

◎ 이프로 선생이 월급으로는 부족했는지 수입을 늘려볼 생각으로 인터넷쇼핑몰 사업을 시작했다. 건강식품을 소매하는 일이었다.

사업자등록은 다른 사람의 이름으로 등록하였고 통장 역시 다른 사람의 이름으로 등록하였다. 그리고는 명함도 만들고 사람들에게 열심히 전도하고 다닌다. 인터넷으로 주문이 들어와서 팔리기는 하는데 통장을 가진 사람이 돈이 들어오지 않는다고 해서 그만두었다고……

◎ 이프로 선생이 최근 아주 중요한 약속이 자주 생겨서 바쁘다며 목소리를 깔고 말한다.

"무슨 일이냐?"고 물으니

"아직은 밝혀서는 안 되고~"라고 더욱 무거운 목소리로 말한다. 며

칠이 지나서 "무슨 일이냐?"고 다시 물었다. 그랬더니 이프로 선생이 더더욱 무거운 목소리로

"청와대에 아는 사람이 생겼는데~"

◎ 이프로 선생의 오두막집은 서울에서 3시간 거리다. 이프로 선생은 서울에서 아주 단순한 일을 직업으로 살아간다. 한때 좀 넉넉하게 사는 집에서 방 내부를 흙벽돌로 두르고 수십 장 남았다. 이프로 선생은 남은 벽돌이 너무나 탐이 났는가 보다. 집주인에게 말하니 필요하면 가져가라고 한다. 그런데 흙벽돌 한 장의 무게는 만만치 않다. 하지만 이프로 선생은 자신의 오두막집까지 가져가기로 했다. 트럭과 운전사를 고용해서 왕복 600km의 운행비를 주고 그 흙벽돌 수십 장을 자신의 오두막집으로 옮겼다.

"벽돌로 뭘 하려냐?"고 하니

"나중에 집을 지으면 방벽에 흙벽돌로 두르려고"

◎ 이프로 선생이 찜질방에 갔다.

찜질 옷으로 갈아입고 따뜻한 빈 곳을 찾아서 누었다. 조금 후 한 여인이 와서

"아저씨, 내 자리인데 왜 누웠어요? 빨리 비키세요" 하니 이프로 선생이 기분 나빠하며 일어나 다른 자리를 찾아갔다. 다음날 몇 사람이 모인 가운데, 이프로 선생의 얼굴은 여전히 굳어있었다. 그리고는 그 이야기를 다시 한다. "감히 내보고 아저씨라니! 수행자보고……."

내가 한마디 덧붙였다.

"자리를 비키지 말고 수행자 위에 포개어 누우라고 하지"

다른 사람들은 모두 폭소를 자아내는데 이프로 선생만은 여전히 굳어있었다.

◎ 신 러시아인 한 명이 레스토랑에 앉아서 박사학위 증서를 보면서 기뻐하고 있었다. 그 꼴을 보고 있던 웨이터가 묻는다.

"그거 산 거죠?"

"뭐야, 왜 산 거라는 생각이 들었지? 이건 친구가 선물로 준 거야."

한겨레21 1999년 07월 01일 제264호 웃기는 세계

◎ 머리에 털이 없는 사람이 있었다.

다른 사람이 고구마를 가지고 와서 그의 머리를 때렸다. 두세 번을 치니 상처가 났다. 그런데도 그는 가만히 참으면서 피할 줄을 몰랐다. 옆에 있던 사람이 그것을 보고 말하였다.

"왜 피하지 않고 가만히 맞기만 하여 머리를 상하게 하는가?"

그는 대답하였다.

"저 사람은 힘을 믿어 교만하고 어리석어 지혜가 없다. 그는 내 머리가 동네북인 줄 알고 고구마를 가지고 내 머리를 때려 북소리가 나는지 안 나는지 확인해보고 있다."

그러자 옆에 있던 사람이 말하였다.

"네가 어리석은데 왜 그를 어리석다고 하느냐?. 네가 어리석지 않다면 왜 남에게 얻어맞으며 또 머리에 상처를 입으면서도 왜 피할 줄 모르는가."

"나는 인욕 수행을 하는 중이다." (인욕: 참는 수행) 불교 백유경

◎ 상수도 권에서는 새로운 건축이 제한된다. 다행히 이전부터 있던 건축은 리모델링은 가능하지만 확장하는 것은 불법이다. 이러한 곳에 절이 하나 있었는데, 주지 스님은 리모델링하는 공사업자에게 기존의 네 기둥은 무시하고 네 기둥을 넓힐 것을 명령했다. 집에서 네 기둥은 집의 전체면적과 같다. 네 기둥이 새롭게 자리 잡아 갈 즈음 시청 도시과에서 알게 되었다.

스님은 경찰에 불려가서 조사를 받는데,

"공사업자가 원래의 네 기둥을 뜯어버리고 더 넓혔다"라고 했다.

경찰 "네 맞습니다. 스님께서 무엇을 아시겠습니까! 그럼 벌금은 누가 냅니까?"

◎ 말라 버린 소젖

옛날 어떤 사람이 하루는 손님을 청하여 소의 젖을 모아 대접하려 생각하였다.

그는 이렇게 생각했다.

'내가 날마다 미리 소젖을 짜두면 소젖은 점점 많아져 둘 곳이 없을 것이다. 또한, 맛도 변해 못 쓰게 될 것이다. 그보다는 소젖을 소 뱃속에 그대로 모아 두었다가 필요한 때에 한꺼번에 짜는 것이 낫겠다.'

그리고는 곧 어미 소와 송아지를 따로 떼어 두었다. 한 달이 지난 후 손님을 초대하였다. 잔치를 베풀고 소를 끌고 와서 젖을 짜려고 하였다. 그런데 그 소의 젖은 어찌 된 일인지 말라 없어져 버렸다. 불교 백유경

◎ 번호판은 적었다고요.

파리에 놀러 온 한 벨기에인이 허겁지겁 경찰서로 뛰어들었다.

"누가 막 내 차를 훔쳐 갔어요. 그것도 내가 보는 앞에서요."

경찰이 물었다. "차를 훔친 도둑의 얼굴은 봤나요? 인상착의는?"

벨기에인의 대답.

"경황이 없어 못 봤어요. 하지만 도둑이 차를 훔쳐 갈 때 차 번호는 몰래 메모해 두었다고요." 한겨레21 1998.08.06. 219호 지구촌/지구촌/웃기는 세계

◎ 스승의 두 다리를 부러뜨린 제자

어떤 스승이 두 제자를 두었다. 그 스승은 아픈 다리를 두 제자에게

내밀면서 하나씩 주무르라고 하였다. 두 제자는 늘 서로 미워하고 질투하였다. 한 제자가 다른 제자에게 가서 그가 주무르는 스승의 다리를 붙잡고 돌로 때려 부러뜨렸다.

다른 제자가 이것을 보고 몹시 분하게 여겨, 반대쪽 다리를 때려 부러뜨렸다. _{불교 백유경}

이 비유적인 이야기에서 문제의 핵심은 어디에 있는가?

◎ 뱀의 머리와 꼬리

어느 날 뱀의 꼬리가 그 머리에게 말하였다.

"내가 앞에서 가야 하겠다."

머리가 말하기를,

"내가 언제나 앞에서 갔는데 갑자기 왜 그러느냐?"

머리와 꼬리는 서로 싸웠다. 끝내 머리가 앞에서 가려고 하자, 꼬리는 나무를 감고 버텼다. 하는 수 없이 머리가 양보했다. 그리하여 결국 꼬리가 앞에서 가다가 곧 불구덩이에 떨어져 타 죽었다. _{불교 백유경}

◎ 목숨보다 더 소중한 자존심

똑같은 범행을 저지른 범죄자 네 명이 잡혔다. 그중에 한 사람은 약간 무능력자였다. 왕이 직접 재판에 나섰다. 첫 사람을 보고 왕은 "이 자를 매달아라" 하고 말했다.

두 번째 사람은 종신형에 처했다. 세 번째 사람에게 왕은 "이 자를 나라 밖으로 추방하라"라고 했다. 네 번째 사람을 본 왕은 어이가 없다는 듯이 말했다. "나는 네가 그런 짓을 저지를 위인이라곤 상상을 못 하겠다."라고 하고는 왕은 그를 풀어 주었다. 그런데 그다음 날 아침, 그는 시신으로 발견되었다. 왕의 그 말은 그에게 죽음보다 더 굴욕적이었다. 1993/박광수/70일간의 우화 여행 187

◎ 토끼, 여우, 늑대 그리고 곰이 금연석 기차를 탔다. 토끼가 담배를 피워 물자, 곧바로 기차 안이 담배 연기로 가득 찼다.

여우: "담배를 피울 거면 왜 금연석 표를 샀니?"

토끼: "싫으면 네가 나가!"

여우: "토끼 주제에 겁도 없네! 잠깐 나와봐. 혼내주마."

잠시 뒤 여우 털을 목에 걸고 들어온 토끼는 다시 담배에 불을 붙였다.

이번엔 늑대: "너 정말 담배 안 끌래? 나와!! 혼내주마."

잠시 뒤 늑대 털을 목에 걸고 들어온 토끼. 곰에게 물었다.

"담배 피워도 되죠?"

겁에 질린 곰: "네…."

순간 기차 문이 열리며 사자가 들어오며 말했다. "어이 조카, 누가 못살게 굴지는 않았지?" 한겨레21 2000년 06월 15일 제312호 웃기는 세계

◎ 바보 같은 콜

독일에서는 총선을 앞두고 콜 유머시리즈가 이어지고 있었다.

헬무트 콜 총리가 납치됐다.

범인들은 100만 마르크를 요구했다.

범인들 왈. "안 그러면 그냥 풀어줘 버릴 거야!" 한겨레21 1998.07.16 제216호 웃기는 세계

루마니아 남서부에 있는 곳으로 독특한 방언과 지방색으로 웃음거리가 되고 있다.

◎ 올테니아 사람이 축구경기를 볼 때 텔레비전을 침대에 올려놓는 까닭은?

골키퍼가 넘어질 때 안 다치라고…. 한겨레21 2000년 05월 11일 제307호 웃기는 세계

◎ 올테니아 사람이 번개가 칠 때 웃는 이유는? 사진 찍히는 줄 알고!!

◎ 비행기가 날아가는 것을 처음으로 본 올테니아 사람이 그다음에 하는 행동은? 숲으로 달려가서 둥지를 찾는다.

◎ 올테니아 사람이 할 일 없을 때 하는 일은? 옷을 벗어서 그것을 지킨다.

◎ 친구 사이인 두 명의 올테니아 사람이 시장에서 만났다. 친구 A가 물었다.
"판다는 소는 잘 팔았니?"
다른 친구 B가 대답했다. "응, 팔았어."
A가 다시 물었다. "얼마 받았니?"
"2만 레이 받았어."
A는 다소 의외라는 듯 다시 물었다.
"10만 레이 받기로 하지 않았니?"
B가 답하기를
"응. 그런데 그 사람이 소가 중고품이라며 2만 레이밖에 안 주던데?" <small>한겨레21 2000년 05월 11일 제307호 웃기는 세계</small>

독특한 지방색을 가지고 있는 요르단 중부지방인 타피일레 사람들을 꼬집는 유머가 많다.

◎ 타피일레 사람이 갑자기 성냥갑에 대고 거수경례를 붙였다. 곁에 있던 사람들이 물었다.
"도대체 왜 그러는 거야?"

그가 대답했다.

"장군에게 경례해야지!" 성냥갑에는 별이 그려져 있었다. 한겨레21 2000년 09월 06일 제325호 웃기는 세계

◎ 타피일레 사람의 TV 감상법

타피일레 사람들이 텔레비전을 틀었다. 때마침 축구경기를 중계하고 있었다. 대부분의 아랍국가 사람들처럼 요르단 사람들도 축구에 열광적이다. 그런데 갑자기 한 사람이 물을 갖다가 텔레비전에 끼얹었다. 사람들이 왜 그러느냐고 물어보았다.

"아니 못 배워먹은 자식들이 버릇없이 방 안에서 공을 차!" 한겨레21 2000년 09월 06일 제325호 웃기는 세계

◎ 타피일레 사람이 텔레비전을 보고 있었다. 다른 프로그램이 시작될 순간이 되자 갑자기 사우디 사람들이 입는 전통 겉옷인 아바이를 텔레비전 위에 걸쳐두었다.

"곧 사우디 사람이 나올 텐데 이 아바이를 입고 나오도록 해야지!"

◎ 낡은 흑백텔레비전을 가지고 있는 타피일레 사람이 어느 날 다양한 채소로 만든 샐러드를 텔레비전 위에 올려놓았다. 이웃집 사람들이 의아한 표정으로 바라보았다.

"흑백 화면이 이 채소 샐러드의 각종 색으로 바뀌면 총천연색으로 볼 수 있잖아!" 한겨레21 2000년 09월 06일 제325호 웃기는 세계

◎ 한 타피일레 사람이 간단하게 샤워를 하고 있었다. 물이 귀한 이곳에서 한국식의 목욕은 불가능한 일이다. 그러다가 갑자기 기겁하면서 시계를 밖으로 내던졌다. 무슨 일이 있냐고 주변에서 물었다.

"아니 시계에 전갈이 숨어 있잖아!"

시침과 분침 두 개가 전갈 모양을 하고 있었다. 한겨레21 2000년 09월 06일 제

325호 웃기는 세계

◎ 타피엘레 사람들은 화장실에 갈 때면 으레 사다리와 책을 가지고 들어간다. 이들은 왜 화장실에 볼일을 보러 가면서 사다리와 책을 가지고 들어가는 것일까? 한 타피엘레 사람이 답했다. "화장실에서 대학원 공부를 하기 위해서이지요."

다른 지방 사람이 되물었다.

"그런데 왜 사다리입니까?" 타피엘레 사람이 말했다.

"그것은 대학원 과정을 공부하는 데 꼭 필요하니까요."

(아랍어로 '대학원'이라는 말 속에는 '높은'이라는 뜻이 담겨 있다. 따라서 높은 곳에 올라가려면 사다리가 필요하다는 뜻.) 한겨레21 2000년 04월

27일 제305호 웃기는 세계

◎ 텔레비전 모독

요르단의 타피엘레 사람들은 대개 텔레비전을 두 대 산다. 왜냐고 물었더니 한 타피엘레 사람이 하는 말.

"텔레비전에 나오는 사람들이 언제나 상반신 부분만 나와요. 우리는 전신을 보고 싶거든요. 그래서 텔레비전을 하나 더 사서 밑 부분에 함께 두고 봅니다. 그러면 텔레비전에 나오는 사람들의 하반신도 함께 볼 수 있지 않을까 해서요." 한겨레21 2000년 04월 27일 제305호 웃기는 세계

◎ 아인슈타인이 아직 알려지지 않았을 때다.

특수상대성이론 강의를 위해 여러 곳에 다녔는데, 아인슈타인의 운전사가 늘 듣던 내용이라 자신이 강의할 수 있다는 생각이 들었는가 보다. 한때, 어느 강당에 도착해서 운전사가 "박사님, 제가 강의해 볼까요?"라고 요청하자 아인슈타인이 승낙을 했다고 한다. 강당에서 강의

를 시작했는데, 청중 중에 한 사람이 질문했다.

당연히 운전사는 대답을 못 하고는

"잠시만 기다리세요. 밖에 제 운전사에게 물어보고 와서 답하겠습니다." _{출처불명}

◎ 낙하산이 필요 없는 장쩌민

장쩌민, 옐친, 클린턴이 함께 비행기를 타고 가다가 불의의 사고를 당했다. 다급해진 세 사람이 탈출을 시도하는데 공교롭게도 낙하산이 두 개밖에 보이질 않았다.

클린턴

"미국 대통령이 죽으면 세계는 혼란에 빠질 거야. 나는 꼭 탈출해야 해!"

옐친

"나도 도탄에 빠진 러시아 경제를 살릴 의무가 있단 말이야!"

이 두 사람의 이야기를 묵묵히 듣고 있던 장쩌민이 고개를 끄덕이며 두 사람 먼저 낙하산을 가지고 비행기에서 뛰어내리라고 말했다. 의외의 반응에 놀란 클린턴이

"그럼 자네는?"하고 묻자 장쩌민 왈.

"13억 중국 인민을 층층으로 쌓아 나를 받치게 하면 아마 이 비행기보다 더 높이 쌓일걸." _{한겨레21 1998년 12월 3일 제235호 웃기는 세계}

◎ 예수와 뺨

성경에 정통한 한 설교자가 그리스도의 말씀을 따라 하면서

"어떤 사람이 오른쪽 뺨을 때리거든 왼쪽 뺨도 돌려대시오."

그의 인기는 대단했다. TV에도 출연하고 강의 스케줄 또한 비어 있는 날이 없을 정도였다. 한때, 그의 강의를 듣던 한 사람이 일어나서 설교자에게로 다가가더니 설교자의 뺨을 한 대 갈겼다. 설교자는 깜짝

황당해했다. 그는 성경의 말을 인용했을 뿐이지만 자신이 한 말이기에 어쩔 수 없이 맞고 있었다. 그러자 그 사람이 이번엔 왼쪽 뺨을 철썩! 때렸다. 화가 난 설교자가 따지기를

"오른쪽 뺨만 때리라 했는데, 왜 왼쪽을 때리시오!" 1993/박광수/70일간의 우화 여행 155

◎ 어떤 아가씨가 데이트하다가 남자친구가 집까지 데려다주게 되었다.

아가씨가 집 대문에 다가가서 벨을 누른 후, 남자친구를 돌아보며 잘 가라고 손을 흔들자 남자친구는 뽀뽀를 한 번하고 헤어지고 싶었는가 보다. 여자 친구는 아직 이르다는 생각에 거절하려고 하다가 보니 옥신각신하고 있는데, 여자 친구의 동생이 문을 열고 나와서 하는 말이

"누나, 아빠가 그러는데, 뽀뽀 한 번 해주고 빨리 보내래"

◎ 외국 여자가 스위스 남자 애인에게 물었다.
"자기 나 없으면 어떻게 될까?"
남자 왈
"비용이 많이 절감되지." 한겨레21 1998년 11월 26일 제234호 웃기는 세계

◎ 하느님 전상서

한 소년이 2주 동안 매일 100달러를 자기에게 달라고 기도했다. 그러나 100달러는 생기지 않았다. 그러자 소년은 '하느님 앞'으로 편지를 부쳤다. 하느님은 바쁘니 차라리 편지에 소원을 써서 보내는 게 낫다고 판단한 것이다.

우체국 직원들은 이 편지를 어디로 보내야 할지 고민하다 클린턴 대통령 앞으로 보내기로 했다. 클린턴 대통령은 그 소년의 행동이 매우 귀여워 비서를 시켜 5달러를 보내주라고 했다. 100달러는 그 소년

에게 너무 많다고 생각했기 때문이다.

5달러를 받은 소년은 너무 기뻐서 다시 하느님께 감사 편지를 썼다.

"하느님, 제 소원을 들어주셔서 정말 감사합니다. 그런데 하느님이 보내주신 돈이 워싱턴을 거쳐서 왔는데 그 나쁜 놈들이 95달러를 세금으로 공제해버렸어요." 한겨레21 1998년 02월 11일 제245호 웃기는 세계

◎ 마피아가 상가주인들에게 보호비를 거둘 사람을 물색하고 있었다. 경찰의 단속이 심해서 검거됐을 때를 대비해 청각장애인을 고용하기로 했다. 청각장애인이니 잡혀도 취조내용을 알아듣지 못하니까 쉽게 비밀을 발설하진 않으리라 여겼다. 그 청각장애인은 일을 시작한 지 첫 주에 무려 5만 달러라는 거금을 만지게 된다. 그때부터 물욕이 생긴 그는 매주 5천 달러씩 따로 돈을 떼어 자신만 아는 곳에 숨겼다. 몇 달이 지난 뒤 이 사실을 알게 된 마피아가 청각장애인을 잡아다 지하실 의자에 묶고 돈의 행방을 추궁하기 시작했다. 들을 수 없으니 마피아가 무슨 말을 하는지 알 수가 없었다. 할 수 없이 마피아는 수화 통역자를 불렀다. 수화로 신문이 시작됐다.

"돈은 어디 있나?"

"뭔 소리 하는지 모르겠네요?" 통역자에게 이 말을 들은 마피아. 권총을 청각장애인의 정수리에 대고 방아쇠를 당길 자세를 취했다.

"마지막으로 묻겠다. 돈은 어디 있나?"

수화를 통해 이 질문을 받은 청각장애인, 사색이 되어

"센트럴 공원 입구의 세 번째 벤치 밑에 10만 달러가 있어요. 제발 살려줘요!"라고 다급하게 수화로 말했다. 딴생각을 품게 된 통역자가 마피아에게 하는 말,

"아직도 뭔 말인지 모르겠다며, 당신은 방아쇠를 당길 용기도 없는 겁쟁이라는데요."

화가 난 마피아의 총구에서 불이 뿜어졌다. _{한겨레21 1999년 12월 23일 제288호 웃}
_{기는 세계}

◎ 중국에 사신을 다녀오면서 선물

중국에 사신을 다녀오면서 아내의 선물로 거울을 하나 사 왔다. 아내가 거울을 보자 화를 내었다. 거울 속에 예쁜 여자가 있었는데 중국에서 데려온 여자라고 생각했기 때문이다. 이번에는 시어머니가 거울을 보자 웬 늙은 여자가 거울을 통해 보였다. _{출처불명}

◎ 30년과 28년의 차이

죄수 두 명이 한방을 쓰도록 배정받았다.

"자네는 몇 년이나 받았나?"

"30년. 자네는?"

"나는 28년."

"그럼 자네가 문 쪽 침대를 쓰게나. 먼저 나갈 테니까." _{한겨레21 1998년}
_{10월 15일 제228호 웃기는 세계}

◎ 교황의 결심

미국인 사업가가 교황을 찾아가 이런 제안을 했다.

"만약 주기도문의 '우리에게 일용할 양식(bread)을 주옵시고…'를 '우리에게 일용할 닭을 주옵시고…'로 바꾼다면 KFC에서 1천만 달러를 교황청에 기부할 것입니다."

하지만 교황은 거절했다. 두 주 뒤 그 사업가가 교황을 찾아가 5천만 달러를 제안했으나 역시 교황은 거절했다. 한 달 뒤 그 사업가가 1억 달러를 제시하자 교황은 이번에는 받아들이기로 했다.

그리고 교황은 주교들과의 회의 석상에서 다음과 같이 말했다.

"우리에게 좋은 뉴스와 나쁜 뉴스가 있습니다. 좋은 뉴스는 우리가

1억 달러를 기부받는다는 것이고 나쁜 뉴스는 이제 더는 '원더 브레드(미국 빵 회사)'의 지원을 받을 수 없다는 것입니다." 한겨레21 1999년 08월 12일 제270호 웃기는세계

◎ 내기에 중독된 리틀 조니. 만사를 내기와 연결하는데…. 걱정이 된 아버지, 의사의 충고를 받아들여 학교 선생님에게 도움을 청한다.

"큰 내기에서 지도록 해서 내기의 쓴맛을 보여주세요."

그날 수업시간. 리틀 조니와 빌이 서로 언쟁을 벌인다. 사연인즉 선생님의 치마 속 팬티 색깔이 무엇이냐인데, 리틀 조니는 죽어도 빨간색이라는 것. 문득 선생님은 리틀 조니의 버릇을 고칠 마음을 품는다.

"내 팬티 색깔은 흰색이란다."

끝까지 빨간색이라고 우기는 리틀 조니. 급기야 50달러 내기를 하는 두 사람. 방과 후 둘만 남은 교실. 선생님, 과감하게 치마를 벗고 팬티를 보여줌. 역시 팬티는 흰색. 50달러를 내라는 선생님 요구에 아버지를 불러 달라는 리틀 조니. 이윽고 도착한 아버지에게 선생님이 말했다. "거금 50달러짜리 내기에서 졌으니 다신 내기하지 않을 겁니다."

전말을 들은 아버지의 하소연.

"흑! 아침에 저 녀석이랑 선생님 치마 벗기기 100달러 내기했는데요." 한겨레21 1999년 11월 04일 제281호 웃기는 세계

◎ **세상에서 가장 아름다운 여인**

위대한 화가가 아주 아름다운 여인의 초상화를 그렸다. 화가의 친구들이 그 여인이 누구인지 알고 싶어 했다. 화가가 대답했다.

"이것은 한 여인의 초상화가 아니야. 이 여자는 내가 만났던 수많은 여자 중에서 정수만 골라 놓은 거야. 얼굴의 모든 부분은 각각 다른 여자들의 것이야. 1993/박광수/70일간의 우화 여행 154

◎ 유럽연합(EU)이 가속화되면서 유럽의 여러 나라 사람들이 모여 유럽 각국의 장단점에 대해 논의를 했다. 유럽사람으로 천국을 만들려면 어떻게 해야 할까? 오랜 논란 끝에 내린 결론.

"요리는 프랑스식으로, 경찰은 영국인, 기계는 독일제, 행정조직은 스위스식, 그리고 애인은 이탈리아 사람으로."

그러면 지옥은? "요리사는 영국인, 경찰은 독일 남자, 기계는 프랑스제, 애인은 스위스 사람, 게다가 이탈리아 사람들에게 행정조직을 맡기면 확실할 거야." 한겨레21 1999년 01월 07일 제240호 웃기는 세계

앞의 이야기에서 '세상에서 가장 아름다운 여인'과 역설3에서 '버나드 쇼와 발레리나 이사도라 덩컨'의 이야기와 구조의 유사성이다.

◎ 백 냥의 살과 천 냥의 살

옛날 어떤 사람이 왕의 허물을 말하였다.

"왕은 매우 포악하여 다스리는 것이 이치에 맞지 않는다"라고.

왕은 그 말을 듣고 매우 화를 냈다. 그러나 누가 그런 말을 하였는가를 끝까지 조사하지 않고, 곁에서 아첨하는 사람의 말만 믿고 어진 신하를 잡아 매달고 등에서 백 냥가량의 살을 베어내었다.

어떤 사람이 그가 그런 말을 하지 않았다고 증명하자, 왕은 마음으로 뉘우치고 천 냥가량의 살을 구해와 그의 등에 기워 주었다. 밤이 되자 그는 신음하며 매우 괴로워하였다.

왕은 그 소리를 듣고 물었다.

"왜 그리 괴로워하는가, 너의 백 냥가량의 살을 베고 그 열 배를 주었는데 그래도 만족하지 않은가, 왜 괴로워하는가,"

"대왕이 만일 아들의 머리를 베었다면 비록 천 개의 머리를 얻더라도, 아들은 죽음을 면하지 못할 것입니다. 저 또한 비록 열 배의 살을 얻었지만, 이 고통을 면할 수가 없습니다." 불교 백유경

마지막 문장에서 신하의 비유는 현명한 방식으로 판단되는데, 어째서 어리석은 왕을 따르는지 역설적이다. 또한, 비유나 은유는 문제를 해결하기 위해서인데, 시간적 차이로 해결책으로서 작용하지 못한다면 바보 소리를 들을 수 있다. 왜곡에서 새장 속의 새와 같은 효과다.

◎ 갈라진 나뭇가지에 얻어맞은 여우

어떤 여우가 나무 밑에 앉아 있었다. 바람이 불어 가지가 부러져 그만 여우의 등에 떨어졌다. 여우는 곧 눈을 감고 다시 나무를 쳐다보지도 않고 그곳을 떠나 딴 곳으로 달아났다. 날이 저물어도 그는 돌아오려 하지 않았다. 여우는 멀리서 바람이 불어 큰 나뭇가지가 아래위로 흔들리는 것을 보고 말하였다.

"나를 다시 나무 밑으로 오라고 부르는 것이다." <small>불교 백유경</small>

이 비유는 우연의 일치를 왜곡 해석하는 경우다. 왜곡의 '장모의 장례식이 끝나고 …' 와 같은 유형이다.

◎ 도즈가 한창 더운 여름에 털모자를 쓰고 걸어갔다. 길에서 함께 길을 가게 된 사람이 이상하다는 듯이 물었다.

"이 더위에 왜 그런 모자를 쓰고 있소?"

"햇볕을 가리려는 거지요."

"볕을 가리려면 여름 모자가 더 시원할 텐데요."

"당신은 여름 모자를 쓰고 있는데 어떻소? 시원해요?"

"시원하지는 않지만 무덥지도 않소."

나무 그늘에 와서 털모자를 쓴 도즈가 모자를 벗고 말했다.

"이 모자를 벗을 때는 정말 비유할 수 없을 정도로 시원하거든요. 여름 모자로는 도저히 이런 기분을 맛볼 수 없다오. <small>임유진/세계인의 해학 Y담/356</small>